O sintoma e o psicanalista

O sintoma e o psicanalista

Topologia, clínica, política

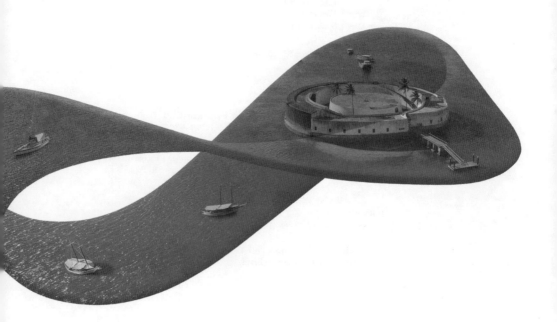

Escola de Psicanálise dos Fóruns
do Campo Lacaniano – Brasil

© Aller Editora, 2022

Editora:	Fernanda Zacharewicz
Conselho editorial:	Andréa Brunetto — Escola de Psicanálise dos Fóruns do Campo Lacaniano
	Beatriz Santos — Université Paris Diderot — Paris 7
	Jean-Michel Vives — Université Côte d'Azur
	Lia Carneiro Silveira — Universidade Estadual do Ceará
	Luis Izcovich — École de Psychanalyse des Forums du Champ Lacanien
Tradução:	Cícero Oliveira
Revisão:	William Zeytounlian
	Fernanda Zacharewicz
Capa:	Wellinton Lenzi
Diagramação:	Sonia Peticov

Primeira edição: outubro de 2022

Dados Internacionais de Catalogação na Publicação (CIP)
Ficha catalográfica elaborada por Angélica Ilacqua CRB-8/7057

S625	O sintoma e o psicanalista: topologia, clínica, política / Escola de Psicanálise dos Fóruns do Campo Lacaniano — Brasil. — São Paulo: Aller, 2022.
	288 p.
	ISBN 978-65-87399-36-2
	ISBN ebook: 978-65-87399-41-6
	1. Psicanálise 2. Lacan, Jacques, 1901-1981 I. Escola de Psicanálise dos Fóruns do Campo Lacaniano — Brasil
22-5894	CDD — 150.195
	CDU 159.964.2

Índice para catálogo sistemático
1. Psicanálise

Publicado com a devida autorização e com todos
os direitos reservados à Aller Editora.

Rua Havaí, 499 – Sumaré
01259-000 São Paulo S.P.
Tel: (11) 93015.0106
contato@allereditora.com.br
Facebook: Aller Editora

Essa publicação foi iniciativa da Comissão de Gestão da Escola de Psicanálise dos Fóruns do Campo Lacaniano-Brasil (EPFCL-Brasil/2021-2022)

Robson Mello — Diretor
Julie Travassos — Secretária
Juliana Costa — Tesoureira

Comissão de organização

Coordenação: Lia Silveira — FCL Fortaleza
Andrea Hortélio Fernandes — FCL Salvador
Claudia Leone — FCL Curitiba
Daniele Baggio — FCL Mato Grosso do Sul
Elynes Barros Lima — FCL Fortaleza
Glaucia Nagem de Souza — FCL São Paulo
Leonardo Pimentel — FCL Rio de Janeiro
Zilda Machado — FCL Belo Horizonte

Sumário

Apresentação   11
    Lia Silveira

XXI Encontro Nacional da Escola dos Fóruns do Campo Lacaniano   15
    Salvador, 24, 25 e 26 de outubro de 2021
    O sintoma e o psicanalista: topologia, clínica, política
    Ida Freitas

CONFERÊNCIAS

Le Réel du sens   23
    Colette Soler

O Real do sentido   35
    Colette Soler

Le réel du symptôme   47
    Colette Soler

O real do sintoma   57
    Colette Soler

TOPOLOGIA

Sintoma, fenômeno psicossomático e a pandemia da COVID-19   71
    A direção de tratamento diante de respostas ao mal-estar na contemporaneidade
    Ingrid Figueiredo

Torções e distorções: 78
    Topologia e política do analista
    Eudes Duarte Filho

Lacan nunca foi linguista   82
    Glaucia Nagem

Função e campo da *mostração* topológica em psicanálise   87
    Leonardo Pimentel

Um corpo imaginário-real: 94
    Sobre a continuidade dos registros na topologia borromeana
    Joseane Garcia

Homologia entre a topologia lacaniana e a direção do tratamento   101
    Sheila Skitnevsky Finger

A *po(her)esia* da psicanálise   108
    Claudia Saldanha

Do sintoma ao sinthoma: 114
    O que Joyce traz de novo?
    Vera Pollo

Booking-Himself: 120
    O corpo de Joyce
    Sonia Borges

A escrita literária — ecos do sint(h)oma   124
    Isloany Machado

CLÍNICA

O sentido do sintoma   133
    Dominique Touchon Fingermann

Os fracassados pelo êxito: 137
    A importância do pai e da Versagung no sintoma
    Felipe Grillo

A busca da histeria por um saber sobre seu ser   143
    Letícia Soares Zampiêr

Um dizer impossível ou o impossível de dizer   148
    Ida Freitas

O corpo do analista como semblante no atendimento *online*   155
    Célia Fiamenghi

A escuta de professores universitários em tempo de pandemia   160
    Joseana Simone Deckmann Lima

O psicanalista, o sintoma e a supervisão   168
    GLORIA SADALA

Da voz à invocação: 173
    Sobre fantasia e sintoma
    CATARINA GOMES DA SILVA

Algumas versões da perda da realidade: 177
    Freud, o neorrealismo italiano e o esquema R
    BEATRIZ CHNAIDERMAN

O sentimento de culpa e sua função psíquica no contexto
pandêmico brasileiro   182
    CAROLINA ESCOBAR DE ALMEIDA
    IVAN RAMOS ESTEVÃO

A Pulsão, em fim   186
    LIA SILVEIRA

Do desejo ao desejo do psicanalista   196
    FRANCISCO PAIVA FILHO

POLÍTICA

O espaço psíquico e o nó da civilização   203
    ANTONIO QUINET

Neofascismo do século XXI: 215
    A parcela de determinação que cabe à estrutura do sujeito e ao
    aparelhamento do seu gozo
    RAUL ALBINO PACHECO FILHO

Pandemia e política no século XXI: 230
    O Um das massas no discurso do mestre
    MARIA HELENA MARTINHO

O lugar da mulher na psicologia das massas e para além dessa   238
ou, do incesto à diferença absoluta ou, a psicanálise como fator
de civilização
    BÁRBARA MARIA BRANDÃO GUATIMOSIM

A política do sintoma   243
    ZILDA MACHADO

"O inconsciente é a política": 256
Considerações sobre a formação do analista
Andréa Hortélio Fernandes

Famílias em sofrimento judicial: 262
A subversão psicanalítica das leis e das práticas jurídicas
Eduardo Ponte Brandão

A criança como sintoma da crise do discurso universitário? 268
Ana Laura Prates

Escola e pandemia: 274
O lugar da criança e dos adolescentes nos laços sociais
Rosane Melo

A escola furada 280
Engrid Gomes Vasques

Apresentação

LIA SILVEIRA[1]

Coordenadora da comissão de organização

Esta coletânea teve como eixo organizador o tema do XXI encontro nacional da Escola de Psicanálise dos Fóruns do Campo Lacaniano, realizado em 2021, que tinha por tema "O sintoma e o psicanalista: topologia, clínica, política". Não é a primeira vez que nossa comunidade se debruça em torno do tema do sintoma em seu encontro anual; na verdade se passaram exatos 10 anos desde a última vez.

Para a psicanálise, o retorno é necessário. O que não quer dizer que seja ao mesmo que se retorne. É na segunda volta que o significante pode se sobrepor a si mesmo, fazendo com que opere o corte que extrai o real como aquilo que retorna sempre ao mesmo lugar. O mundo mudou bastante nessa última década. Assistimos ao avanço do discurso científico, com novos adventos do real e seus efeitos de segregação. Em 2020, enquanto nos preparávamos para o encontro que seria realizado naquele ano, "aquilo que não anda" nos atravessou com toda a sua força. Impedidos de nos reunirmos presencialmente devido à pandemia de Covid-19, optamos por esperar, esperançando um 2021 melhor. Não foi assim até agora e não temos motivos para crer que será. É por isso que a esperança não é a

---

[1] Membro do Fórum Fortaleza, da EPFCL-Brasil e membro da Escola de Psicanálise dos Fóruns do Campo Lacaniano. Contato: silveiralia@gmail.com.

melhor disposição para fazer frente ao real, pois não há garantias de um "amanhã que canta[2]".

Isso nos leva a perguntar: ao voltar a esse tema, hoje, o que nos é possível extrair?

A novidade começa por articularmos agora "O sintoma e o psicanalista", talvez porque eles estejam numa relação que vai além de uma simples justaposição. Parodiando a fórmula lacaniana, podemos dizer que "o psicanalista é o sintoma": no plano político, por tomar a seu encargo um discurso que a civilização rejeita; no plano da clínica, pelo fato de o analista se instaurar para cada sujeito como "parceiro sintoma", aquele que encarna, na relação transferencial, o encontro com o impossível. De Marx a Freud, na política e na clínica, portanto, o sintoma representa aquilo que não anda e, disso, o psicanalista faz ofício. Essas são as duas escansões que já estavam presentes no tema que estudamos em 2010.

No entanto, é com Lacan que vamos poder passar o sintoma ao estatuto de "solução possível". Ao fazer entrar o sintoma do início — aquele que é fonte dos padecimentos de um sujeito — no fio lógico da estrutura, torna-se possível amarrar política, clínica e ética, assinalando que, lá onde o sujeito emperrava está também o ponto que permite retirar, do próprio sintoma, uma satisfação de fim. É o *sinthome*, escrito em sua grafia arcaica, como um nó que vem enlaçar borromeanamente Real, Simbólico e Imaginário. Eis nossa terceira escansão: "topologia" que, junto às outras duas fez a novidade de nosso tema em 2020: "O sintoma e o psicanalista: topologia, clínica, política". É essa nossa aposta hoje.

Em "A Terceira" Lacan afirma que "o sentido do sintoma depende do futuro do Real[3]". O que se pede à psicanálise, diz ele, é que ela nos

---

[2] Expressão do político e jornalista Gabriel Péri (1902- 1941), transformada em lema comunista, que faz alusão ao futuro feliz do povo após a revolução socialista. Citada por Lacan em "Televisão".

[3] LACAN, Jacques. "A Terceira". Inédito.

livre, exatamente, do real e do sintoma. No entanto, ele acrescenta, se a psicanálise for bem-sucedida nessa tarefa, o que nos espera é a volta da verdadeira religião e o esquecimento da verdade. A vetorialização da psicanálise, portanto, não pode ser em direção ao êxito em atender ao que lhe é pedido, mas em direção ao ponto onde isso fracassa, sempre. Manejar esse fracasso, sem colmatá-lo, é a tarefa. Estarão os psicanalistas de nossa época à altura dela? "Psicanalistas não mortos, segue carta[4]"; e seguem também os textos reunidos nesta coletânea. Eles se dividem exatamente nas três áreas — topologia, clínica e política — com votos de que possam nos fazer avançar um pouco nessas questões.

---

[4] *Idem, ibidem.*

XXI Encontro Nacional da Escola dos Fóruns do Campo Lacaniano

Salvador, 24, 25 e 26 de outubro de 2021
O sintoma e o psicanalista: topologia, clínica, política

IDA FREITAS[1]

Foi com muita alegria que demos as boas-vindas, em 24 de outubro de 2021, a todos e todas que navegaram até aquele momento, para mergulhar conosco no mar de linguagem e transmissão da experiência da psicanálise fundamentada no ensino de Freud e Lacan, que aconteceu durante o XXI Encontro Nacional da Escola de Psicanálise dos Fóruns do Campo Lacaniano — Brasil.

Navegamos, navegamos, porque é preciso e, enfim, chegamos! O XXI Encontro Nacional da Escola de Psicanálise dos Fóruns do Campo Lacaniano/Brasil — com o tema escolhido por nossa comunidade, "O sintoma e o psicanalista: topologia, clínica, política" —, foi nossa genoa[2], vela impulsionadora *onde in-ventou* nossa vontade e determinação coletiva de realizá-lo. Isto se materializa, agora, na letra de muitos dos trabalhos ali apresentados e organizados pela Comissão Cientitífica, na presente coletânea.

Quando o Fórum Salvador topou, em outubro de 2019, durante o XX Encontro Nacional realizado em Aracaju, embarcar nesse sa(l)veiro em direção ao XXI Encontro Nacional da EPFCL/Brasil, com imenso entusiasmo e um friozinho na barriga: não imaginávamos a

---

[1] Psicóloga, psicanalista, AME da EPFCL, membro do FCL-Salvador, da EPFCL-Brasil. Contato: idafreitas55@gmail.com.

[2] Nota da editora: vela de proa de uma embarcação.

tempestade que enfrentaríamos em mar aberto, turbulento e com fortes correntezas, até chegar ao dia da realização do evento, em águas ainda um tanto turvas, porém menos desconhecidas.

O funcionamento de nossos encontros, que desde nossa fundação sempre ocorreram de modo presencial e em periodicidade anual, foi atravessado pelo advento da Covid-19, obrigando-nos a repensar o tempo e criar novas formas de funcionar, para não cedermos a paralisia da pulsão de morte. Assim, após a decisão de adiamento do encontro do ano de 2020 para 2021, aliados a Eros, começamos a construir um evento virtual, aprendendo a realizar cada detalhe para garantir que pudéssemos preservar um clima que favorecesse as habituais trocas profícuas de nossos encontros, assim como um ambiente artístico que trouxesse a força e frescor dos ares e mares, vozes, letras e ritmos da Bahia, com o intuito de minimizar a falta da experiencia sempre única que é o movimento da viagem, deslocar o corpo, ver as paisagens, sentir os aromas, a temperatura do local que sedia o encontro a cada ano.

De um mar forte, atracamos no "Forte do Mar" — como é chamado na língua do povo baiano —, ou "Forte São Marcelo" — na língua dos eruditos —, que é o umbigo da cidade da Bahia, essa Tartaruga enorme, nas palavras de Jorge Amado[3], ancorada no golfo de impossível beleza. Esse Forte, que ilustra a imagem criada para o XXI Encontro — e agora a capa desta coletânea —, cercado pelo mar azul esverdeado de nossa Salva(dor), guardou a cidade contra invasões, as corvetas vindas do mar, lutou contra os colonizadores, faz parte da história e da paisagem dessa cidade e se tornou nosso horizonte ao longo desses dois anos. Símbolo de nossa resistência, da resistência da psicanálise e dos psicanalistas para não sucumbirmos à crise sanitária e, sobretudo, política que nos assolou — causando 592.964 mil mortes em nosso país até o primeiro dia do encontro, em 24 de outubro de 2021 —, com suas múltiplas implicações, inclusive e certamente em nossas clínicas, sem falar no caos político e social no qual o país submergiu mais uma vez

---

[3] AMADO, Jorge. *Bahia de todos-os-santos. Guia de ruas e mistérios de Salvador.* São Paulo: Companhia das Letras, 2012, p. 71.

Pindorama, assim nomeada pelo povos ameríndios, em consequência de um governo fascista e genocida, que tanto nos envergonha, nos indigna e nos destrói com sua necropolítica.

Contudo, não naufragamos. Chegamos ao umbigo da Cidade da Bahia. Aportamos para dar início ao nosso tão aguardado Encontro, que passou, em sua construção, por tantas etapas, acompanhando as transformações necessárias para seguirmos viagem e nos iniciarmos em outra navegação "que veleje nesse info-mar, que aproveite a vazante da info-maré", como diz Gil em "Pela internet".

Gostaríamos imensamente de poder ter recebido os participantes do XXI Encontro da EPFCL/Brasil em terra firme e apresentado um pouco da riqueza cultural e natural que Salvador tem a oferecer! Mas primamos por trazer, ao longo de nossa programação, pérolas da arte baiana que, para fazer delirar o dendê no ar e mergulhar na essência da Roma negra, como também é nomeada a Cidade do Salvador — berço do Brasil, cuja população é majoritariamente negra, produto de uma colonização escravocrata, dívida impagável aos nossos descendentes à espera de reparação. Terra de Todos-os-Santos e de tantos poetas, que inspira a pensar o fazer poético também como sintoma. Os poetas que nos levam a navegar no mar da linguagem, no seu saber fazer arte com a palavra, criação como sintoma, capaz de amarrar topologicamente Real, Simbólico e Imaginário, um modo singular de satisfação com o jogo de palavras, com a homofonia, o equívoco, com a escrita, a voz.

O poeta, o psicanalista e o inconsciente fazem uso da ambiguidade do significante, seu duplo sentido (S_1–S_2), como diz Lacan em *O Seminário, Livro 24: L'insu...*[4]. Uma topologia, segundo Sonia Borges[5], que deforma, torce, contorce as palavras, cria, recria, inventa, reinventa significados, *transcria* (expressão de Haroldo de Campos na tradução da poesia clássica chinesa), "criação de um sujeito assumindo uma nova ordem de relação simbólica com o mundo[6]".

---

[4] LACAN, Jacques. *L'insu qui sait de l'une-bévue s'aile à mourre*. Inédito.
[5] BORGES, Sonia. *Psicanálise, linguística, linguisteria*. São Paulo: Escuta, 2010.
[6] LACAN, Jacques. *O seminário, livro 3: As psicoses*. Trad. Aluísio Menezes. Rio de Janeiro: Jorge Zahar Ed., 1988, p. 94.

Por não poder falar de todos os poetas, traremos um pouco da história do inaugural, Gregório de Matos, o barroco, o primeiro de todos os poetas brasileiros, o maldito, que sustentava a convicção de que a literatura e a poesia são a decisiva arma do povo. Gregório cantou a liberdade e o amor.

O "boca de brasa" como ficou conhecido, poeta revoltado da Cidade da Bahia de Todos-os-Santos, criticava com virulência os colonizadores portugueses, o clero da Inquisição, a subliteratura, todos que se beneficiavam do poder e da riqueza às custas do suor dos brasileiros tão recentes e desde já oprimidos e roubados.

Nas palavras de outro ilustre escritor baiano, o tão amado Jorge, "nossos heróis não são soldados, são dois poetas. Nossa arma é a poesia, por isso jamais somos vencidos. Nossos pais, Gregório de Matos e Antônio de Castro Alves, nos ensinaram povo e liberdade[7]".

Oswald de Andrade, o modernista, situa Gregório de Matos como sendo o primeiro que, entre todos, promoveu a deglutição cultural, mesmo não levantando nenhuma bandeira. É ele quem inicia a festa antropofágica, realizada com o sacrifício simbólico do colonizador, totemizando a palavra, seu objeto interino, pois não quer ter um estatuto oficial, erguido pelo poder. A linguagem poética gregoriana reinstaura o ambiente do culto à palavra como liberdade num Brasil seiscentista[8].

Lacan em "Radiofonia" quando sua voz ressoou pelas rádios belga e francesa, assegura que "Não há ninguém que não tenha sua oportunidade de insurreição ao se referenciar pela estrutura, já que, por direito, ela faz traço da falta de um cálculo por vir"[9]. Enquanto psicanalistas, nossa arma, o discurso analítico, nos possibilita um laço inédito, laço com o que há de mais singular em cada ser falante, seu incurável,

---

[7] AMADO, Jorge. *Bahia de todos-os-santos. Guia de ruas e mistérios de Salvador.* São Paulo: Companhia das Letras, 2012, p. 175.

[8] LIMA, Samuel Anderson de Oliveira. *Gregório de Matos: do barroco à antropofagia.* Natal: EDUFRN, 2016.

[9] LACAN, Jacques. "Radiofonia". In. *Outros escritos.* Trad. Vera Ribeiro. Rio de Janeiro: Jorge Zahar Ed., 2003, p. 406.

abertura para o (di)verso, heterogêneo, incidência política de uma nova diz-mensão, ética do real, laço que produz sujeitos emancipados, insubmissos ao universal.

"A psicanálise é uma chance, uma chance de voltar a partir", afirma Lacan[10], e assim o fizemos após uma parada necessária para nos situarmos diante do real deflagrado pela situação política, social e sanitária de nossa época. Nós voltamos a partir, na aposta de seguir a transmissão da psicanálise, nosso dever ético. Como resultado dessa aposta, alcançamos um XXI Encontro de nossa comunidade brasileira, encontro abundante no que concerne às trocas epistêmicas e artísticas, bem como essa publicação, fruto desse trabalho que se decantou nos presentes textos.

Não podemos concluir essas palavras iniciais sem ressaltar a importância do trabalho coletivo e expressivo de um laço construtivo e respeitoso dos integrantes das comissões que fizeram esse trabalho acontecer, a saber, a Comissão de Gestão da EPFCL-Brasil (2020-2022) na função de Coordenação Nacional do XXI Encontro, a Coordenação Local, a Comissão de Gestão do Fórum Salvador (2020-2022), a Equipe de Prelúdios, a Comissão Científica, a Comissão de Livraria com a criação da Barcatálogo e a Comissão de Divulgação, as quais agradecemos pela contribuição e dedicação para efetivação desse feito. À Comissão Científica, coordenada por Lia Silveira, nosso duplo agradecimento pela continuidade do trabalho nos pós encontro, para a realização do atual volume.

Salvador, 03 de outubro de 2022

---

[10] LACAN, Jacques. *Meu ensino*. Trad. André Telles. Rio de Janeiro: Jorge Zahar Ed., 2006, p. 86.

CONFERÊNCIAS

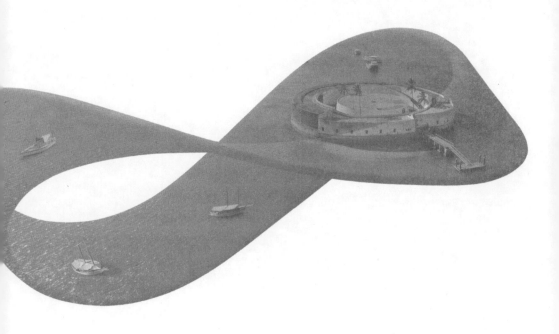

Le Réel du sens

COLETTE SOLER

PRÉAMBULE

La question se pose parce que la psychanalyse n'opère qu'à partir de la parole singulière. C'est ce qui fait qu'elle n'est pas une science, Lacan a fini par le formuler, après avoir essayé de l'élever au statut de science. Il a quand même tenté d'y introduire l'esprit scientifique (souci de l'établissement des faits, ne pas se contredire, ne pas dire plus que l'on ne sait etc.) dans un champ qui ne se prête pas à la science, celui du sujet.

Thèse générale: dans ce champ du symbolique nous appelons réel ce qui est de structure et donc inamovible. Il y a celui du langage et au dernier terme celle des effets de langage sur le parlant. Lacan a procédé à une sorte de dématérialisation d'un réel: à chercher dans les lois du langage, et de ses effets. D'où le recours à la linguistique puis à la logique. Elles impliquent à l'inverse une matérialisation du symbolique dont il a produit un néologisme, "motérialisme".

Tout cela pour souligner qu'on ne peut pas invoquer le réel au singulier, sauf à le définir comme hors symbolique, mais alors on ne peut rien en dire, il est imprédicable. Par contre il y a pour nous des réels, pluriels, diversifiés selon les voies d'accès dont nous disposons. D'où mon titre qui ne les oppose pas on comme le fait le plus souvent réel et sens, mais qui les articule, car il n'y a pas de clinique du réel, mais une clinique des réels. On peut même interroger, outre celui du sens, celui de ce que nous nommons symptôme, et aussi bien de chaque consistance imaginaire symbolique et réel et de leur nouage.

Pour parler de réel dans la psychanalyse il faut donc y avoir accès, et c'est forcément par le biais du langage. Notre question est par conséquent: à quels réels peut-on avoir accès par le symbolique. A la question "Que puis-je savoir ?" *Télévision* répond : "rien qui n'ait la structure du langage" en 1973. Mais encore faut-il que de cette structure il y ait un usage. Et l'usage du langage dans la parole introduit une toute autre dit-mension que celle du signifiant, du symbolique. Freud l'a nommée dynamique et/ou économique, car l'usage suppose que l'on veuille dire ou faire quelque chose, ce qui pose la question de la cause.

En chaque cas cependant ces réels auxquels on accède, c'est ce qui ne change pas, qui est inamovible, "toujours à la même place" disait Lacan au début, puis incurable dit-il ensuite, ils sont donc identifiés à la structure à quelque niveau qu'on la prenne.

Réel du sens donc.
De sens que pour un sujet, je pourrai dire aussi bien le parlant. Dans le réel pas de sens c'est l'anti-sens dit Lacan, il faut un sujet pour que quelque élément de la réalité prenne sens. Et on peut constater que la science, par exemple la biologie, qui forclôt le sujet, forclôt aussi le sens, d'où le monde irrespirable qu'elle est en train de nous construire, d'ailleurs. Dès que la question " qu'est-ce que ça veut dire ?" ou "qu'est-ce que ça veut ?" est posée on est dans le registre du sens, du sens du désir. Question inhérente à la psychanalyse depuis Freud, qui met l'accent prioritairement sur l'inconscient comme désir.

A L'ENTRÉE, LE SENS

Or cette question est à l'entrée de toute psychanalyse, elle ouvre "l'esp." comme dit Lacan, c'est à dire à la fois l'espace et l'espérance du transfert. C'est pour quoi Lacan peut affirmer dans *Télévision,* en un radical raccourci, qu'il suffit "d'une formation symptomatique de l'inconscient" pour que l'on soit dans le transfert, car cette formation "démontre le rapport au sujet supposé savoir"[1]. Là, ne nous laissons pas tromper par la familiarité des expressions. Il ne suffit pas d'avoir un

---
[1] LACAN, Jacques. "Télévision". In: *Autres écrits*. Paris: Seuil, 2001, p. 67.

lapsus ou autre et même un symptôme, pour que l'on puisse parler de formation symptomatique de l'inconscient. Lacan emploie là l'adjectif. Pour qu'une telle formation soit symptomatique de l'inconscient, c'est à dire qu'elle fasse signe de l'inconscient insu, il faut que le sujet la prenne comme une émergence téléologique, qui parle ou qui veut, qui donc fait se lever question de la vérité qu'elle manifeste.

C'est tout le problème de la demande spécifique qu'il faut pour commencer une analyse et qui est l'enjeu des entretiens préliminaires. Dans ceux-ci il s'agit de vérifier que la demande ad hoc est bien là, "peser la demande" dit Lacan, bien loin de simplement laisser le sujet commencer à déplier son récit, à se raconter. Et si cette demande n'est pas là il s'agira de la produire car c'est l'offre de l'analyste qui la détermine. L'offre, inhérente au procédé inventé par Freud lequel fixe l'axe de toute psychanalyse. Les analystes qui ont perdu ce fil — et il y en a malheureusement — qui simplement font parler ou laisse parler risquent bien de ne faire que des psychothérapies. En effet cette demande spécifique implique l'hypothèse de l'inconscient et au fond sollicite son savoir, "s'adresse au savoir" inconscient, dit Lacan. Elle conditionne ainsi l'ouverture à l'interprétation de l'analyste sans laquelle il n'y a peut-être de l'échange de parole, mais pas de psychanalyse.

Ainsi la psychanalyse procède-t-elle d'entrée par le sens, et c'est la question sur le sens qui est le moteur de ladite association libre. Encore faut-il, j'insiste, bien préciser que ce n'est pas n'importe quelle question sur le sens. Pas une vague question sur le sens de la vie par exemple, ou sur le sens de ce que l'on a fait ou pas fait dans telle ou telle situation, c'est une question greffée sur une manifestation de l'inconscient, une question sur le sens de ces manifestations qui vont de rêve et lapsus à symptôme et répétition.

Alors le réel du sens, pour le dire d'entrée et en raccourci, c'est l'objet a. L'objet a défini comme "ce qui manque", l'effet de langage majeur qui décide du réel de la structure. Je déplie un peu la thèse pour saisir ses conséquences cliniques.

Le sens du sens dit Lacan c'est qu'il fuit, comme d'un tonneau percé, et ce qui sort par le trou du tonneau c'est l'objet *a*. Image donc pour dire que si on pose au sens la question de son sens, si donc on demande : que veut dire qu'il y ait du sens ? c'est ça le sens du sens, la réponse est : ça veut dire que l'objet *a* le cause. Traduisons : pas moyen de saturer le sens, il est question qui stimule, mais qui ne s'arrête pas. Je vais nuancer ensuite. Ces formules imagées de 73, inédites jusque-là et qui peuvent paraître difficiles s'éclairent par d'autres antérieures, toutes celles qui situent l'objet a comme cause du désir. C'est bien avant 73 que Lacan a reformulé la place du désir comme ce qui hante la parole mais qui est "incompatible avec elle" (cf. "La direction de la cure"). Il habite donc toutes les significations de la demande mais par définition il est impossible d'en donner une formule. Au fond il est intransitif, a une cause mais pas d'objet. D'où les expressions "cerner le désir". Il est imprononçable mais causé par l'objet *a* soit "ce qui manque", et qui fait que quoique j'offre ou obtienne, "ça n'est pas ça", jamais. Il s'agit là de l'effet de structure majeur et c'est donc bien un réel, un de ceux "qui se fait jour dans le langage"[2]. Dit autrement : c'est le réel de la division du sujet. Son discours le représente, mais il n'y a pas de S_2 susceptible de capitonner ce discours. Mi-dire de la vérité est une autre expression pour dire le réel du sens. Ce mi-dire est donc un destin, c'est un fait qui s'impose à tout parlant en quête de vérité. On peut en donner la formule : impossible de dire vrai — premier réel — sur le réel hors sens, deuxième réel. Cet impossible est un réel inhérent au registre du sens.

On connaît la traduction clinique de cette structure ? Le réel du sens s'expérimente comme l'impossibilité où il est de satisfaire, satisfaire au point d'arrêter la relance de sa question. Frustration part conséquent. Je dis s'expérimente car dans une analyse on ne fait pas de doctrine, mais l'analysant constate que la question du sens, soit la course à la vérité, se relance en permanence D'où d'ailleurs, en terme

---

[2] LACAN, Jacques. "L'étourdit". In : *Autres écrits*. Paris : Seuil, 2001, p. 477.

logique le transfini du dire de la demande, en terme topologique son caractère mœbien. Le discours que l'analysant adresse à l'Autre, grand A, l'Autre pris comme sujet supposé savoir, ne peut donc trouver de terme que par l'intervention d'un autre facteur.

Dans les faits pourtant, chacun sait bien que quoiqu'il dise il ne dit pas tout, qu'il y a toujours plus à dire, mais c'est justement ce qui pousse à courir encore, bien loin de mettre un stop à cette course — à laquelle d'ailleurs nous avons invité l'analysant. Quelle est donc le vrai ressort de cette course au sens si ce n'est pas l'ignorance du mi-dire dont chacun a bien le soupçon ?

Eh bien, c'est que la course est en elle-même satisfaisante. Lacan a aussi donné une formule de cette satisfaction, liée à ce qui s'énonce, ce qui se dit ou ne se dit pas, c'est la satis-faction en deux mots, du sens-joui, joui-sens en deux mots aussi. Il a également dit "jouissance du parler". à la même date, 1973. Au fond pour le dire au plus simple c'est la jouissance que le sujet prend à son propre récit. Une sorte de complaisance. Très perceptible cette complaisance–à se raconter, chez certains sujets et même d'ailleurs perceptible hors du champ analytique. Notons que notre époque en est folle de ces récits et incite chacun à s'y adonner, par le témoignage ou par l'écriture des biographies romanesques. Réaction probablement à l'objectivation que nous subissons dans la civilisation de la science et du capitalisme. Dans l'analyse cette satisfaction met en question son côté téléologique, à savoir que sa finalité soir vraiment la quête du vrai, voire un désir de savoir. Vous savez que Lacan au final a conclu, pour les analystes aucun désir de savoir.

MÉRITE DU SENS

On a donc commencé à crier haro sur le sens. Mais les impossibilités inhérentes au sens ne doivent pas nous cacher ses mérites dans le travail analytique. C'est que la tentative analysante pour répondre à la question du sens n'est pas sans effet pratiques. La question du sens l'analysant ne la pose pas seulement à ses diverses "bévues" éphémères que sont lapsus, acte manqué ou rêve. Celles-ci lui servent surtout à attraper par déchiffrage des signifiants que nous disons de son inconscient parce qu'il ne les a pas choisis, ils se sont imposés. Ces bévues présentifient donc pour lui la dimension de l'inconscient, ou plutôt présentifie sa division de sujet qui parle d'avec son inconscient. Mais pour l'essentiel la question du sens - du qu'est-ce que ça veut dire ? ou qu'est-ce que ça veut ? — il la pose à ce qui n'est pas éphémère et qui insiste comme symptôme et répétition. Souvent l'analysant formule cette question du sens sous la forme d'un pourquoi ? Pourquoi ne puis-je pas arrêter ceci ou cela, pourquoi ne puis-je pas modifier telle ou telle souffrance symptomatique ? Là l'enjeu devient autre, puisque ces formations sont, de mémoire de Freud, des formations de jouissance, pas seulement de désir. Si elles engagent l'objet a par conséquent, ce n'est pas seulement au titre de "ce qui manque", mais au titre de ce qui ne manque pas, au titre de sa substantialisation comme plus-de-jouir.

De fait Freud a bien découvert les effets de la *talking cure* sur les conversions des hystériques de Freud. Ce n'était qu'un début, car la voie du sens conduit à son point d'ancrage, le fantasme et à sa traversée possible. On le sait avec Freud et Lacan, le sens commence avec la perte traumatique constituante du sujet, qui lance la quête du sens, le donner sens, dans lequel, peu à peu, à mesure qu'il élabore associativement, l'analysant prend la mesure de son fantasme comme point d'ancrage de tout sens. Le fantasme soutient le désir indicible que cause le manque mais le soutient par un objet pulsionnel plus de jouir, oral, anal, scopique, invoquant, qui à la fois interprète et sature le désir indicible de l'Autre et aussi bien celui du sujet qui désire en tant qu'Autre, selon la formule de Lacan. Les deux exemples qu'il donne dans la "Proposition de 1967" sont à cet égard très nets avec leurs deux objets plus-de-jouir, l'excrément et le regard par quoi les deux sujets se rapportent au désir de l'Autre. Autant dire que l'objet pulsionnel que le fantasme convoque dans le rapport à l'Autre y fait fonction de bouchon. Il bouche le manque et le "manque du manque fait le réel qui ne vient que là" dit la Préface.[3] Là où était le manque

---

[3] LACAN, Jacques. "Préface à l'édition anglaise du *Séminaire XI*". In: *Autres écrits*. Paris: Seuil, 2001, p. 573.

qu'est l'objet a. Voilà donc un réel, celui du bouchon-plus-de-jouir propre à chacun qui tamponne un autre **réel** plus radicalement structural, celui de la soustraction de jouissance qui fait l'essence même de l'objet *a* comme cause impossible à réduire. Ayant cerné la constante de son être d'objet fantasmatique le sujet peut donc apercevoir que ce plus de jouir laisse entière l'énigme du désir de l'Autre, le trou que l'objet creuse dans l'Autre. Faille donc dans le Ss savoir qui, pour un analysant qui en a pris acte, arrête l'élaboration signifiante et ouvre la phase finale de l'analyse. Ainsi la voie du sens quoique impuissante à produire la fin, y conduit néanmoins. Telle était la construction de la proposition de 1967.

LE PÈRE DU SENS

Après ces remarques sur les limites et les vertus du sens, je voudrais m'avancer dans la question de son rapport au Père. Je le fais puisque Lacan dit que le recours au sens dans la psychanalyse ne peut réussir je cite "qu'à 'se faire la dupe... du père'", comme je l'ai indiqué.

Il est évidemment exclu d'y lire, dans des relents de vieille lecture, qu'il n'y a désir que s'il n'y a pas de forclusion du père comme on continue à le dire parfois. La cause du désir, le *a* en tant que soustrait, cet objet perdu donc Freud a posé la nécessité sans pouvoir l'expliquer, cet objet ne doit rien au Père. Et Lacan a d'ailleurs précisé, qu'il ne manque pas dans la psychose. Qu'en outre il opère également dans ce désir spécifique qu'est le désir sexuel où joue la castration, puisque le partenaire y vaut comme objet a.

Comment donc entendre cette connexion entre le sens et le père.

Le père dont il parle est-ce le père-sinthome qui conditionne le nœud du S et de l'I, lequel nœud génère le sens, sens limité en outre par le réel hors sens ? Ce Père-sinthome est en effet père du sens, à la fois de la dit-mension même du sens et du sens particulier propre à chacun - C'est ce qu'il a montré avec la fonction de l'art-dire de Joyce. Mais dans une psychanalyse le sens qui porte effet, celui qui a une efficace comme je l'ai dit, est toujours particulier, celui de l'un n'est pas celui de l'autre. Alors quel rapport avec le père, que Lacan écrit là avec une minuscule.

De fait le Nom de père c'est le terme qui sert à marquer que l'engendrement des organismes vivants par la reproduction, ne suffit pas à engendrer les humains qui, eux, vivent d'une autre vie que de celle de l'organisme qu'on la dise du désir ou de l'esprit ou de l'âme ou des deux. Une vertu spermatique qui n'a rien d'organique, avec un ancêtre non corporel qui tient dans tous les cas au discours. D'où l'hésitation sur ses noms possibles, "Verbe" dans la tradition religieuse, le tao le nomme le "principe sans nom", ou "la mère de toute chose" (!), notre tradition dit le Père, Freud a évoqué l'animal Totem, Lacan finalement le dire comme acte performatif.

Or on voit bien que ce terme a une nécessité pour les parlants. On le voit spécialement avec les sujets nés par insémination artificielle, et qui cherchent au-delà du spermatozoïde qui les a engendrés comme corps, le donneur. On incrimine là le rabattement de la fonction symbolique sur la fonction organique mais c'est injuste car le donneur n'est pas un spermatozoïde mais un humain justement avec ce que ça implique de désir et de pulsion.

Alors à quelle nécessité fondamentale répond ce terme, père, qui n'est aucun père mais un troisième terme qui s'ajoute au deux du couple parental, quand il y en a un ? Eh bien il sert au fond à justifier l'existence, donc à corriger le non-sens absolu de la venue au monde de chacun. Tout comme le désir supposé du dieu créateur rend raison du fait qu'il y ait un monde et un univers, Père pour chacun c'est ce qui rend raison qu'il soit là comme sujet humain aps comme organisme. Autrement dit le Père donne sens à l'existence. Pas étonnant donc que la question du vouloir de dieu soit posée dans toutes les religions. Et de toujours on interroge son amour, son désir, et moins ouvertement sa jouissance.

Cette thèse est d'ailleurs impliquée quand on parle d'un "désir non anonyme" c'est à dire qui ait ciblé comme objet, cet enfant-là, précisément. Et on sait combien dans les familles, et combien dans les compétitions des fratries, les évaluations des désirs qui ont visés chacun vont bon train et traversent les vies entières et flambent au moment des héritages. Rien n'indique cependant que le "désir non anonyme", expression qui désigne une antécédence générationnelle, doivent venir d'un papa ou d'une maman. — C'est le cas le plus fréquent dans nos sociétés mais ce n'est pas de structure comme le prouve d'ailleurs l'existence même de la notion d'adoption: on adopte dans un "désir non anonyme", un corps que l'on n'a pas engendré, mais qui en sera fait sujet. C'est logique dès lors que les deux principes d'engendrement sont distincts, ils peuvent être dissociés.

Alors qu'est-ce qu'un père ? Peut-on dire que c'est un homme comme un autre mais qui est "modèle de la fonction" selon l'expression de Lacan qu'il illustre dans la première leçon de *RSI*, au sein du couple hétéro classique ? Là je saute ma relecture du passage de *RSI* qui n'est qu'une version de père.

Avec ce passage, serait-ce la confusion entre NdP et le patriarcat alors même que Lacan a été le premier à la dénoncer ? Elle aurait pour conséquence immédiate, logiquement, de devoir dire que dans les familles homosexuelles, masculine et féminines, bien nombreuses aujourd'hui, ainsi que dans les familles mono-parentale la forclusion du Père règne comme a priori. Mais non, ce n'est qu'un exemple de présentification de la fonction, une version, il y en a d'autres et un père n'est pas un homme comme un autre. Le porteur de la fonction c'est éventuellement n'importe qui, "il faut que n'importe qui puisse faire exception", le nom de l'exception étant Père, n'importe qui peut la porter quel que soit même son sexe. Il est alors homologue de l'homme masqué, de la pièce de Wedekind un NdP dit Lacan, mais dont on ne sait pas s'il est homme ou femme. D'ailleurs a-t-on jamais analysé un père ? Qu'il en vienne un sur le divan et c'est un fils qui s'analyse, un fils éventuellement en manque de père s'il n'est pas en lutte contre son père ou en questionnement. Qu'est-ce qu'un père, n'est pas une question de père c'est une question de fils ou de fille, *Éventuellement de fils qui s'interroge sur sa paternité, et pour la raison que la fonction père n'est pas une fonction-sujet et je dirai n'est pas subjectivable. Du coup le mieux que peuvent faire les pères de la réalité est de ne pas chercher à faire le père, parce que s'ils le tentent ils feront toujours autre chose, le maître, le législateur, et que sais-je ?* Évidemment dans nos contrées occidentales la structure des familles assure la superposition entre le principe symbolique et le couple reproducteur ce qui rend leur distinction confuse. C'est plus clair quand, comme Lacan l'évoque la fonction peut être tenue par un esprit logeant sur le bord d'un chemin.

Reste une grosse question. Si le père donne sens à l'existence qu'en est-il pour le sexe ? C'est la deuxième question du sujet sur son réel ? Je laisse de côté la réponse freudienne qui s'en remet à l'Œdipe pour assurer la sexualité conforme, hétéro, comme ses déviations. Elle a induit l'idée qu'il fallait à l'enfant un papa et une maman pour normaliser sa sexualité, et dans l'IPA ça a induit une conception orthopédique de la psychanalyse comme devant redresser ces déviations pour réassurer l'hétéro-sexualité conforme.

Que dire à partir des formules de la sexuation. Concernant la chose sexuelle, à distinguer des semblants elles marquent que la jouissance des parlêtres est divisée entre la phallique et l'autre. Elles impliquent le dire Père dans les formules de gauche qui font le tout phallique, que l'on identifie volontiers à l'homme. Mais c'est à tort car du dire même de Lacan dans le tout phallique il y a de tout, des hommes hétéros, des homos, des célibataires, des saints et des femmes hystériques. En outre homme ou femmes mais les sujets ont le choix du côté où ils se placent. S'ils ont le choix, la causalité paternelle sur la chose est en question.

De fait les identifications déterminent le sujet et ses diverses mascarades dans le champ des semblants, mais ne déterminent pas plus la chose sexuelle que l'acte lui-même. Qu'est-ce donc qui la détermine cette chose sexuelle ? C'est toute la question de la jouissance qui se prend à un autre corps. Que Lacan, arrivé à la première leçon de Encore, la questionne à nouveau indique qu'à cette date elle reste sans réponse pour lui et il faut bien conclure que ce n'est donc pas le père des formules de la sexuation qui la détermine. Même quand il est en fonction, si on suit "L'étourdit", on ne peut lui imputer que l'ensemble du tout phallique où règne la jouissance dite castrée. Qu'est-ce alors qui la détermine, cette chose ?

La réponse est donnée quand Lacan qualifie le partenaire sexuel du nom de symptôme, et ça va loin. Cet être symptôme du partenaire indique que comme tout symptôme il est un produit de l'inconscient, ce savoir insu fait de *lalangue* dont les éléments langagiers marquent la jouissance et sont eux-même en outre, jouis. Et voilà le partenaire de jouissance, le jouir du corps de l'Autre, déterminé par le "jouir de l'inconscient" au sens objectif du *de*, jouir donc des signifiants-signes dont il est fait. La thèse s'applique trivialement à l'homme quand Lacan dit que s'il n'y avait pas les mots pour le faire éjaculer, eh bien il n'y aurait plus personne de son côté. Cette thèse d'un partenaire sexuel-symptôme, fait du jouir de l'inconscient, complète celle antérieurement affirmée et plus connue, du partenaire comme objet *a* d'où on pouvait entendre que le sujet est "heureux", autrement dit ne rencontre que lui-même à travers l'autre de l'heur sans e. Là il y a redoublement il est objet qui se joui par le jouir de l'inconscient. A suivre ce fil le symptôme sexuel ne s'hérite pas, et le père de RSI n'en est qu'une version, père-version elle-même symptôme.

Les conséquences à la fois cliniques et historiques sont immenses. Plus moyen de supposer que l'Œdipe, ou le Nom du père qui ordonnent certes le sujet, ordonnent aussi la sexualité, car la sexualité ce n'est pas une relation de sujet à sujet comme l'est l'amour, mais une relation de corps et il faut un fort "je n'en veux rien savoir" pour méconnaître qu'elle se passe fort bien de l'amour. Du coup avec cette thèse du partenaire symptôme, Lacan ouvrait la voie à la reconnaissance par les psychanalystes des diverses formes de sexualités, même les plus hors normes qui depuis s'étalent sur la scène du monde. Toutes sont déterminées par le jouir de l'inconscient, du coup il faut dire ou bien que toutes sont perverses ou qu'aucune ne l'est, si on nomme pervers ce que la nature ne programme pas.

Sur le plan clinique grandes conséquences aussi concernant ce que l'on évoque comme le choix du sujet. "Ils ont le choix" les sujets dit Lacan, mais de quoi ? Ils ont certes le choix d'être ou pas dans le tout phallique qui ne va pas sans la fonction du dire-père, mais choisir son symptôme de jouissance est exclu autant que choisir son inconscient.

On peut à la rigueur choisir ses plaisirs comme disait Foucault, mais sûrement pas sa jouissance. Votre inconscient vous l'avez comme vous avez un corps, et l'événement de jouissance qu'il détermine s'impose quoique vous en ayez, pas de choix. Comment alors ne pas en conclure que la chose sexuelle n'a pas de sens, qu'elle doit peu, voire rien, au père et tout aux inconscients ? Et je conclus, finalement, contrairement à ce qu'a pensé Freud, la dette quant à l'existence ne va pas jusqu'à être une dette sexuelle.

O Real do sentido

COLETTE SOLER[1]

PREÂMBULO

A questão se coloca pois a psicanálise opera apenas a partir da fala singular. É isso que a torna não uma ciência, Lacan acabou formulando isso, depois de ter tentado elevá-la ao estatuto de ciência. Ele tentou, ainda assim, introduzir nela o espírito científico (preocupação com o estabelecimento dos fatos, não se contradizer, não dizer mais do que se sabe etc.) em um campo que não se presta à ciência — o do sujeito.

Tese geral: nesse campo do simbólico, chamamos de real aquilo que é da estrutura e, portanto, inamovível. Há aquele da linguagem e, em última instância, o dos efeitos de linguagem sobre o falante. Lacan procedeu a uma espécie de desmaterialização de um real, a ser buscado nas leis da linguagem e de seus efeitos. Daí recorrer-se à linguística e depois à lógica. Elas, ao contrário, implicam uma materialização do simbólico da qual ele produziu um neologismo — *motérialisme*[2].

Tudo isso para sublinhar que não se pode invocar o real no singular, a não ser para defini-lo como fora do simbólico, mas então não se

---

[1] Colette Soler pratica a psicanálise e a ensina em Paris. *Agrégée* da Universidade em Filosofia, diplomada em Psicopatologia e doutora em Psicologia. Foi seu encontro com o ensino e a pessoa de Jacques Lacan que a fez escolher a psicanálise. Foi membro da antiga Escola dissolvida por Jacques Lacan em 1980 e, após a cisão com a AMP em 1998, esteve na origem dos Fóruns do Campo Lacaniano e de sua Escola Internacional de Psicanálise.

[2] Nota do tradutor: em francês, *motérialisme*, termo no qual há o equívoco dos vocábulos *mot* [palavra] e *matérialisme* [materialismo].

pode dizer nada sobre ele, ele é impredicável. Por outro lado, existem, para nós, reais, plurais, diversificados de acordo com os meios de acesso de que dispomos. Donde meu título, que não os opõe, como se faz na maioria das vezes, real e sentido, mas que os articula, pois não há clínica do real, mas uma clínica dos reais. Pode-se até mesmo questionar, além do real do sentido, o real daquilo que chamamos de sintoma, e também de cada consistência imaginária, simbólica e real, e de seu enodamento.

Para falar do real em psicanálise, é preciso, portanto, ter acesso a ele, e isso se dá necessariamente por meio da linguagem. Nossa questão, por conseguinte, é: a quais reais é possível ter acesso por meio do simbólico? À questão "O que posso saber?", "Televisão", em 1973, responde: "nada que não tenha a estrutura da linguagem". Mas ainda é preciso que dessa estrutura haja um uso. E o uso da linguagem na fala introduz uma *dit-mension* [diz-mensão] completamente diferente daquela do significante, do simbólico. Freud denominou-a dinâmica e/ou econômica, pois o uso supõe que se queira dizer ou fazer algo, o que coloca a questão da causa.

Em cada caso, entretanto, esses reais aos quais se acessa são aquilo que não muda, que é inamovível, "sempre no mesmo lugar", dizia Lacan no início, "incurável", diz ele depois. Eles são, portanto, identificados com a estrutura em qualquer nível que a tomemos.

Sentido real, portanto.
De sentido somente para um sujeito, eu poderia muito bem dizer, o falante. No real, nenhum sentido é o antissentido, diz Lacan, é preciso um sujeito para que algum elemento da realidade adquira sentido. E é possível constatar que a ciência, a biologia, por exemplo, que foraclui o sujeito, também foraclui o sentido, donde o mundo irrespirável que ela está construindo para nós, aliás. Assim que a questão "o que isso quer dizer?" ou "o que isso quer?" é colocada, estamos no registro do sentido, do sentido do desejo. Questão inerente à psicanálise desde Freud, que coloca a ênfase primordialmente no inconsciente como desejo.

NA ENTRADA, O SENTIDO

Ora, esta questão está na entrada de qualquer psicanálise, ela abre "o esp", como diz Lacan, isto é, tanto o espaço quanto a esperança da transferência. É por isso que Lacan pode afirmar, em "Televisão", num radical escorço, que basta "uma formação sintomática do inconsciente" para que se esteja na transferência, pois essa formação "demonstra a relação com o sujeito suposto saber"[3]. Aí, não nos deixemos enganar pela familiaridade das expressões. Não basta ter um lapso ou outro, e até mesmo um sintoma, para que se possa falar de formação sintomática do inconsciente. Lacan emprega o adjetivo aqui. Para que tal formação seja sintomática do inconsciente, isto é, para que faça signo do inconsciente insabido, é preciso que o sujeito a tome como uma emergência teleológica, quem fala ou quem quer, quem, portanto, faz a questão da verdade que ela manifesta ser colocada.

Este é todo o problema da demanda específica necessária para começar uma análise e que é o desafio das entrevistas preliminares. Nelas, trata-se de verificar se a demanda *ad hoc* realmente está ali — "pesar a demanda", diz Lacan, longe de simplesmente deixar que o sujeito comece a desenrolar sua história, a se contar. E se essa demanda não está ali, tratar-se-á de produzi-la, pois é a oferta do analista que a determina. A oferta, inerente ao procedimento inventado por Freud, o qual fixa o eixo de qualquer psicanálise. Os analistas que perderam esse fio — e infelizmente existem alguns —, que simplesmente fazem as pessoas falarem ou as deixam falar, arriscam-se a fazer apenas psicoterapias. Com efeito, essa demanda específica implica a hipótese do inconsciente, e, no fundo, solicita seu saber, "se endereça ao saber", diz Lacan. Ela condiciona, assim, a abertura à interpretação do analista, sem a qual talvez haja intercâmbio de palavras, mas não psicanálise.

Assim, a psicanálise procede de entrada por meio do sentido, e é a questão sobre o sentido que é o motor da chamada associação livre.

---

[3] LACAN, Jacques. "Televisão". In: *Outros escritos*. Trad. Vera Ribeiro. Rio de Janeiro: Jorge Zahar Ed., 2003, p. 541.

Ainda é necessário, insisto, precisar bem que não se trata de qualquer questão sobre o sentido. Não uma questão vaga sobre o sentido da vida, por exemplo, ou sobre o sentido daquilo que se fez ou não se fez em tal situação, é uma questão introduzida sobre uma manifestação do inconsciente, uma questão sobre o sentido dessas manifestações que vão do sonho e do lapso ao sintoma e à repetição.

Então, o real do sentido, para dizer de entrada e de forma abreviada, é o objeto *a*. O objeto *a* definido como "aquilo que falta", o principal efeito de linguagem que decide sobre o real da estrutura. Desdobro um pouco a tese para apreender suas consequências clínicas.

O sentido do sentido, diz Lacan, é que ele vaza/foge [*fuit*], como num barril furado, e aquilo que sai pelo furo do barril é o objeto *a*. Imagem, portanto, para dizer que se colocarmos ao sentido a questão de seu sentido, se portanto perguntarmos "o que o fato de haver sentido quer dizer?", esse é o sentido do sentido, a resposta é: isso quer dizer que o objeto *a* o causa. Traduzamos: não há como saturar o sentido, ele é questão que estimula, mas que não para. Vou dar as nuances disso a seguir. Essas fórmulas imagéticas de 1973, até então inéditas e que podem parecer difíceis, são esclarecidas por outras anteriores, todas aquelas que situam o objeto *a* como causa do desejo. Foi bem antes de 1973 que Lacan reformulou o lugar do desejo como aquilo que assombra a fala, mas que é "incompatível com ela" (cf. "A direção do tratamento..."). Ele habita, portanto, todas as significações da demanda, mas por definição é impossível dar uma fórmula disso. No fundo, ele é intransitivo, tem uma causa, mas não tem objeto. Daí a expressão "circunscrever o desejo". Ele é impronunciável, mas causado pelo objeto *a*, ou seja, "aquilo que falta", e que faz com que embora eu ofereça ou obtenha, "não é isso", nunca. Trata-se aí do principal efeito de estrutura e é, portanto, um real, um desses "que vem à luz na linguagem"[4]. Em outras palavras: é o real da divisão do sujeito. Seu discurso a representa, mas não há S_2 capaz de dar estofo a esse discurso. Meio-dizer [*mi-dire*] a

---

[4] LACAN, Jacques. "O aturdito". In: *Outros escritos*. Trad. Vera Ribeiro. Rio de Janeiro: Jorge Zahar Ed., 2003, p. 477.

verdade é outra expressão para dizer o real do sentido. Esse meio-dizer é, portanto, um destino, é um fato que se impõe a qualquer falante em busca da verdade. Podemos dar a fórmula disso: impossível dizer verdade — primeiro real — sobre o real fora de sentido, segundo real. Esse impossível é um real inerente ao registro do sentido.

Conhecemos a tradução clínica dessa estrutura? O real do sentido é experimentado como a impossibilidade onde é questão de satisfazer, satisfazer a ponto de impedir o relançamento de sua questão. Frustração, portanto. Digo experimentado, pois em uma análise não se faz doutrina, mas o analisando constata que a questão do sentido, ou seja, a corrida pela verdade, é constantemente relançada. Daí, aliás, em termos lógicos, o transfinito do dizer da demanda, em termos topológicos, seu caráter moebiano. O discurso que o analisando dirige ao Outro, grande A, o Outro tomado como sujeito suposto saber, só pode, portanto, encontrar um termo pela intervenção de um outro fator.

Na realidade, porém, todos sabem que embora ele diga, ele não diz tudo, que há sempre mais a dizer, mas é justamente isso que leva a correr mais, bem longe de pôr um fim a esta corrida — à qual, aliás, convidamos o analisando. Qual é, então, a verdadeira força motriz dessa corrida pelo sentido, se não é a ignorância do meio-dizer de que cada um justamente suspeita?

Pois bem, é que a corrida, em si própria, é satisfatória. Lacan também deu uma fórmula para essa satisfação, ligada àquilo que se enuncia, ao que se diz ou não se diz, é a satis-fação [*satis-faction*], do sentido-gozado [*sens-joui*], gozo-sentido [*joui-sens*] em duas palavras. Ele também disse "gozo do falar", no mesmo ano, 1973. No fundo, para dizer de forma mais simples, é o gozo que o sujeito adquire em sua própria narrativa. Uma espécie de complacência. Muito perceptível essa complacência em contar a si mesmo em determinados sujeitos, e ainda mais perceptível fora do campo analítico. Notemos que nosso tempo é louco por essas histórias e incentiva todos a se entregarem a elas, por meio do testemunho ou escrevendo biografias românticas, provavelmente uma reação à objetivação que sofremos na civilização da ciência e do capitalismo. Na análise, essa satisfação põe em questão seu lado teleológico, a saber, que sua finalidade seja realmente a busca da verdade, até mesmo um desejo de saber. Vocês sabem que Lacan, no final, concluiu, para os analistas, nenhum desejo de saber.

MÉRITO DO SENTIDO

Começamos, portanto, a nos insurgir contra o sentido. Mas as impossibilidades inerentes ao sentido não devem esconder seus méritos no trabalho analítico. É que a tentativa analisante de responder à questão do sentido não deixa de ter efeitos práticos. O analisante não coloca a questão do sentido somente em seus vários "equívocos" efêmeros que são lapso, ato falho ou sonho. Estes servem-lhe, sobretudo, para apanhar, decifrando, significantes que dizemos serem de seu inconsciente, porque ele não os escolheu, eles se impuseram. Esses equívocos, portanto, presentificam para ele a dimensão do inconsciente, ou melhor, presentificam sua divisão de sujeito que fala com seu inconsciente. Mas ele, essencialmente, coloca a questão do sentido — do "o que isso quer dizer?" ou "o que isso quer?" — àquilo que não é efêmero e que insiste como sintoma e repetição. Muitas vezes, o analisando formula essa questão do sentido na forma de um por que. Por que não consigo parar isso ou aquilo, por que não consigo modificar este ou aquele sofrimento sintomático? Aqui a questão torna-se diferente, pois essas formações são, citando Freud de memória, formações de gozo, não somente de desejo. Se elas engajam consequentemente o objeto *a*, não é somente conforme "aquilo que falta", mas conforme aquilo que não falta, de acordo com sua substancialização como mais-de-gozar.

De fato, Freud descobriu justamente os efeitos da *talking cure* nas conversões das histéricas. Era apenas o começo, pois a via do sentido leva ao seu ponto de ancoragem, a fantasia e à sua travessia possível. Como se sabe com Freud e Lacan, o sentido começa com a perda traumática constitutiva do sujeito, que dispara a busca de sentido, o dar sentido, no qual, pouco a pouco, à medida que elabora associativamente, o analisando vai tomando a medida de sua fantasia como ponto de ancoragem de todo sentido. A fantasia sustenta o desejo indizível que causa a falta, mas o sustenta por meio de um objeto pulsional mais-de-gozar, oral, anal, escópico, invocante, que, ao mesmo tempo, interpreta e satura o desejo indizível do Outro e também aquele do sujeito que deseja enquanto Outro, segundo a fórmula de Lacan. Os dois exemplos que ele dá na "Proposição de 1967" são muito claros a esse respeito, com seus dois objetos mais-de-gozar — o excremento e o olhar —, por meio dos quais os dois sujeitos se relacionam com o desejo do Outro. A tal ponto, que podemos dizer que o objeto pulsional que a fantasia convoca na relação com o Outro faz função de tampão ali. Ele tampona a falta e a "falta da falta constitui o real, que só sai assim, como tampão[5]", diz o "Prefácio". Ali onde estava a falta que é o objeto *a*. Eis, portanto, um real, o do tampão-mais-de-gozar próprio de cada um, que tampona um outro **real** mais radicalmente estrutural, o da subtração de gozo que constitui a própria essência do objeto *a* como causa impossível de se reduzir. Tendo circunscrito a constante de seu ser de objeto fantasmático, o sujeito pode, portanto, perceber que esse mais-de-gozar deixa intacto o enigma do desejo do Outro, o furo que o objeto cava no Outro. Falha, portanto, no sujeito suposto saber que, para um analisando que dela tomou ciência, interrompe a elaboração significante e abre a fase final da análise. Assim, a via do sentido, embora impotente para produzir o fim, conduz, contudo, a ele. Tal foi a construção da "Proposição de 1967".

O PAI DO SENTIDO

Depois dessas observações sobre os limites e as virtudes do sentido, gostaria de avançar com a questão de sua relação com o Pai. Faço-o porque Lacan diz que recorrer ao sentido, na psicanálise, só pode ter êxito, cito, "fazendo tapear... pelo pai[6]" como indiquei.

Está evidentemente excluído de ler ali, nos rastros da velha leitura, que só há desejo se não há foraclusão do pai, como às vezes

---

[5] LACAN, Jacques. "Prefácio à edição inglesa do *Seminário 11*". In: *Outros escritos*. Trad. Vera Ribeiro. Rio de Janeiro: Jorge Zahar Ed., 2003, p. 569.

[6] LACAN, Jacques. "Joyce, o Sintoma". In: *Outros escritos*. Trad. Vera Ribeiro. Rio de Janeiro: Jorge Zahar Ed., 2003, p. 566.

continuamos a dizer. A causa do desejo, o *a* enquanto subtraído, esse objeto perdido portanto, Freud colocou a necessidade sem poder explicá-la, esse objeto não deve nada ao Pai. E Lacan, ademais, precisou que ele não falta na psicose. Que, aliás, ele também opera nesse desejo específico que é o desejo sexual, em que entra em jogo a castração, pois aí o parceiro vale ali como objeto *a*.

Como então entender essa conexão entre o sentido e o pai?

O pai de que ele fala seria o pai-*sinthoma* que condiciona o nó do S e do I, nó esse que gera o sentido, sentido limitado, aliás, pelo real fora de sentido? Esse Pai-*sinthoma* é, de fato, o pai do sentido, tanto da própria diz-mensão [*dit-mension*] do sentido quanto do sentido particular próprio de cada um. Foi o que ele mostrou com a função do arte-dizer [*art-dire*] de Joyce. Mas em uma psicanálise, o sentido que carrega efeito, aquele que tem eficácia, como eu disse, é sempre particular, o de um não é o do outro. Então, qual a relação com o pai, que Lacan escreve ali com minúscula?

De fato, o Nome de pai [*Nom de père*] é o termo que serve para marcar que o engendramento dos organismos vivos por meio da reprodução não basta para engendrar os seres humanos que, por sua vez, vivem uma vida diferente daquela do organismo, seja ela do desejo ou do espírito, ou da alma, ou de ambos. Uma virtude espermática que nada tem de orgânico, com um ancestral não corpóreo que procede, em todo caso, do discurso. Daí a hesitação sobre seus nomes possíveis — "Verbo", na tradição religiosa, o Tao o chama de "princípio sem nome", ou "a mãe de todas as coisas" (!), nossa tradição diz Pai, Freud evocou o animal Totem. Lacan, por fim, o nomeou como um ato performativo.

Ora, vê-se bem que esse termo tem uma necessidade para os falantes. Vemos isso especialmente com os sujeitos nascidos por inseminação artificial, e que buscam, para além do espermatozoide que os engendrou como corpo, o doador. Incriminamos aqui o rebaixamento da função simbólica sobre a função orgânica, mas isso é injusto, pois o doador não é um espermatozoide, mas um ser humano justamente, com tudo que isso implica de desejo e de pulsão.

Então, a qual necessidade fundamental responde o termo pai, que não é nenhum pai, mas um terceiro termo que se soma aos dois do casal parental, quando há um? Pois bem, ele serve no fundo para justificar a existência, portanto, para corrigir o nonsense [non-sens] absoluto da vinda de cada pessoa ao mundo. Assim como o suposto desejo do deus criador justifica o fato de que existe um mundo e um universo, Pai para cada um é aquilo que explica o motivo de ele estar ali como sujeito humano e não como organismo. Em outras palavras, o Pai dá sentido à existência. Portanto, não é de surpreender que a questão da vontade de deus seja colocada em todas as religiões. E sempre questionamos seu amor, seu desejo e, menos abertamente, seu gozo.

Esta tese está, aliás, implicada quando se fala de um "desejo não anônimo", isto é, que tenha visado como objeto, aquela criança ali, precisamente. E sabemos o quanto, nas famílias, e o quanto, nas competições entre irmãos, as avaliações dos desejos que visaram a cada um vão rápido e atravessam vidas inteiras e se inflamam na hora das heranças. No entanto, nada indica que o "desejo não anônimo", expressão que designa uma antecedência geracional, deva vir de um pai ou de uma mãe — este é o caso mais comum em nossas sociedades, mas não é estrutural, como prova a própria existência da noção de adoção: adota-se em um "desejo não anônimo", um corpo que não se gerou, mas do qual se fará sujeito. *É lógico que a partir o momento em que os dois princípios de engendramento são distintos, eles podem ser dissociados.*

Então, o que é um pai? Podemos dizer que se trata de um homem como qualquer outro, mas que é um "modelo da função" segundo a expressão de Lacan, a qual ele ilustra na primeira aula de *R.S.I.*, dentro do casal hetero clássico? Aí pulo minha releitura da passagem de *R.S.I.*, que é apenas uma versão do pai.

Com essa passagem, haveria a confusão entre NdP e o patriarcado, mesmo sendo Lacan o primeiro a denunciá-lo? Ela teria como consequência imediata, logicamente, de ter que dizer que nas famílias homossexuais, masculinas e femininas, hoje muito numerosas, assim como nas famílias monoparentais, a foraclusão do Pai reina como *a priori*. Mas não, esse é apenas um exemplo da presentificação da função, uma versão, há outras, e um pai não é um homem como qualquer outro. O portador da função é eventualmente qualquer um, "é preciso que qualquer um possa fazer exceção[7]", o nome da exceção sendo Pai, qualquer um pode carregá-lo independentemente do sexo. Ele é, então, homólogo do homem mascarado, da peça de Wedekind, um NdP diz Lacan, mas do qual não sabemos se é homem ou mulher. Além disso, já se analisou um pai? Venha um ao divã, e é um filho que se analisa, um filho eventualmente em falta de pai se não estiver lutando contra o pai ou se questionando. O que é pai não é uma questão de pai, mas uma questão de filho ou filha. Eventualmente de filho que se questiona sobre sua paternidade, e pelo fato de que a função pai não é uma função-sujeito, e eu diria, não é subjetivável. Por conseguinte, o melhor que os pais da realidade podem fazer é não buscar se fazer de pai, porque se tentarem, farão sempre outra coisa, o mestre, o legislador, ou algo do gênero. Obviamente, em nossos países ocidentais, a estrutura das famílias garante a sobreposição entre o princípio simbólico e o casal reprodutor, o que torna sua distinção confusa. Fica mais claro quando, como Lacan evoca, a função pode ser mantida por um espírito que se aloja na beira de um caminho.

Uma grande questão permanece. Se o pai dá sentido à existência, o que acontece com o sexo? Esta é a segunda questão do sujeito sobre seu real? Deixo de lado a resposta freudiana que se atém ao complexo de Édipo para assegurar a sexualidade conformada, hétero, assim como seus desvios. Ela induziu a ideia de que a criança precisava de um pai e uma mãe para normalizar sua sexualidade, e, na IPA, isso induziu a uma concepção ortopédica da psicanálise como tendo que endireitar esses desvios para reassegurar a heterossexualidade em conformidade.

O que dizer das fórmulas da sexuação? Quanto à coisa sexual, que deve ser distinguida dos semblantes, elas assinalam que o gozo dos *parlêtres* [seres falantes] se divide entre o fálico e o outro. Eles implicam o dizer Pai nas fórmulas da esquerda que constituem o todo o fálico, que de bom grado identificamos com o homem. Mas isso está

---

[7] LACAN, Jacques. *O seminário 22, R.S.I.* Inédito. Aula de 21 de janeiro de 1975.

errado, pois, segundo o próprio Lacan, no todo fálico há de tudo, homens heterossexuais, homossexuais, solteiros, santos e mulheres histéricas. Além disso, homens ou mulheres, mas os sujeitos têm a escolha do lado em que se colocam. Se têm a escolha, a causalidade paterna sobre a coisa está em questão.

De fato, as identificações determinam o sujeito e suas diversas mascaradas no campo dos semblantes, mas não determinam a coisa sexual mais do que o próprio ato. O que, então, determina essa coisa sexual? Essa é toda a questão do gozo que é tomado de outro corpo. Que Lacan, tendo chegado à primeira aula de *Mais, ainda*, volte a se interrogar sobre isso, indica que, nessa data, a questão permanece sem resposta para ele, ao que se deve concluir que não é, portanto, o pai das fórmulas da sexuação que a determina. Mesmo quando ele está em função, se acompanharmos "O aturdito", só é possível imputar-lhe o conjunto do todo fálico onde reina o dito gozo castrado. O que, então, determina essa coisa?

A resposta é dada quando Lacan qualifica o parceiro sexual com o nome de sintoma, o que vai longe. Esse ser sintoma do parceiro indica que, como todo sintoma, ele é produto do inconsciente, esse saber insabido feito da *lalíngua*, cujos elementos de linguagem marcam o gozo e são, eles próprios aliás, gozados. E eis o parceiro de gozo, o gozar do corpo do Outro, determinado pelo "gozar do inconsciente" [*jouir de l'inconscient*] no sentido objetivo do *de* [que aparece na expressão em francês], gozando assim dos significantes-signos de que ele é feito. A tese se aplica trivialmente ao homem quando Lacan diz que se não houvesse palavras para fazê-lo ejacular, bem, então não haveria ninguém do seu lado. Essa tese de um parceiro sexual-sintoma, feito do gozar do inconsciente, completa aquela anteriormente afirmada e mais conhecida, do parceiro como objeto *a*, de onde se podia ouvir que o sujeito é *heureux* [feliz], em outras palavras, só encontra a si mesmo por meio do outro da *heur* [boa-hora, ventura], sem *e*[8]. Aí há reduplicação, ele é objeto que se goza através do gozo do inconsciente. Seguindo

---

[8] Nota da editora: em francês, a grafia completa da palavra comporta a letra *e* ao final — *heure*.

esse raciocínio, o sintoma sexual não pode ser herdado, e o pai do RSI é apenas uma versão, *père-version* [pai-versão/perversão], ela própria um sintoma.

As consequências, tanto clínicas quanto históricas, são imensas. Não é mais possível supor que o complexo de Édipo, ou o Nome do pai, que certamente ordenam o sujeito, ordenem também a sexualidade, pois a sexualidade não é uma relação de sujeito a sujeito como o amor, mas uma relação de corpo, e é preciso um forte "não quero saber nada disso" para não entender que ela se abstém muito bem do amor. Por conseguinte, com essa tese do parceiro sintoma, Lacan abria caminho para o reconhecimento, por parte dos psicanalistas, das diversas formas de sexualidades, mesmo as mais fora da norma que, desde então, se espalharam no cenário mundial. Todas elas são determinadas pelo gozar do inconsciente, consequentemente, deve-se dizer que todas são perversas ou que nenhuma delas o é, se chamarmos de perverso aquilo que a natureza não programa.

No plano clínico, também há grandes consequências sobre aquilo que é evocado como escolha do sujeito. Os sujeitos "têm a escolha", diz Lacan, mas escolha de quê? Decerto têm a opção de ser ou não ser o todo fálico, que não prescinde da função do dizer-pai, mas escolher seu próprio sintoma de gozo está fora de questão tanto quanto escolher seu inconsciente. A rigor, pode-se escolher seus prazeres, como dizia Foucault, mas certamente não seu gozo. Você tem seu inconsciente como tem um corpo, e o acontecimento de gozo que ele determina se impõe embora você tenha, não há escolha. Como, então, não concluir que a coisa sexual não tem sentido, que ela deve pouco, ou até mesmo nada, ao pai e tudo aos inconscientes? Por fim, concluo: contrariamente ao que pensava Freud, a dívida quanto à existência não chega a ser uma dívida sexual.

Tradução: Cícero Oliveira

Le réel du symptôme

COLETTE SOLER

Deux préalables à cette question du symptôme L'un qui tient à l'époque et l'autre à la psychanalyse.

Le statut conceptuel de ce que l'on nomme symptôme dépend du discours à partir duquel on le diagnostique. De ce fait, il n'est pas pour la psychanalyse ce qu'il est pour le discours commun. Et il faut bien que les analystes en tiennent compte puisque leur offre s'adresse aux sujets qui y sont *apparolés,* comme dit Lacan et, aujourd'hui, il est dominé par l'idéologie de la science et le capitalisme.

J'en conclus qu'avec les évolutions des liens sociaux que personne ne conteste, il faut que les psychanalystes se mettent à l'heure, car dans les nouveaux liens la définition et le statut politique des symptômes changent. Juste quelques remarques à ce sujet qui n'est pas mon thème aujourd'hui.

Dans le monde d'hier, avec le signifiant maître au zénith social, tout ce qui était du genre "inhibition, symptôme et angoisse" était pensé comme des trouble-fête. Objectant au marcher au pas et donc comme une pathologie du bon ordre. Dans le champ du sexuel, tout ce qui n'était pas l'hétéro sexualité conforme portait un seul nom: perversion. Pensez à Krafft-Ebing et Havelock Ellis. Freud est parti de là pour situer son petit pervers polymorphe.

Dans le monde d'aujourd'hui, avec science et capitalisme, comment le discours commun le situe-t-il ? Dans ce monde, c'est l'objet *a* qui désormais est "au zénith social": c'est lui donc qui régule tous les sujets, analyste et analysants compris, et qui unifie le champ social, et non plus le Un du maitre-père de l'armée, l'église, la famille.

D'où la thèse de Lacan sur le capitalisme: un seul désir que cause la plus-value (cf. "Radiophonie"). Imparable puisque cette cause du désir du capitaliste, selon Marx, les prolétaires dans leur lutte de revendication s'en font une cause, et veulent la récupérer.

Du coup l'objet *a* est au zénith social, d'où il a chassé le signifiant du maître. Ça veut dire que, je cite, *Télévision*, notre jouissance, à nous les supposés modernes, "notre jouissance ne se situe plus que de *a*, et ne se parle pas autrement".

Se parle donc en termes d'avoir, sous une double forme. D'un côté ce qui nous manque (définition de l'objet soustrait par effet de langage dans la psychanalyse, et de l'objet revendiqué dans le capitalisme) et de l'autre côté, ce que l'on peut acquérir en compensation soit le plus de jouir des gadgets, mais aussi ce qui fait bouchon dans fantasme et symptôme. (Le contraire de cette modalité contemporaine de la jouissance c'est la parole mystique qui, elle, d'où qu'elle soit ignore la vocabulaire de l'avoir et que l'on relègue aujourd'hui dans les troubles psychiatriques.)

Dans ce contexte, discours capitaliste pense le symptôme de la même façon que le discours du maître: désordre. *Desorder* disent les anglo-saxon mais ce n'est plus par rapport aux valeurs du maître. Est symptôme ce qui objecte ou sort des rails des exigence du capitalisme. Voyez les dits nouveaux symptôme de notre temps: inattention, l'agitation, addictions diverses (alcool, tabac, drogues, écrans, etc.) dépression, angoisse, c'est tout ce qui empêche l'efficience du producteur consommateur. Lisez le DSM avec cette clé: tous ses items sont référés à sa bonne adaptation et tout ce qui y objecte est symptôme. Le tout appuyé sur la médecine scientifique à laquelle, on croit. Avec son nouvel hygiénisme, sa prévention, sa culture de la bonne santé qui l'emporte sur tout autre valeur. Il s'agit de produire un homme avec toutes les qualités qu'il faut pour que la machine tourne.

Alors, pour que le psychanalyste cesse de s'obséder de ces dits nouveaux symptôme, il faut qu'il sache ce qu'est le symptôme pour la psychanalyse, celui qu'elle peut traiter.

Visible dès le départ pour Freud: le symptôme est un révélateur qui porte un message de l'inconscient. Ce qui reste de plus constant dans sa définition analytique c'est que le symptôme, est un signe. Au sens banal de signe, signe de quelque chose. Au départ ce symptôme qui fait la souffrance du patient est aperçu comme le signe d'une vérité. Il est une émergence de vérité, l'émergence d'une vérité qu'il manifeste. C'est d'ailleurs pourquoi Lacan peut dire que Marx, construisant la notion de plus-value, est l'inventeur du symptôme. Cette invention en effet en désignant la visée de tout le système capitaliste interprète sa vérité, inaperçue jusque-là, car dissimulée sous diverses justifications particulièrement celle du progrès.

Cette vérité masquée, disparue, dont Freud aperçoit immédiatement la nature sexuelle, autrement dit sa composante de jouissance, Freud l'a dit, refoulée mais déchiffrable ce qui suppose qu'elle est aussi de nature langagière. Une jouissance substitutive est obtenue sur les voies de conduction des signifiants. Lacan traduit en termes de langage, cette vérité de la jouissance il la dit métaphorisée puisque la métaphore est ce qui permet à une vérité de se dire entre les lignes où elle devra être interprétée. "L'instance de la lettre dans l'inconscient" construit la conception du symptôme métaphore, donc structuré par le langage, ce qui ne l'empêche pas d'être aussi jouissance puisque selon sa formule elle est construite la métaphore sur le signifiant du traumatisme.

La question de son réel qui est mon objet aujourd'hui, et plus encore celle de son statut de réel que j'ai évoqué hier, se pose par rapport à ce point de départ. Elle suppose une évolution dans la psychanalyse même du fait par l'enseignement de Lacan n'en est pas resté à cette première construction pourtant bien cohérente et solide. Il faudra voir pourquoi.

Pour l'heure je pars du symptôme signe de vérité. La Vérité n'est pas le Réel mais il y a un réel de la vérité.

LE RÉEL DE SA VÉRITÉ

Il sous-tend que, au symptôme métaphore, on retrouve forcément tout le réel qui tient au langage et dont j'ai parlé hier.

Une image de Lacan à propos du symptôme est parlante — il le compare à un oignon. Vous pouvez le défaire feuille à feuille. Les feuilles de l'oignon font images pour ce qu'il nomme ailleurs "l'enveloppe formelle", c'est à dire les signifiants que l'on déchiffre avec production de sens jusqu'à arriver à ce que l'on espère être l'os. L'os qui doit rendre raison non pas de sa structure de langage mais de sa composante originaire de jouissance. Cet os, Freud aussi bien que Lacan l'ont référé à une expérience traumatique et dire traumatique ça désigne un réel en outre contingent. Le point de départ de la conceptualisation est donc net. La structure de langage du symptôme, rend raison de sa variabilité dans les effets thérapeutiques, rend raison du fait que la métonymie des paroles analysantes puisse avoir des effets sur lui, faire disparaître une obsession, par exemple celle de l'homme aux rats — qui cependant n'en est pas guéri pour autant, notez-le — résoudre une phobie, dénouer une conversion corporelle.

Pas moyen de s'en tenir à cet effet thérapeutique partiel. Cette construction pour valide qu'elle soit est insuffisante et pour une raison clinique fondamentale sur laquelle la psychanalyse bute.: non seulement guérir l'obsession ne guérit pas le sujet, ne guérit pas par exemple les impasses du rapport à la femme et au père de l'homme aux rats, mais ces déplacements métonymiques n'arrêtent pas la prolifération symptomatique. Ce que Lacan signifie dans le séminaire *Le sinthome* je crois quand il dit que Lacan le sens lié à la chaîne peut nourrir le symptôme. La vraie difficulté c'est d'aller à la source du symptôme et de savoir si on peut la tarir.

Or de mémoire de Freud et de Lacan la première source évoquée c'est le traumatisme. Je m'y arrête.

LA SOURCE

"L'instance de la lettre" dit "signifiant du traumatisme". Avec cette expression, Lacan suit Freud, mais encore faudrait-il qu'il dise quel traumatisme. Ce n'est pas "L'instance de la lettre" qui le dit. Ce point y est en réserve. Il faut les élaborations postérieures pour apercevoir qu'à suivre Lacan il y a deux traumatismes fondamentaux et pas un seul, et qu'en outre ils s'articulent. Un traumatisme c'est la rencontre contingente d'un réel qui laisse parfois une trace mémorielle.

Est-ce rencontre de jouissance réelle, non passée au signifiant, qui s'inscrit dans un trait unaire de la mémoire? Dans ce cas la source n'est pas sujet, elle est du côté du corps, émergence de jouissance corporelle sur laquelle le sujet ne peut rien, que l'éprouver. Quand dans une analyse on isole des scènes de jouissances originaires on est sur ce terrain de l'intrusion d'un réel étranger au sujet qui fait irruption dans le cadre imaginaro-symbolique de sa réalité du moment.

Mais, du moins selon la construction de Lacan, il y a un autre traumatisme, que je vais dire logiquement mais aussi diachroniquement antérieur, c'est celui dans lequel se produit non le symptôme mais le sujet barré, divisé originairement. Et là le facteur traumatique ce n'est pas la jouissance mais le signifiant lui-même par le trou qu'il cause dans le réel de la vie, disons animale de celui qui en est fait sujet. Ce que j'ai appelé le malheur d'être fait sujet ? Celui dont Lacan dira qu'il est heureux puisqu'il ne cesse de se répéter tel qu'en lui-même dans sa division Cette soustraction a nom chez Lacan d'abord de moins phi, puis d'objet *a* comme ce qui manque, Lacan y revient notamment dans d'*Un Autre* à l'autre. Pour avancer, l'année suivante son "il n'y a pas de rapport sexuel", qui marque un redoublement du trou en question. A l'objet *a* qui perfore et l'Autre du signifiant et la jouissance de corps, le y a pas de rapport sexuel ajoute que dans le champ des rapprochements érotiques de corps sexués, qui n'est qu'une partie du champ des jouissances, un "cercle clos", disait Lacan en 1958, dans cet espace du lien au partenaire l'Autre du sexe ne s'atteint pas, fait trou - castration programmée donc. Et ça vaut pour tous et du coup les corps à corps qui existent bien mais qui ne font pas rapport, sont symptôme soit produit par l'inconscient.

Voilà qui change complètement la conception que l'on se fait communément de la fonction du symptôme comme un embarras à réduire. Dès lors on inverse. Vous connaissez j'imagine la formule de cette inversion: le symptôme n'est pas le problème mais la solution propre à chacun du pas de rapport qui est pour tous. C'est ce que nous appelons sa fonction de suppléance généralisée. Ce symptôme solution ne se place pas dans le registre intra psychique, mais dans le registre de ce qui cause la "relation d'objet" en général celle qui fait sortir de la libido narcissique, à définir, selon Freud par l'absence de partenaire non seulement réel mais fantasmatique. La cause de cette **classique** relation d'objet est d'abord l'objet perdu, soit l'objet *a* comme ce qui manque, cause des investissements désirants quel qu'ils soient, dans tous les champs. Puis quand il s'agit spécifiquement de l'objet sexuel soit un corps qui conditionne la jouissance d'un autre corps, c'est le symptôme comme produit de l'inconscient qui rend raison de l'élection de ce corps. Du coup il est clair que le symptôme n'est pas sujet il est partenaire du sujet, et par conséquent à la place du réel, de ce réel de l'impossible, de ce qui ne cesse pas de ne pas s'écrire.

L'inconscient langage, est doublement en cause, doublement coupable: du pas de rapport, et aussi de sa solution. En effet d'un côté, fait de signifiants qui n'inscrivent pas l'Autre du sexe il exclut la pulsion génitale. Du coup les corps sont prolétaires, soit autistico-narcissiques, hors du lien social sexué. Mais d'un autre côté, à défaut, la parole articulée supplée, présidant à l'élection du partenaire sexuel par les signifiants de l'inconscient qu'elle véhicule. Les relations effectives sont donc symptômes, signe de l'inconscient, et de cette vérité du non-rapport qu'il comporte, mais signe aussi de l'efficace sur le corps de *lalangue* dont est fait l'inconscient.

Sauf que cette fonction de suppléance de jouissance est bien incommode. Elle laisse le sujet non seulement privé de l'Autre du sexe, mais bien incapable de savoir dans ces propres amours pourquoi c'est lui, et pourquoi c'est elle. Le mystère des amours sexués signe l'incidence de l'inconscient. A moins que, pour ce qui est du sexe sans amours, si fréquent, ce ne soit les caractères du corps de la mère (caractères sexuels secondaires et traits imaginaires) qui prévalent.

Voyons les conséquences.

Eh bien d'abord, on ne peut plus distinguer les liens de corps symptomatiques et les autres, tous le sont, car tous ordonnés par des signifiants de l'inconscient qui sont des signifiants de *lalangue*. Et si tous les liens de corps sont symptôme et il n'est donc pas de parlants sans symptôme, sauf l'autiste peut-être, je l'ai évoqué mais surtout on ne peut plus les hiérarchiser les symptôme — du moins dans la psychanalyse. Il n'y a pas les bons et les mauvais. Pour ce qui est du discours commun, dont nous avons à tenir compte puisque les sujets que nous recevons y sont apparolés, il les hiérarchise. Je note d'ailleurs un phénomène amusant dans le capitalisme: on dit avec Lacan qu'il ne s'occupe pas des choses de l'amour sauf pour en faire commerce ai-je préciser, et que parallèlement, nous le constatons, il admet toutes les diverses formes de relations de corps qui furent autrefois considérée comme perverses. C'est une rupture par rapport aux ordres sociaux traditionnels, pas de doute. Mais cette rupture a une limite. Capitalistes ou pas, les pouvoirs ne peuvent pas faire moins que de s'intéresser à la démographie et donc d'avoir des options politiques à l'égard des naissances, lesquelles impliquent sans le dire des options politiques à l'égard de l'hétéro sexualité qui, jusqu'à nouvel ordre, au niveau des masses, est nécessaire à la reproduction. Du coup l'indifférence du capitalisme à l'égard des pratiques sexuelles ne va pas jusqu'à l'indifférence à l'égard de leur produit. Et on le constate, les politiques de natalité, contraception, les mesures de limitation ou incitation aux naissances, sont partout quels que soient les régimes politiques.

Deuxième conséquence: le symptôme n'est pas sujet ai-je dit. Le sujet n'est pas son symptôme, il l'a comme il a un corps, et on dit bien j'ai des symptômes. Cette extranéité du symptôme a des conséquences cliniques pour la psychanalyse. C'est ce qui a conduit Lacan a formuler que ce que le sujet peut faire de mieux à la fin c'est de s'identifier à son symptôme, qui n'est pas lui, soit d'assumer les modalités de jouissance qu'il fixe et il ajoute que c'est court.

Sur ce point de l'hétérité du symptôme la question du rapport entre fantasme et symptôme est à repréciser. Le fantasme, lui, il est sujet, il supporte son désir, c'est par le fantasme que le sujet est couplé à l'objet *a* qui troue l'Autre, du moins couplé à l'une de ses guises substantielles, et il n'est pas sans la pulsion qui elle-même suppose la demande d'amour, un rapport de sujet à sujet, pas de corps à corps. Nuance cependant, le rapport de sujet à sujet n'exclut pas le corps, mais pas le même, pas celui de la jouissance plutôt celui du principe du plaisir, ce que j'appelle le corps des dou-dou, du cocon, du confort, autrement dit le corps pris dans les douceurs du principe de plaisir que gouverne les habitudes. On voit bien ça dans les couples qui traversent le temps long, Leo Féré l'a mis en musique dans une chanson intitulée, *Avec le temps*, "Ne rentre pas trop tard, surtout ne prends pas froid (...)". Pas étonnant que l'on évoque si souvent le recours aux soins maternels dans l'union des vieux couples.

Le couple des corps de jouissance est autre chose. Ce symptôme-là est livré aux incertitudes de l'événement. Il est événement de corps, événement de jouissance venu des effets incommensurables de *lalangue*. Et comme tout événement, il est donc imprévisible, réel car hors sens, et son avenir lui-même est plus qu'incertain. On souligne sa fixité, avec l'évocation prise de RSI de sa lettre hors sens, mais on fait moins cas de la seconde indication de cette même leçon où Lacan évoque suite aux propos dit-il d'un patient, les point de suspension du symptôme. C'est une forme graphique qui renvoie à un plus en dire possible qui reste en réserve, mais qui dit aussi en quelque sorte à suivre et qui ouvre donc aussi sur l'avenir, avec ses possibles ré-évènements. Dans le capitalisme on constate sa grande variété, variété, à ce symptôme de suppléance, avec cependant je l'ai dit, cette particularité qui reste marquer la forme hétéro, soit la reproduction des tr'umains comme dit Lacan.

Tous les discours règlent ce réel de la variété symptomatique, sauf le capitalisme qui le laisse apparaître. Ils le règlent et le masque par les semblants qui leur sont propres et liés à l'offre de leurs plus de jouir. Voyez ce qui se passe en Afghanistan un remaniement brutal et en accéléré, des offres impérieuses du discours du maître nouveau imposant ses nouveaux semblants qui laissent à couvert la question du symptôme sexuel que seule la psychanalyse continue à élaborer, sans omettre le symptôme hétéro. La dissociation des jouissances de corps et de la reproduction, phénomène massif de notre époque, et qui va aller croissant du fait de la science biologique pourrait bien amener de grands changements dans les rapport entre les hommes et les femmes, car si la jouissance de l'acte hétéro sexuel ne convient pas au rapport sexuel, pourquoi s'évertuer à chercher l'Autre, la jouissance de La femme barrée plutôt que de sublimer comme le remarque Lacan lui-même, autrement dit se contenter des satisfactions directes de la pulsion. Quelques indices civilisationnels indiquent d'ailleurs que cette voie est déjà ouverte, et dès 1997 j'avais évoqué les *sexless* du pays du soleil levant, ces jeunes couples qui de leur abstention sexuel ne faisaient pas plus symptôme que mise en question de leur genre, mais je ne m'y arrête pas ici.

En tous cas, l'expression s'identifier à son symptôme implique que le sujet représenté par le signifiant et son symptôme de jouissance de corps, ça fait deux. S'y identifier c'est y consentir et reconnaître comme étant de soi ce sur quoi on ne peut rien. Et sa modalité de jouissance. Cette identification comporte assurément le suspens de la question du sens de sa modalité de jouissance, ou plutôt le suspens du sens comme question je l'ai souligné il y a déjà longtemps.

Mais: est-ce que cette identification implique un savoir sur son mode de jouissance. Pour s'y identifier faut-il avoir identifié sa lettre de jouissance? Une certaine pratique de la passe à l'AMP en a fait sa thèse. Bien tentant sans doute pour mettre fin aux béances de la division et aux urgences de la fin d'analyse, mais c'est ce que Lacan appelait "panser" avec un a la plaie. Cette fois non plus par l'idéal oblatif de l'IPA, mais par un autre bouchon, un nom de jouissance non seulement identifiant, mais identifiable, et identifié. Ce serait le miracle de la fin de la division subjective. C'est trompeur pourtant si on veut bien être honnête. D'abord parce que les points de suspension laissent place aux surprises possibles à venir, mais parce les effets de *lalangue* sont incommensurables et que la lettre pour être identique à elle-même, n'en reste pas moins substituable. S'y identifier par conséquent c'est seulement assumer l'événement, en répondre. Si on en donnait une formule de cette identification ce serait — "je suis ça?" Ça en français c'est justement le mot qui désigne quelque chose que l'on ne peut pas nommer. Si le symptôme s'impose bien comme un événement de jouissance de corps venu de l'inconscient, pour celui qui le supporte, l'éprouve, impossible de le cerner complètement, il reste inanticipable, un inanticipable qui répond au mi-dire de la vérité et à l'incalculable de la multiplicité des éléments de *lalangue* impossible à savoir.

D'où la conclusion de Lacan: l'inconscient déchiffré dont on essaye de saisir la fixion de jouissance avec un x, nommée lettre dans R.S.I., eh bien il est élucubration, toujours largement excédé par l'immensité de *lalangue* du sujet. S'identifier à son symptôme ce n'est pas mettre fin à sa division du sujet, c'est une position à l'endroit de cette division et de l'inconscient qui fomente le symptôme, position de consentement, comme si, à défaut d'aimer son inconscient, à défaut d'amitiés, pas d'amitié qui tienne dit Lacan, on avait au moins fait la paix avec l'extime. Dès lors, on peut se reconnaître dans le peu que l'on en sait et y consentir, mais aussi bien consentir à l'étendue de ce que l'on n'en sait pas — qui est réservoir de surprises éventuelles. On pourrait dire s'identifier à son inconscient que l'on ne sait pas, et c'est aussi s'identifier et consentir à ce qu'il y a d'insondable en chacun dans son être propre. Ce n'est pas la fin de la division, comme certains analystes ont osé le dire même chez nous, c'est le contraire c'est un savoir acquis de l'irréductible de la division. Division entre d'un côté le sujet indexé par le signifiant, et d'un autre côté, le savoir de son inconscient réel, *lalangue*, qui préside à son corps jouissant.

Je termine. Ce savoir acquis de la division vaut comme une nouvelle «docte ignorance". Pas celle du XVIe siècle européen, espagnol plus précisément, et dont Lacan avait fait la seule passion digne de l'analyste mais celle de l'analysant du XXIe siècle venu à bout de son analyse, qui est revenu du leurre transférentiel, qui sait désormais qu'il n'y a pas de tout savoir, seulement du savoir troué, aussi bien quant à l'Autre, que quant à soi, que quant à la jouissance. Et sa difficulté sera désormais non pas de penser contre la division mais, là je cite Lacan, de penser «dans la division" en sachant ce que la pensée comporte toujours d'inconscient.

O real do sintoma

COLETTE SOLER

Dois pré-requisitos para essa questão do sintoma: um relacionado ao nosso tempo e outro à psicanálise.
O estatuto conceitual daquilo que chamamos de sintoma depende do discurso a partir do qual o diagnosticamos. Por esse motivo, ele não é para a psicanálise o que é para o discurso comum. E é preciso que os analistas levem isso em conta, já que sua oferta se dirige aos sujeitos que ali estão *apparolés* [apalavrados], como diz Lacan, pois, hoje, o discurso sobre o sintoma é dominado pela ideologia da ciência e do capitalismo.

Concluo que, com as evoluções dos laços sociais, que ninguém contesta, é preciso que os psicanalistas se mantenham atualizados, pois, nos novos laços, a definição e o estatuto político dos sintomas mudam. Apenas algumas observações sobre esse assunto, que não é o meu tema de hoje.

No mundo de ontem, com o significante mestre em seu apogeu social, tudo aquilo que era do gênero "inibição, sintoma, angústia" era pensado como desmancha-prazeres. Era o que fazia objeção ao acompanhar o passo e, portanto, como uma patologia da boa ordem. No campo do sexual, tudo o que não se conformava com a heterossexualidade carregava um único nome: perversão. Pensem em Krafft-Ebing e Havelock Ellis. Freud partiu daí para situar seu pequeno perverso polimorfo.

Como o discurso comum situa isso no mundo de hoje, com a ciência e o capitalismo? Nesse mundo, **é o objeto** *a* que está agora "no apogeu social": é ele que regula, portanto, todos os sujeitos, analista e analisandos inclusive, e que unifica o campo social, e não mais o Um do mestre-pai do exército, da igreja, da família.

Daí a tese de Lacan sobre o capitalismo: um único desejo causado pela mais-valia. Vejam "Radiofonia". Imbatível, uma vez que, segundo Marx, os proletários, em sua luta pela demanda, fazem dessa causa do desejo do capitalista uma causa para si, e querem recuperá-la.

Por conseguinte, o objeto *a* está no apogeu social, de onde expulsou o significante do mestre. Isso quer dizer que, cito "Televisão", nosso gozo — nós, os supostamente modernos —, "nosso gozo não se situa mais a não ser de a/ter [*ne se situe plus que de a*], e não se fala de outra forma".

Fala-se, portanto, em termos de ter, de forma dupla. Por um lado, aquilo que nos falta (definição do objeto subtraído pelo efeito da linguagem na psicanálise, e do objeto reivindicado no capitalismo) e, por outro, aquilo que se pode adquirir em compensação, seja o mais-de--gozar dos *gadgets*, mas também aquilo que tampona em fantasia e sintoma. (O oposto dessa modalidade contemporânea do gozo é a fala mística, a qual, por sua vez, de onde quer que seja, ignora o vocabulário do ter e que é relegada hoje aos transtornos psiquiátricos).

Nesse contexto, o discurso capitalista pensa o sintoma da mesma forma que o discurso do mestre: transtorno, desordem [*désordre*]. *Disorder*, dizem os anglo-saxões, mas já não é em relação aos valores do mestre. É sintoma aquilo que faz objeção ou sai dos trilhos das exigências do capitalismo. Vejam os chamados novos sintomas de nosso tempo: déficit de atenção, hiperatividade, vícios diversos (álcool, tabaco, drogas, telas etc.), depressão, angústia, tudo aquilo que impede a eficiência do produtor consumidor. Leia o *DSM*[1] nessa chave: todos os seus itens se referem à sua boa adaptação e tudo aquilo que se opõe a ela é sintoma, tudo baseado na medicina científica, na qual acreditamos. Com seu novo higienismo, sua prevenção, sua cultura de boa saúde que prevalece sobre qualquer outro valor. Trata-se de produzir um homem com todas as qualidades necessárias para manter a máquina funcionando.

---

[1] Nota do tradutor: referência ao *DSM — Diagnostic and Statistical Manual of Mental Disorders* [Manual de Diagnóstico e Estatístico de Transtornos Mentais] —, feito pela Associação Americana de Psiquiatria.

Então, para que os psicanalistas parem de ficar obcecados com esses ditos novos sintomas, é preciso que eles saibam o que é o sintoma para a psicanálise, aquele que ela pode tratar.

Visível desde o início para Freud, o sintoma é um revelador que carrega uma mensagem do inconsciente. O que permanece mais constante em sua definição analítica é que o sintoma é um signo. No sentido banal de signo, signo de alguma coisa. Inicialmente, esse sintoma que causa o sofrimento do paciente é percebido como o signo/sinal [*signe*] de uma verdade. Ele é uma emergência da verdade, a emergência de uma verdade que ele manifesta. É por isso, aliás, que Lacan pode dizer que Marx, ao construir a noção de mais-valia, é o inventor do sintoma. Com efeito, essa invenção, ao designar a intenção de todo o sistema capitalista, interpreta a sua verdade, até então despercebida, porque dissimulada sob diversas justificativas, particularmente a do progresso.

Freud a chama essa verdade mascarada, desaparecida — da qual percebe imediatamente a natureza sexual, em outras palavras, seu componente de gozo —, de recalcada, mas decifrável, o que supõe que ela também é de natureza da linguageira. Um gozo substitutivo é obtido nas vias de condução dos significantes. Lacan traduz essa verdade do gozo em termos de linguagem, a qual ele diz "metaforizada", uma vez que a metáfora é aquilo que permite que uma verdade seja dita nas entrelinhas onde ela deverá ser interpretada. "A instância da letra no inconsciente" constrói a concepção do sintoma metáfora, estruturado, portanto, pela linguagem, o que não o impede de ser também gozo, pois, segundo sua fórmula, a metáfora se constrói sobre o significante do traumatismo.

A questão de seu real, que é meu tema hoje, e mais ainda a de seu estatuto de real, o qual evoquei ontem, se coloca em relação a esse ponto de partida. Ela pressupõe uma evolução na própria psicanálise pelo fato de o ensino de Lacan não se deter nessa primeira construção, muito coerente e sólida, no entanto. Há que se ver por quê.

Por ora, parto do sintoma, signo de verdade. A Verdade não é o Real, mas há um real da verdade.

O REAL DE SUA VERDADE

Lacan subentende que, no sintoma metáfora, encontramos forçosamente todo o real que procede da linguagem, do qual falei ontem.

Uma imagem de Lacan acerca do sintoma é eloquente, ele o compara a uma cebola. Vocês podem desfazê-lo folha por folha. As folhas da cebola criam imagens para o que ele chama, em outro lugar, de "envelope formal", isto é, o significante que se decifra com a produção de sentido, até chegar àquilo que se espera que seja o osso. O osso que deve explicar o motivo não de sua estrutura de linguagem, mas de seu componente originário de gozo. Tanto Freud quanto Lacan referiram esse osso a uma experiência traumática — e dizer traumático designa um real que, ademais, é contingente. O ponto de partida da conceituação é, portanto, claro. A estrutura de linguagem do sintoma explica sua variabilidade nos efeitos terapêuticos, explica o fato de que a metonímia das falas analisantes possam ter efeitos sobre ele, fazer desaparecer uma obsessão, por exemplo, a do Homem dos ratos — que, no entanto, notem, não se cura —, resolver uma fobia, resolver uma conversão corporal.

Não há como se ater a esse efeito terapêutico parcial. Essa construção, por mais válida que seja, é insuficiente, e isso por uma razão clínica fundamental com a qual a psicanálise topa: não somente curar a obsessão não cura o sujeito, não cura, por exemplo, os impasses da relação com a mulher e com o pai do Homem dos ratos, como também esses deslocamentos metonímicos não interrompem a proliferação sintomática, o que Lacan parece querer dizer no seminário *O sinthoma*, creio eu, quando fala que o sentido ligado à cadeia pode nutrir o sintoma. A verdadeira dificuldade é ir à fonte do sintoma e saber se podemos extingui-lo.

Ora, citando de memória Freud e Lacan, a primeira fonte evocada é o traumatismo. Detenho-me aqui.

A FONTE

"A instância da letra" diz "significante do traumatismo". Com essa expressão, Lacan acompanha Freud, mas ainda seria preciso dizer qual traumatismo. Não é "A instância da letra" que nos responde. Ali, esse ponto está em suspenso. São necessárias as elaborações posteriores para perceber que, no esteio de Lacan, há dois traumatismos fundamentais — não apenas um —, e que, além disso, eles se articulam. Um traumatismo é o encontro contingente com um real que, às vezes, deixa um traço memorial.

Será esse encontro de gozo real, não passado ao significante, que se inscreve em um traço unário da memória? Nesse caso, a fonte não é o sujeito, ela está do lado do corpo, emergência do gozo corporal sobre o qual o sujeito nada pode fazer, senão experimentá-lo. Quando, em uma análise, se isolam cenas de gozos originários, está-se no terreno da intrusão de um real estranho ao sujeito que irrompe no quadro imaginário-simbólico de sua realidade do momento.

Mas, ao menos segundo a construção de Lacan, há outro traumatismo, que chamarei logicamente, mas também diacronicamente, de anterior; é aquele em que se produz não o sintoma, mas o sujeito barrado, dividido originariamente. Nesse caso, o fator traumático não é o gozo, mas o próprio significante pelo furo que ele causa no real da vida, digamos animal, daquele que faz disso sujeito. O que chamei de *malheur* [infortúnio] de ser feito sujeito? Aquele de que Lacan dirá que ele é *heureux* [feliz, venturoso], pois não cessa de se repetir tal como em si mesmo em sua divisão. Essa subtração tem nome em Lacan, primeiro "menos *phi*", depois objeto *a*, como aquilo que falta. Lacan retorna a isso notadamente em *De um Outro ao outro* para propor, no ano seguinte, seu "il n'y a pas de rapport sexuel" [não há relação sexual], o que marca uma duplicação do furo em questão. Ao objeto *a* que perfura o Outro do significante e o gozo de corpo, o "não há relação sexual" acrescenta que, no campo das reaproximações eróticas dos corpos sexuados — que é apenas uma parte do campo dos gozos, um "círculo fechado", dizia Lacan em 1958 —, nesse espaço do laço com o parceiro, o Outro do sexo não pode ser alcançado, faz furo — castração programada, portanto. Isso vale para todos e, por conseguinte, para os corpos-a-corpos que, é justo dizer, existem, mas que não fazem relação, são sintoma, ou seja, produzidos pelo inconsciente.

Isso muda completamente a concepção que comumente temos da função do sintoma como um embaraço a ser reduzido. A partir daí, a questão se inverte. Vocês conhecem, imagino, a fórmula dessa inversão: o sintoma não é o problema, mas a solução específica de cada um ao "não há relação", que é para todos. Isso é o que chamamos de sua função de suplência generalizada. Esse sintoma solução não se localiza no registro intrapsíquico, mas no registro daquilo que causa a "relação de objeto" em geral, aquela que faz sair da libido narcísica — que deve ser definida, segundo Freud, pela ausência de parceiro não somente real, mas fantasmático. A causa dessa **clássica** relação de objeto é, antes de tudo, o objeto perdido, ou seja, o objeto *a* como aquilo que falta, causa dos investimentos desejantes, sejam eles quais forem, em todos os campos. Portanto, quando se trata especificamente do objeto sexual, ou seja, de um corpo que condiciona o gozo de um outro corpo, é o sintoma como produto do inconsciente que explica o motivo da eleição desse corpo. Por conseguinte, é claro que o sintoma não é sujeito, ele é parceiro do sujeito, estando consequentemente no lugar do real, desse real do impossível, daquilo que não cessa de não se escrever.

O inconsciente linguagem está duplamente em causa, é duplamente culpado: pela não relação e também por sua solução. Com efeito, por um lado, ele é composto por significantes que não inscrevem o Outro do sexo, ele exclui a pulsão genital. Como resultado, os corpos são proletários, ou seja, autístico-narcisistas, fora do laço social sexuado. Mas, por outro lado, na falta disso, a fala articulada faz suplência, presidindo à eleição do parceiro sexual por parte do significante do inconsciente que ela veicula. As relações efetivas são, portanto, sintomas, signo do inconsciente e dessa verdade da não relação que ele comporta, mas também signo da eficácia de *lalíngua* sobre o corpo de que o inconsciente é feito.

Só que essa função de suplência de gozo é bastante incômoda. Ela deixa o sujeito não apenas privado do Outro do sexo, mas completamente incapaz de saber, nesses próprios amores, por que é ele e por que é ela. O mistério dos amores sexuados sinaliza a incidência do inconsciente. A não ser que, no que diz respeito ao sexo sem amor, tão frequente, não sejam as características do corpo da mãe (características sexuais secundárias e traços imaginários) que prevaleçam.

Vejamos as consequências disso.

Bem, em primeiro lugar, não se pode mais distinguir entre os laços corporais sintomáticos e os outros — todos o são pois todos são ordenados por significantes do inconsciente que são significantes de *lalíngua*. Portanto, se todos os laços de corpo forem sintomáticos, não existem falantes sem sintomas, exceto os autistas, talvez, como mencionei. Mas, acima de tudo, não se pode mais hierarquizar os sintomas — ao menos na psicanálise. Não há bons e maus. Quanto ao discurso comum, que temos que levar em conta uma vez que os sujeitos que atendemos são nele apalavrados, ele os hierarquiza. Observo, aliás, um fenômeno divertido no capitalismo: diz-se, com Lacan, que o capitalismo não se preocupa com as coisas do amor, a não ser em negociá-las, como especifiquei, e que, paralelamente, como constamos, ele admite todas as diversas formas de relações de corpo que antes eram consideradas ruins. Trata-se de uma ruptura com as ordens sociais tradicionais, sem dúvida. Mas essa ruptura tem um limite. Capitalistas ou não, os poderes não podem fazer menos do que se interessar pela demografia e, portanto, ter opções políticas em relação aos nascimentos, os quais, sem dizê-lo, implicam opções políticas para com a heterossexualidade que, até nova ordem, no nível das massas, é necessária para a reprodução. Consequentemente, a indiferença do capitalismo em relação às práticas sexuais não chega à indiferença com relação ao seu produto. E constata-se que as políticas de natalidade, contracepção, as medidas para limitar ou estimular os nascimentos, estão em toda parte, sejam quais forem os regimes políticos.

Segunda consequência: como eu disse, o sintoma não é sujeito. O sujeito não é o seu sintoma, ele o tem, assim como tem um corpo — nós dizemos "tenho sintomas", justamente. Essa estranhidade do sintoma tem consequências clínicas para a psicanálise. Foi isso que levou Lacan a formular que, aquilo que o sujeito pode fazer de melhor, no fim, é se identificar com seu sintoma, que não é ele, ou seja, assumir as modalidades de gozo que ele fixa– ao que acrescenta que é "curto".

Sobre esse ponto da heteridade do sintoma, a questão da relação entre fantasia e sintoma precisa ser esclarecida. A fantasia, por sua vez, é sujeito, ela dá suporte ao desejo dele, é por meio da fantasia que o sujeito é acoplado ao objeto *a* que fura o Outro — ao menos acoplado a uma de suas formas substanciais. A fantasia não existe sem a pulsão, que, ela própria, supõe a demanda de amor, uma relação de sujeito a sujeito, não de corpo a corpo. Há, no entanto, uma nuance: a relação de sujeito para sujeito não exclui o corpo, mas não o mesmo corpo, não o corpo do gozo, mas, antes, o do princípio do prazer, aquilo que chamo de corpo dos *doudous* [ursinhos de pelúcia], do casulo, do conforto, em outras palavras, o corpo tomado na doçura do princípio de prazer que governa os hábitos. Podemos ver isso nos casais que atravessam o tempo. Leo Ferré, cantor e compositor francês, transformou isso em música, numa canção chamada *Avec le temps*: "Não chegue tarde em casa, e sobretudo, não tome friagem (...)". Não surpreende que o recurso aos cuidados maternos seja tantas vezes mencionado na união dos casais de longa data.

O casal de corpos de gozo é outra coisa. Esse sintoma é deixado às incertezas do acontecimento. É um acontecimento de corpo, acontecimento de gozo oriundo dos efeitos imensuráveis de *lalíngua*. E como todo acontecimento, ele é, portanto, imprevisível, real, pois é fora de sentido, e seu próprio futuro é mais do que incerto. Sua fixidez é sublinhada, com a evocação, tomada em *R.S.I.*, de sua letra fora de sentido, mas dá-se menos atenção à segunda indicação dessa mesma aula, em que Lacan evoca, após as observações que ele diz serem de um paciente, os *points de suspension* [pontos de suspensão/ reticências] do sintoma. É uma forma gráfica que remete a um dizer a mais possível, que permanece em reserva, mas que também diz, de certo modo, para seguir, e que, portanto, também se abre para o futuro, com seus possíveis re-acontecimentos. No capitalismo, constatamos a grande variedade desses sintomas de suplência, varidade [*varité*], no entanto, como eu disse, com essa particularidade que resta para marcar a forma hetero, ou seja, a reprodução de *tr'umains* [sesumanos] como diz Lacan.

Todos os discursos regulam esse real da varidade sintomática, exceto o capitalismo, que o deixa aparecer. Eles o regulam e o mascaram por meio dos semblantes que lhes são próprios e vinculados à oferta de mais-de-gozar. Veja o que acontece no Afeganistão, um remanejamento brutal e acelerado das ofertas imperiosas do novo discurso do mestre, impondo seus novos semblantes, que deixam encoberta a questão do sintoma sexual, que só a psicanálise continua a elaborar, sem omitir o sintoma hetero. A dissociação dos gozos de corpo e da reprodução, um fenômeno massivo de nossa época que continuará aumentando por causa da ciência biológica, poderia trazer grandes mudanças na relação entre os homens e as mulheres. Pois se o gozo do heterossexual não convém à relação sexual, por que se matar de procurar o Outro, o gozo d'A mulher barrada, em vez de sublimar, como o próprio Lacan observa, em outras palavras, se contentar com as satisfações diretas da pulsão? Alguns indícios civilizacionais apontam, aliás, que esse caminho já está aberto. Desde 1997 eu havia evocado os *sexless* da terra do sol nascente, esses jovens casais que, por sua abstenção sexual, faziam do sintoma não mais que um questionamento de seu gênero. Mas não paro por aqui.

Em todo caso, a expressão "identificar-se com seu próprio sintoma" implica que o sujeito representado pelo significante e seu sintoma de gozo de corpo fazem dois. Identificar-se com ele é consentir com ele e reconhecer como sendo de si mesmo aquilo sobre o que não se pode fazer nada, fazer dele sua modalidade de fruição. Essa identificação certamente comporta a suspensão da questão do sentido de sua modalidade de gozo, ou melhor, a suspensão do sentido como uma questão — já ressaltei isso há muito tempo.

Mas: será que essa identificação implica um saber sobre seu modo de gozo? Para se identificar com ele, é preciso identificar sua letra de gozo? Uma certa prática do passe na AMP fez disso sua tese. É muito tentador, sem dúvida, pôr fim às hiâncias da divisão e às urgências do fim da análise, mas é isso que Lacan chamava de *panser* [enfaixar], como numa ferida. Dessa vez, não mais pelo ideal oblativo da IPA, mas por outro tampão, um nome de gozo não apenas identificador, mas identificável, identificado. Seria o milagre do fim da divisão subjetiva. Isso é enganoso, porém, se você quiser ser honesto. Primeiro, porque os *points de suspension* [ponto de suspensão/reticências] deixam espaço para as possíveis surpresas por vir, mas porque os efeitos de *lalíngua* são incomensuráveis e a letra, por ser idêntica a si mesma, não deixa de ser substituível. Identificar-se com isso é, por conseguinte, apenas assumir o acontecimento, responder a ele.

Se déssemos uma fórmula para essa identificação, seria *je suis ça* [eu sou isso]? Ça [isso], em francês, é justamente a palavra que designa algo que não é possível nomear. Se o sintoma se impõe como *acontecimento* de gozo de corpo oriundo do inconsciente, para quem o sustenta, quem o vivencia, é impossível identificá-lo por completo: ele permanece não antecipável, um não antecipável que responde ao meio-dizer da verdade e ao incalculável da multiplicidade dos elementos de *lalíngua*, impossível de saber. Daí a conclusão de Lacan: o inconsciente decifrado, cuja fixão de gozo tentamos apreender com um *x*, chamada de letra em *R.S.I.*, pois bem, ele é elucubração, sempre largamente excedido pela imensidão da *lalíngua* do sujeito. Identificar-se com seu sintoma não é pôr fim à divisão do sujeito, é uma posição em relação a essa divisão e ao inconsciente que fomenta o sintoma, uma posição de consentimento, como se, a despeito de amar seu inconsciente, na ausência de amizades, nenhuma amizade que se sustente, diz Lacan, ao menos se fizesse as pazes com o êxtimo. A partir daí, é possível se reconhecer no pouco que se sabe dele e consentir com ele, mas também consentir com a extensão daquilo que não se sabe sobre ele — que é um reservatório de eventuais surpresas. Poder-se-ia dizer "identificar-se com seu inconsciente, que não se sabe". É também se identificar e consentir com aquilo que há de insondável, em cada um, em seu próprio ser. Não é o fim da divisão, como alguns analistas ousaram dizer entre nós. É o contrário. É um saber adquirido da irredutibilidade da divisão. Divisão entre, por um lado, o sujeito indexado pelo significante e, por outro, o saber de seu inconsciente real, *lalíngua*, que preside seu corpo gozante.

Eu termino. Esse saber adquirido da divisão vale como uma nova "douta ignorância". Não a do século XVI europeu, mais precisamente espanhol, e da qual Lacan fizera a única paixão digna do analista, mas a do analisando do século XXI que chegou ao fim de sua análise, que retornou do engodo transferencial, que agora sabe que não há todo saber, somente saber furado, assim como com relação ao Outro, a si mesmo, ao gozo. Sua dificuldade será, daí por diante, não pensar contra a divisão, mas, e aqui estou citando Lacan, pensar "na divisão", sabendo o que o pensamento comporta sempre de inconsciente.

Tradução: Cícero Oliveira

TOPOLOGIA

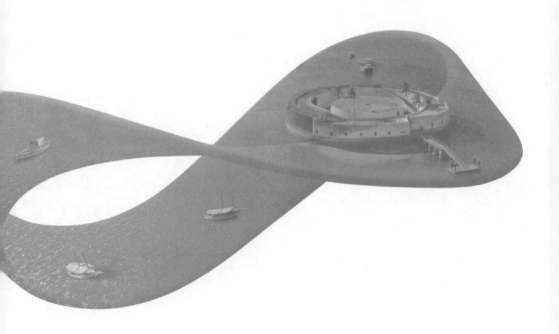

Sintoma, fenômeno psicossomático e a pandemia da COVID-19

A direção de tratamento diante de respostas ao mal-estar na contemporaneidade

INGRID FIGUEIREDO[1]

Apesar de estarmos diante de um evento inédito, muito já foi dito, escrito, pesquisado, experienciado, vivido a partir da pandemia da covid-19. Trata-se de uma doença que, em um dado momento já foi avassaladora, ocasionada por um agente infeccioso denominado coronavírus. Agora, com o avanço da vacinação, já conseguimos alguma defesa diante da infecção. De repente, nos vimos às voltas com denominações como *coronavírus*, *covid-19*, *pandemia*, as quais, certamente, não eram íntimas do vocabulário de muitos de nós. Mesmo assim, penso que é necessário, ainda, bordejar isto que nos assolou, que nos assola — já que estamos lidando com as consequências da pandemia —, que já conhecemos um pouco e que, podemos dizer, se apresenta enquanto um advento do real.

O que verifico em minha clínica é que muitos precisaram recorrer a alguma solução, enquanto aquilo que amarrou, enodou, naquele momento de urgências subjetivas. Ou seja, muitos sujeitos recorreram a seus artifícios mais conhecidos para dar conta o mais rapidamente da

---

[1] Psicóloga, psicanalista, membro do Fórum do Campo Lacaniano de São Paulo, doutora em Psicologia Social pela Pontifícia Universidade Católica de São Paulo. Contato: ifigueiredoventura@gmail.com.

angústia que os acometeu e que os acomete. Diante desse cenário, me interrogo: qual o lugar do analista e sua operação em relação a estas soluções — e aqui, no escopo deste trabalho, irei interrogar a direção do tratamento em relação ao fenômeno psicossomático, mais precisamente — no momento em que situa seu corpo nos atendimentos online através de dispositivos como computadores e celulares? E como se estabelece e se mantém a transferência entre estes corpos isolados socialmente, mas conectados virtualmente, em que as sessões ocorreram e ocorrem nas salas do Google Meet, Skype, WhatsApp, Zoom? Esta segunda pergunta permanecerá ainda em aberto neste texto.

Neuróticos com suas respostas fantasmáticas, histéricos que cada vez mais têm colocado seu corpo a falar com suas conversões em adoecimentos que contam uma história; obsessivos cada vez mais ruminantes em suas compulsões; fóbicos crentes de que o coronavírus vai entrar na sua casa a todo momento e por qualquer lugar, mesmo sem a presença humana; depressivos com suas inibições ou uso abusivo de álcool e medicamentos para "adormecer" diante do mal-estar, ou seja, da angústia. E, além desses sintomas e inibições muito conhecidos, alguns tentam amarrar sua angústia através da manifestação daquilo que nomeamos de fenômeno psicossomático (FPS) que, se antes estava "adormecido", com a pandemia, "acordou": alopecia, psoríase, dermatite atópica.

No entanto, como sabemos, apesar de já serem um pouco conhecidos, estes fenômenos são grandes desafios na clínica pois levam o sujeito a calar e pôr o corpo a "falar" diante do mal-estar. Trata-se de uma fala hieroglífica, criptografada, como um acontecimento que simplesmente remete a uma atualidade, de tal modo que põe o analista a procurar um outro caminho para sua operação que não seja a interpretação. Pode-se apresentar a hipótese de que o fenômeno psicossomático também seria uma resposta possível para os adventos do real, neste caso, a pandemia da covid-19. Mas como ler algo que não se dá a ler e não demanda interpretação, ainda mais em um corpo que está em cena "virtualmente"?

Diferentemente do sintoma neurótico, que se encontra atrelado ao gozo fálico e à fantasia fundamental, a qual implica uma significação fálica, o FPS comparece como letra, de modo a permanecer no campo do gozo do Outro, enquanto impossível de ser acessado pelo sujeito a partir da interpretação, já que ainda demanda significação.

No seminário *Encore*, Lacan estabelece que a letra é efeito de discurso, pois tudo que é escrito é em decorrência do fato de ser impossível escrever a relação sexual, ou seja, será sempre uma tentativa de escrevê-la[2]. Na passagem da formalização das fórmulas da sexuação para o nó borromeano, é possível situar o FPS como um acontecimento de corpo em um ponto de cruzamento que tenta promover uma reparação. Isso significa que, nesse caso, o discurso não encadeia a subjetivação do sujeito, sendo que aquilo que toca o corpo não é o significante encadeado; é a letra que não cede à interpretação.

Este fenômeno, como bem sustenta a tese atualíssima da colega Joseane Garcia, se manifesta como uma continuidade entre os registros do imaginário e do real de modo estrutural[3]. Esta afirmação se articula com a topologia do nó borromeano, com seus registros real, simbólico, imaginário — RSI, a heresia lacaniana, como o próprio Lacan afirma —, e a consideração de que o nó delimita furos. Além disso, Garcia sustenta que não se trata de um privilégio da psicose apresentar uma falha no nó, o que pode ser verificado ao escrevê-lo. Como a autora afirma em relação ao FPS: "suas duas consistências se encontrariam reduzidas a uma só: imaginário-real"[4]. Ou seja, para se ter uma escrita borromeana é preciso ter três elos; no entanto, no caso do FPS, temos apenas dois. Garcia ainda interroga a tese do FPS enquanto objeto *a* e fantasia encarnados no corpo, demonstrando o quanto a mesma é insustentável. Isto porque a fantasia fundamental ($\mathcal{S} \lozenge a$) é uma construção frente ao enigma do Outro — próxima ao sintoma endereçado, onde o sujeito entra em cena —, diferentemente do FPS, onde o sujeito sai de cena em detrimento do adoecimento do corpo.

---

[2] LACAN, Jacques. *Seminário 20*: *Encore*. Edição inédita.
[3] GARCIA, Joseane. *O fenômeno psicossomático e o objeto a*. Curitiba: Editora Appris, 2021.
[4] *Idem*, p. 149.

Pois bem, o FPS é de outra ordem, pois há um holofraseamento da cadeia significante onde não há extração do objeto e a afânise do sujeito — seu aparecimento e desaparecimento nos intervalos entre os significantes encadeados. Ou seja, o sujeito sai de cena tal como na passagem ao ato, o que Garcia aproxima da manifestação da afecção psicossomática, como uma passagem direta ao corpo.

O objeto *a* delimita o furo central do nó, o qual delimita também modos de gozo: gozo fálico, gozo do sentido e gozo do Outro, este último sendo o gozo específico que se encontra implicado no FPS. Neste gozo, como se pode ver na escrita do nó, o simbólico está excluído, ou seja, implica o fora-de-sentido, o irrepresentável, o que remete ao real e à letra. Já que é possível sustentar que o FPS é uma letra, um hieróglifo que não se dá a ler — tal como Lacan afirma na "Conferência de Genebra", de 1975 — e que não cede à interpretação, este fenômeno estaria no campo do gozo do Outro[5]. Já o sintoma, por sua vez, está situado no gozo fálico, o qual deixa o imaginário (corpo) fora. Como diz a expressão "tirar o corpo fora", é justamente isso que muitas vezes o neurótico faz com seu sintoma: o histérico adoece para não se encontrar com o corpo do parceiro e com o seu próprio corpo no encontro sexual, o obsessivo esquece que tem um corpo para trabalhar demais, o fóbico se previne de colocar seu corpo em algum lugar (objeto fóbico) para não desejar.

Além disso, não há como sustentar a tese do FPS como um *sinthoma* — tal qual uma solução para amarrar o nó borromeano —, pois ele não delimita os furos com uma correção, pois, pelo contrário, ele desnoda, segundo Garcia.

Szapiro, por sua vez, traz a reflexão sobre o modo como o analista pode operar para restituir a nominação pela via da função paterna, a fim de que se produza uma nova regulação do gozo ao incidir sobre o gozo específico que se apresenta congelado, fixado em um determinado ponto do corpo[6].

---

[5] LACAN, Jacques. "Conferência de Genebra sobre o sintoma". Inédito.

[6] SZAPIRO, Liliana. *Elementos para una teoría y clínica lacaniana del fenómeno psicosomático.* Buenos Aires: Grama Ediciones, 2008.

Figura 1: Nó borromeano

Então, o que pode o analista na clínica dos fenômenos psicossomáticos? Pode operar a partir da nomeação, promovendo uma regulação de gozo, uma vez que o objeto ao qual o gozo estava fixado pode se transformar em causa de desejo. Szapiro interroga-se acerca de uma suplência por essa via ou de um resultado esperado em qualquer análise. A autora cita Lacan para lembrar que a função paterna incide sobre o enodamento borromeano e é justamente sobre isso que a análise opera. Afirma, então, que o que está em jogo é a possibilidade de uma outra forma de enodamento para o sujeito, ou ainda:

> Se trata del pasaje de una escritura a otra. De un escrito, residuo de goce en el cuerpo, a poder decir, al posibilitar en el marco de un análisis, la operación de nominación.[7]

Ou como nos diz Assadi, a partir da proposição lacaniana, o fenômeno psicossomático é assemelhado a uma escrita hieroglífica ou a uma assinatura, e seria possível promover um manejo da transferência por meio da transliteração, como uma passagem de uma escrita para outra, como via para a abertura do inconsciente à interpretação[8].

---

[7] *Idem*, p. 46.
[8] ASSADI, Tatiana. "a-pelLe". In: RAMIREZ, H.; ASSADI, T.; DUNKER, C. (Org.). *A pele como litoral: fenômeno psicossomático e psicanálise*. São Paulo: Annablume, 2011.

Seria uma clínica que vai da nomeação que amarra, em direção à interpretação enquanto equívoco? Por outro lado, considerando o aparecimento do FPS ao longo da análise, seria possível afirmar que a interpretação por suspensão de sentido, ou seja, pelo equívoco, pode produzir um FPS como letra indecifrável no corpo para bordejar a angústia dessa travessia? Não há como pensar nos efeitos da interpretação sem recorrer à lógica.

Para tal, retomamos as articulações de Conrado Ramos sobre a lógica e a experiência analítica quando interroga se o sintoma não estaria na paraconsistência, no sentido de que enoda, a partir da contingência, duas proposições contraditórias — o que pode ocorrer pela via do equívoco e que podem possuir o mesmo saber[9]. Além disso, o sintoma sustenta um valor de verdade, o que rompe com a lógica clássica da não-contradição para a qual, entre duas proposições contraditórias, uma deve ser falsa. Ramos também interroga se a interpretação, por operar com a suspensão do sentido e do valor de verdade do sintoma, não seria paracompleta, já que revela que as duas proposições contraditórias são falsas, de modo a também romper com a lógica clássica, para a qual, entre duas proposições contraditórias, uma deve ser verdadeira.

Assim, podemos questionar: seria o forçamento clínico na interpretação do sintoma neurótico para desfazer a coalescência entre S($\cancel{A}$) — o Outro barrado e inconsistente — e *a* também um produtor de um FPS? O S de A barrado [S($\cancel{A}$)] apresenta uma coalescência entre S e A: o objeto *a*, em sua versão mais-de-gozar como o real na estrutura. *O mais-de-gozar* diz respeito ao *mais ainda* na estrutura, que o autor formalizará como o gozo feminino, Outro gozo, suplementar[10].

---

[9] RAMOS, Conrado. "Paraconsistência e paracompletude do Lacan borromeano". In: GIANESI, A. P. L.; ALMEIDA, B. H. M.; VOGELLAR, R. B. (Orgs.). In. *Rede Clínica*. São Paulo: Escuta/Fórum do Campo Lacaniano, 2016.

[10] PRATES PACHECO, Ana Laura. "Mapa do gozo: comentários introdutórios para uma leitura possível do Seminário *Encore*". In. *Livro Zero: Revista de Psicanálise*, São Paulo, v. 1, n. 1, p. 39-50, 2010.

À guisa de conclusão, ao considerar as soluções às quais os sujeitos recorreram neste momento de urgências subjetivas, me parece que a sustentação de um lugar de analista, mesmo que no contexto virtual, sem o consultório presencial, possibilita que a fala circule. Pois, como Lacan nos mostra, o verdadeiro espaço do ser falante é o nó borromeano, o qual pode estar em qualquer lugar para que uma análise ocorra.

Torções e distorções:
Topologia e política do analista

EUDES DUARTE FILHO[1]

Tô estudando pra saber ignorar
   Tom Zé

Nem vem que não tem vem que tem coração tamanho trem
Como na palavra palavra a palavra estou em mim
E fora de mim quando você parece que não dá
Você diz que diz em silêncio o que eu não desejo ouvir
Tem me feito muito infeliz mas agora minha filha:
Outras palavras
   Caetano Veloso

Desde a invenção da psicanálise até os dias atuais, inúmeras foram as resistências advindas contra ela, a ponto de Freud considerá-las, em tom quase profético, como identificadas à própria história do movimento psicanalítico. Ao longo do tempo, suas ideias não escaparam também a distorções. A constituição da teoria e da técnica analíticas desdobra-se, inclusive, levando em conta deslocamentos e torções que o real da clínica impõe, com os quais Freud soube, engenhosamente, delinear o edifício psicanalítico sem "tomar

---

[1] Psicólogo, psicanalista, membro do Fórum do Campo Lacaniano de Sobral (em formação). Contato: eudesfreud@hotmail.com.

os andaimes pela construção"[2]. É pela via da escuta do desejo inconsciente, através da distorção e do disfarce, próprios à produção do sonho e do sintoma, que o analista opera.

Com Freud, também aprendemos sobre a renúncia pulsional, sobre a qual a civilização se assenta. Porém, se tal abdicação é intrínseca à existência da cultura, aquilo outrora declinado, reascende. Lacan nos adverte que um resto é produzido (objeto *a*) a partir da articulação da cultura. Para Lacan, a psicanálise é esse laço que se ocupa diretamente do objeto *a* como o agente do discurso[3]. Isso nos convoca, de imediato, a uma posição política, compreendida enquanto modo de operar também na pólis, denominada, por Quinet, "a cidade dos discursos" (o sonho, o crime, a festa, o trânsito entre os diferentes...)[4].

Já a topologia formaliza a psicanálise como uma prática de buraco e borda. Costuradas sua intensão e sua extensão por um mesmo fio, caem por terra as críticas de que ela estaria ultrapassada, soterrada em um método obsoleto e alheia aos problemas cruciais de sua época.

Ao considerarmos a importância da topologia enquanto "estudo dos laços entre os diferentes nós"[5], caminhamos para uma relação indelével entre clínica e política. Nosso intuito é menos conjecturar um tratado de topologia lacaniana e mais trazer um esboço de como garimpar os efeitos topológicos da clínica, uma vez que o inconsciente se apresenta como "um espaço topológico que se altera mediante intervenções"[6].

Tal espaço, por sua a-temporalidade, permite, em 2021, dialogarmos com um caso como o do Homem dos Ratos, de 1909. Nele, Freud estava às voltas com o esquecimento, por parte de seu paciente, do

---

[2] FREUD, Sigmund. "A interpretação dos sonhos (I e II)". In: *Obras psicológicas completas de Sigmund Freud: edição standard brasileira, volumes IV e V*. Rio de Janeiro: Imago, 2006.

[3] LACAN, Jacques. O seminário, livro 10: A angústia. Rio de Janeiro: Jorge Zahar Editor, 2005.

[4] QUINET, Antonio. *A política do psicanalista - Do divã para a pólis*. Rio de Janeiro: Atos & divãs, 2021.

[5] CORRÊA, Ivan. *Da tropologia à topologia — Escrituras Lacanianas*. Recife: CEF, 2003.

[6] CHAPUIS, Jorge. *Guia Topológico para "O aturdito" — um abuso imaginário e seu além*. Trad. Paulo Sérgio de Souza Jr. São Paulo: Aller Editora, 2019, p. 12.

motivo pelo qual havia sido surrado pelo pai. Freud desnuda a fantasia do obsessivo através do real do afeto reavivado sob transferência, destacando a importância desta para a condução da análise:

> Com uma capacidade de torcer a lógica que nos doentes obsessivos bem inteligentes nunca deixa de causar espanto, prosseguia afirmando, contra o valor de evidência do relato, que ele próprio não se lembrava daquilo. Então, foi somente pela dolorosa via da transferência que ele chegou a convencer-se de que sua relação com o pai exigia aquele complemento inconsciente.[7]

Na passagem acima, presenciamos como o sintoma, sob transferência, é capaz de torcer a lógica, apresentando um saber não-sabido, diz-torcido, *Das Unbewusste*. Freud começou a atentar tanto à resistência quanto ao poder da transferência. Já Lacan observou o manejo da transferência como algo estratégico, pois há um poder em jogo n'Isso[8]. No entanto, cabe ao analista retorcer a direção do tratamento para que ela se dê pelos poderes da palavra do analisante, pois o analista não opera com seu eu, mas com sua falta.

Poderíamos localizar uma pista sobre esses desenvolvimentos desde o caso Dora? Nele, Freud "amarra" a mudança na técnica e a descreve como "revolução":

> Desde então abandonamos essa técnica, por considerá-la inteiramente inadequada à **estrutura** mais sutil da neurose. Agora deixo o próprio doente determinar o tema do trabalho diário e parto da **superfície** eventual que o seu inconsciente lhe oferece à atenção.[9]

---

[7] FREUD, Sigmund. "Observações sobre um caso de neurose obsessiva" In. *Obras completas, volume 9: Observações sobre um caso de neurose obsessiva ["O homem dos ratos"], Uma recordação de infância de Leonardo da Vinci e outros textos (1909-1910)*. Trad. Paulo César de Souza. São Paulo: Companhia das Letras, 2013, p.69-70.

[8] LACAN, Jacques. "A direção do tratamento e os princípios do seu poder". In. *Escritos*. Trad. Vera Ribeiro. Rio de Janeiro: Jorge Zahar Editor, 1998.

[9] FREUD, Sigmund. "Análise fragmentária de uma histeria ['O caso Dora']" In. *Obras completas, volume 6: Três ensaios sobre a teoria da sexualidade, Análise fragmentária de*

Freud, ao utilizar os termos "estrutura" e "superfície", já conceberia aquilo que, 33 anos depois, iria desaguar na Conferência XXXII (Angústia e vida pulsional), assim: "É, contudo, verdadeiramente uma questão de concepções, isto é, de introduzir as questões abstratas corretas, cuja aplicação ao material bruto da observação nele produzirá ordem e clareza"[10]. No seminário *A Angústia*, Lacan refere-se a essa passagem de Freud e nos alerta: "Esse esforço, esse projeto, é justamente aquele em que nos empenhamos aqui há alguns anos"[11].

Estarmos reunidos, então, em um evento que enlaça o sintoma e o psicanalista — topologia, clínica e política — me fez lembrar da banda de Moebius: ela nos ilustra que, diante de apenas uma fita, cria-se um buraco e uma superfície, porém com a diferença de que o buraco não advém do furo de uma superfície, mas pelo fato de ali ser constituída, ao mesmo tempo, uma borda. A palavra tece a borda, movimenta-se e produz o buraco, o qual nos aparta dos outros e do mundo.

O dizer próprio às palavras possibilita as torções através delas mesmas: diz-torções indispensáveis à convocação do analista como responsabilizado pela política da falta-a-ser, da psicanálise sustentada pela e para a prática do buraco e da palavra.

---

uma histeria ['O caso Dora'] e outros textos (1901-1905). Trad. de Paulo César de Souza. São Paulo: Companhia das Letras, 2016, p. 180. [Grifos nossos]

[10] FREUD, Sigmund. "Conferência XXXII: Angústia e vida pulsional". In. *Edição Standard Brasileira das Obras Psicológicas Completas de Sigmund Freud, volume 16*. Rio de Janeiro: Imago, 1996, p. 85.

[11] LACAN, Jacques. *O seminário, livro 10: A angústia*. Rio de Janeiro: Jorge Zahar Ed., 2005.

Lacan nunca foi linguista

GLAUCIA NAGEM[1]

Desde o início de seu ensino, Lacan se apoiou nas construções da linguística para sustentar seu retorno à Freud. Mas em nenhum momento se pretendeu linguista. Em todo seu percurso, se ampara fortemente tanto em Saussure, quanto em Jakobson, além de alguns outros linguistas e semioticistas. Haroldo de Campos indica que no texto "A instância da Letra ou a razão desde Freud"[2], as afirmações de Lacan se "convalidam dos cadernos de Saussure sobre a dança não linear das figuras fônicas ou anagramas [...] e coincidem também com a ideia jakobsiana da paronomásia (jogo das convergências e/ou contrastes fonossemânticos), tratada figura-rainha da poesia[3]."

Podemos acompanhar desde o início de seu ensino como Lacan se utilizou do sistema saussureano para demonstrar que o lugar do sujeito pode ser escutado entre os significantes, pois o inconsciente se mostra nas fal(h)as estruturais deste sistema. No entanto, é na dança dos anagramas que encontramos o mais subversivo e "linguistérico"

---

[1] Psicanalista e artista plástica — A.M.E. da IF-EPFCL, membro do Fórum do Campo Lacaniano em São Paulo. Docente do Centro de Estudos Psicanalítico. Doutoranda pelo Programa de Pós-Graduação em Psicologia, Processos Culturais e Subjetivação da Faculdade de Filosofia, Ciências e Letras de Ribeirão Preto (FFCLRP) da Universidade de São Paulo (USP) e pesquisadora do Laboratório Discursivo: sujeito, rede eletrônica e sentidos em movimentos (E-L@DIS/FFCLRP/USP). Contato: glaucia.nagem@gmail.com

[2] LACAN, Jacques. "A instância da letra no inconsciente ou a razão desde Freud". In: *Escritos*. Rio de Janeiro: Jorge Zahar Ed.,1986.

[3] CAMPOS, Haroldo de. "O afreudisíaco Lacan na galáxia de lalíngua (Freud, Lacan, a escritura)", p. 4. Disponível online no endereço https://recil.ensinolusofona.pt/bitstream/10437/42/1/nr10%2520Afreudisiaco%2520Lacan%2520na%2520Gal%-C3%83%C2%A1xia%2520de%2520Lal%C3%83%C2%ADngua.pdf. Acessado em 28 de setembro de 2022.

nos anos 50. De Jakobson, além das bases do grafo do desejo, encontramos a subversão dos estudos sobre a poesia, que atinge um ápice precisamente contemporâneo dos seminários dos anos 70, com o tratamento dado por Lacan à poesia.

Lacan releu Freud sem cair na armadilha do comportamento exatamente por tomar o trabalho do vienense a partir da linguística estrutural. Pôde ler o deslocamento e a condensação, elaborados por Freud na *Interpretação dos sonhos*, com os instrumentos do sistema linguístico instituído por Jakobson, quando este termina seu texto sobre as afasias indicando:

> A competição entre os dois procedimentos, metonímico e metafórico, se torna manifesta em todo o processo simbólico, quer seja submetido, quer social. Eis por que, numa investigação da estrutura dos sonhos, a questão decisiva é saber se os símbolos e as sequências temporais usadas se baseiam na contiguidade ("transferência" metonímica e "condensação" sinedóquica de Freud) ou na similaridade ("identificação e "simbolismo" freudianos.[4]

Vemos, assim, como o linguista russo esteve presente nas articulações do psicanalista que, com ele, chegou nos anos 70 a uma plasticidade cósmica para os significantes. É na lição dedicada a Jakobson, inclusive, que o neologismo conceitual *linguisteria* foi criado. Esse neologismo é uma junção-disjunção que demarca "a esfera própria do discurso psicanalítico"[5] e oficializa a distância que Lacan toma da Linguística. Ademais, o termo *linguisteria* "tanto pode ser associado à histeria quanto a escroqueria, pirataria, algo que soa ironicamente

---

[4] JAKOBSON, Roman. "Dois aspectos da linguagem e dois tipos de afasia". In: *Linguística e comunicação*. São Paulo: Cultrix, 2007, p. 61.

[5] CAMPOS, Haroldo de. "O afreudisíaco Lacan na galáxia de lalíngua (Freud, Lacan, a escritura)", p. 4. Disponível online no endereço https://recil.ensinolusofona.pt/bitstream/10437/42/1/nr10%2520Afreudisiaco%2520Lacan%2520na%2520Gal%-C3%83%C2%A1xia%2520de%2520Lal%C3%83%C2%ADngua.pdf. Acessado em 28 de setembro de 2022.

subversivo, algo que soa também como uma resposta ao incômodo que essa teoria da linguagem trouxe aos linguistas e à Linguística[6]." Muitas vezes se associa este neologismo a uma ruptura com a linguística. Mas será que algo que não é colado pode ser romper?

Michel Bousseyroux em seu texto "O 'A Jakobson' de Lacan" destaca a importância que o linguista teve para Lacan e como foi pelo contato com ele que o psicanalista pôde avançar sobre a questão do significante. Bousseyroux afirma:

> Eu diria que, para não falar bestamente do significante e para não falar bestamente da linguística, é preciso ler Jakobson. Pois Lacan deve muito a Jakobson. Ele lhe deve tanto quanto Galileu a Copérnico. Eu quero dizer que é preciso ler Lacan com Jakobson, como é preciso ler Galileu com Copérnico. Do mesmo modo que é preciso ler Galileu com Copérnico para compreender o ato de Galileu, é preciso ler Lacan com Jakobson para compreender o ato de Lacan quando, em *Encore*, frente a Jakobson, ele atravessa o Rubicão que separa o significante do gozo.[7]

Mesmo que dialogando com o linguista, Lacan inclui o gozo no significante e, com isso, localiza uma especificidade que não cabia na linguística, por dizer respeito a um uso do significante para a psicanálise. E ainda: na insistência do psicanalista francês em apontar desde o início de seus seminários para a forma como os significantes não são apenas as palavras, mas ainda os fonemas. Lacan afirma: "O significante é o material audível, o que nem por isso quer dizer o som. Entretanto, nem por isso, tudo que é da ordem da fonética é incluído na Linguística enquanto tal. É do fonema que se trata, quer dizer, do som em oposição a outro som no interior de um conjunto de oposições[8]."

---

[6] LEMOS, Claudia. (2014). *O (in)nesperado de Jakobson*. TFOUNI, L.V., Martha, D.J.B., (Orgs.) Campinas: Mercado das letras, 2014, p. 54.

[7] BOUSSEYROUX, Michel. "O 'A Jakobson' de Lacan". In. *Revista Linguasagem*, volume 37, número temático. São Carlos: 2021, p, 1.

[8] LACAN, Jacques. *O Seminário, livro 1: Os escritos técnicos de Freud.* Trad. Betty Milan. Rio de Janeiro: Jorge Zahar Ed., 2007, p. 281.

A amarração dos significantes parte da topologia do colar de anéis que se liga a outros colares de anéis[9], até chegar à ligação nodal entre os verbos da frase "Peço que recuses o que ofereço porque não é isso"[10]. Sendo o lugar do objeto o que amarra esses três verbos da frase e o que faz acontecer uma operação dita "borromeana". Temos, a partir da entrada da lógica nodal, o nó borromeu como suporte do enodamento entre o real, simbólico e imaginário. É o que propicia Lacan trabalhar com a premissa de que S_1 não alcança S_2, e que por isso não fazem cadeia com atravessamento de um elo dentro do outro[11]. Isso, porém, não quer dizer que Lacan tenha abandonado a cadeia significante, mas que, com a condição borromeana e suas invariantes, algo se modifica no entendimento sobre o enlace entre os significantes.

Pela operância borromeana um elo da cadeia não passa por dentro do outro e assim, apesar de se apresentarem aparentemente juntos, estão em todo o tempo girando independentes dos outros. O que os localiza são os cruzamentos que determinam as dominâncias de um elo sobre o outro sem nunca se prenderem. Como cada elo passa por cima ou por baixo do outro. Isso determina qual elo trava e, consequentemente, domina o outro elo. A aposta é que isso possa ser escutado na fala de cada paciente. E que, uma vez que os registros do R, S e I estão sempre presentes, não há uma sessão que não se possa pensar as dominâncias presentes no dizer do paciente. E ainda: é neste momento que se pode pensar uma dimensão real do inconsciente além do dito Inconsciente Freudiano. E que o corpo no nó não é puro imaginário, posto que o imaginário estará junto, bordeado de algum modo, pelo real e simbólico.

Se voltarmos às articulações de Saussure sobre os anagramas e mesmo o que Jakobson trabalha sobre a poesia, temos notícias de que ali já tinha algo dessa concepção que a cadeia borromeana oferece à

---

[9] LACAN, Jacques. "A instância da letra no inconsciente ou a razão desde Freud". In: *Escritos*. Rio de Janeiro: Jorge Zahar Ed.,1986.
[10] LACAN, Jacques *O Seminário, livro 19: ...ou pior*. Rio de Janeiro: Zahar, 2012, p. 78.
[11] LACAN, Jacques. *Os não-tolos vagueiam. Seminário 1973-1974*. Inédito.

Lacan. No entanto, para os linguistas, o que está em jogo não é a operação inconsciente sobre os significantes, ao passo que, para Lacan, não é somente o funcionamento da língua que interessa. É o ponto de junção e disjunção entre a psicanálise e a linguística que ouvimos no neologismo *linguisteria*.

Lacan dedica seu seminário de 1974-75 ao diálogo com as letras joyceanas, o que já estava em seu diálogo com Jakobson acerca da questão fundamental que é o significante. Som e sentido são os pontos que vemos Joyce trabalhar intensamente em sua obra. Um autor que calcula seus feitos de escrita — como nos disse em conversa Caetano Galindo em 2021 —, passando de uma escrita que respeita os nomes reais para uma ficção dos nomes, em *Ulysses* até *Finnegans Wake*, onde o sem sentido impera a partir da extrapolação do sentido. Vemos que cada palavra em *Finnegans Wake* é uma condensação extraordinária não apenas de sons, como também de línguas.

Assim, com a exploração que Lacan faz da obra joyceanna, temos a elevação à máxima potência daquilo que desde o começo atraía sua atenção: a forma como uma análise pode operar para dissolver o sentido da fantasia e a obturação do sintoma, atravessando essa fixação para abrir o não sentido e a construção de um novo nome alcançado pela trituração do sentido fixo que determinava a ficção sem graça do fantasma.

O que pretendi levar para a conversa no Encontro da EPFCL-Brasil na Bahia foi como Lacan avança na psicanálise com os instrumentos da linguística para reler a invenção freudiana. A insistência de seu recurso aos linguistas é uma advertência para nossa escuta atual. Ler outras referências da linguística, da poesia e tantos outros instrumentos atentando à subversão que é possível fazer com os sons e os sentidos. Essas são as operações que, em uma análise, são sustentadas pelo trato com os significantes. O psicanalista — não sendo ele linguista nem poeta, nem matemático —, utiliza essas outras práticas como ferramentas para sua escuta. Em sua prática sendo apensa, psicanalista.

Função e campo da *mostração* topológica em psicanálise

LEONARDO PIMENTEL[1]

> *Será que é realmente necessário aprender topologia para ser psicanalista? A topologia não é algo a mais que se deve aprender [...], a topologia é o próprio tecido no qual se talha o sujeito da operação psicanalítica.*
> Lacan, Seminário 13: O objeto da psicanálise

Durante o Congresso de Roma, em 1953, Lacan resgata a importância das bases linguageiras do inconsciente, sua influência na técnica psicanalítica e seu papel estruturante para o sujeito. Em resposta às deturpações formalistas e imaginárias que se infiltravam na psicanálise de sua época, Lacan reafirma o dizer de Freud a respeito da materialidade significante no inconsciente, nos sonhos e nos sintomas. É no campo da linguagem que esse inconsciente se estrutura e, por conseguinte, o sujeito carregará as marcas de ser falante e falado. Atravessando sua obra, o conceito de significante será primordial para os desenvolvimentos de Lacan, conceito que não receberá um tratamento puramente linguístico, mas *linguistérico*. O significante saussuriano não é o mesmo que seu homônimo lacaniano; a barra aí tem outra função, o signo não se encontra mais em seu valor de integralidade e o próprio esquematismo de Saussure é invertido.

---

[1] Psicanalista, membro do FCL-RJ e membro de Escola, doutor em Psicanálise pela UERJ. Contato: leonardoptl@gmail.com

Mas se consideramos tudo que, pela definição da linguagem, se segue quanto a fundação do sujeito, tão renovada, tão subvertida por Freud, que é lá que se garante tudo que de sua boca se afirmou como o inconsciente, então será preciso, para deixar a Jakobson seu domínio reservado, forjar alguma outra palavra. Chamarei a isto de *linguisteria*.[2]

A passagem da linguística para a *linguisteria* ilustra como Lacan se servia de outros campos do saber para avançar em suas elocubrações sobre os processos psíquicos e sobre a própria operação psicanalítica. Em "Função e campo da fala e da linguagem", encontramos não só um princípio do referenciamento a conceitos linguísticos, mas também topológicos, quando da menção à estrutura do toro e às suas implicações para com a noção de exterioridade. Este ramo da matemática que, como vemos, sempre esteve presente na obra lacaniana, tomará um lugar proeminente em suas elaborações após o seminário sobre a identificação, em 1961, quando será utilizado para evidenciar a debilidade da intuição e do imaginário.

Alguns anos depois, no Seminário 13, *O objeto da psicanálise*, a orientação topológica é retomada para pensar as "anomalias apreensíveis" do dentro e do fora, aquelas que o analista capta em sua clínica, como a emergência do objeto *a* nas alucinações e nas injunções superegoicas. A garrafa de Klein e a banda de Moebius, superfícies privilegiadas nesse momento do ensino de Lacan, prestam-se muito bem ao tratamento de tais anomalias por serem constituídas por superfícies contínuas com apenas um lado, fluindo em pura *extimidade* e permitindo localizar o objeto voz em um espaço que não seja puramente geométrico, mas com torções, no *entre-dois* de sujeito e outro. Assim, a referência à topologia seria empregada na medida em que permite "desobstruir um pouco o caminho", diz Lacan, fornecendo "instrumentos nos quais reconhecer isso com o que lidamos"[3].

---

[2] LACAN, Jacques. (1972-3). *O seminário, livro 20*: Mais ainda. Rio de Janeiro: Jorge Zahar Editor, 1985, p. 25.
[3] LACAN, Jacques. *Le séminaire 13: L'objet de la psychanalyse*. Inédito. Aula de 8 de junho de 1966.

Instrumento. Um instrumento não é um modelo. A modelagem matemática não se resume à construção de um objeto físico que representa uma série de relações, mas também inclui o estudo das variáveis envolvidas e a predição dos resultados a serem obtidos nesse processo[4]. Com função preditiva, portanto, o modelo se pauta na idealização de uma dada realidade e, por isso, opera por generalizações e extrapolações de sentido. Lacan viria a repudiar a qualificação de modelo para o objeto topológico que privilegiaria nos tempos finais de seu ensino, o nó borromeano, preferindo considerá-lo um "aparelho-pivô"[5]. Segundo ele, enquanto os modelos recorrem ao imaginário puro, os nós recorrem ao Real: "O que faz nó não é imaginário, não é uma representação; sua característica é justamente que aí algo escapa à representação [...]. O nó não é o modelo"[6].

Para esclarecer tal distinção, tomemos o esquema do *estádio do espelho,* em comparação à natureza do instrumento topológico. O estádio do espelho seria "um modelo, alguma coisa que não tem a pretensão de ser um sistema, mas uma imagem que apresenta certos pontos que podem servir de referência"[7]. Por isso, por tratar-se mais de uma imagem do que de um sistema, ele se presta a uma gama de equívocos, podendo ser interpretado por seu mero componente ótico/visual (a criança que olha um espelho), negligenciando o aspecto estruturante do sentido imaginário, não visível, captado a partir da fala do Outro. Já o instrumento, por sua vez, implica ir para o campo da experimentação, do manuseio: "Restam, mesmo assim, esses aparelhos-pivôs, cuja manipulação pode nos permitir dar conta de nossa própria operação — quero dizer para nós, analistas"[8]. A partir de uma cadeia qualquer, não podemos dizer se ela é borromeana ou não, sendo

---

[4] Cf. BASSANEZI, Rodney Carlos. *Ensino-aprendizagem com modelagem matemática.* São Paulo: Contexto, 2002.

[5] LACAN, Jacques. *Le séminaire 22*: R.S.I. Inédito. Aula de 10 de dezembro de 1974.

[6] *Idem.* Aula de 15 de abril de 1975.

[7] LACAN, Jacques. *O seminário, livro 1*: Os escritos técnicos de Freud. Rio de Janeiro: Jorge Zahar ed., 1986, p. 459.

[8] LACAN, Jacques. *Le séminaire 22*: R.S.I. Inédito. Aula de 10 de dezembro de 1974.

preciso primeiramente reduzi-la em seu número de cruzamentos, desembaraçá-la; tentativas preditivas, envoltas pelo imaginário, pela pura forma, revelam-se insuficientes.

Com o uso da topologia, Lacan pretende algo diferente de uma demonstração:

> Há, de certo modo, uma ideia de decadência no demonstrar em relação ao mostrar. Há uma escolha pelo mostrar [...]. O *more geometrico*, que durante muito tempo foi o suporte ideal da demonstração, repousa sobre a falácia de uma evidência formal [...]. Mas é um outro suporte que nos fornece o anel ou o círculo, com a condição de que seja flexível. Uma outra geometria está para ser fundada sobre a cadeia.[9]

Essa nova geometria, uma geometria de borracha, não mais se fia nos aspectos puramente métricos das formas, como largura e comprimento, mas trabalha a partir de ideias como torção, corte, cruzamento. Se, a partir da comparação de um círculo e um quadrado, podemos dizer que tais figuras são geometricamente diferentes, tal afirmação não é válida na topologia, segundo a qual são considerados equivalentes. A questão sobre a diferenciação dos nós e das cadeias implica algo, o teste e a manipulação, além da mera comparação visual, sendo impossível antecipar os efeitos de um determinado corte na estrutura, que são captados apenas em um só-depois.

Em retórica, a *apodeixis* (ou demonstração) implica mostrar *a partir de* algo, como mostrar a relação do Eu com a imagem a partir do enquadre esquemático dos espelhos. A *apodeixis*, segundo Barbara Cassin, "é o procedimento que faz conhecer o singular enquanto universal"[10]. As demonstrações, esquemas e modelos estão imbuídos de uma pretensão universalizante que opera a partir do campo imaginário. O instrumento topológico, em contrapartida, operaria pela via

---

[9] LACAN, Jacques. *O seminário, livro 23: O sinthoma*. Rio de Janeiro: Jorge Zahar Editor, 2007, p. 109.

[10] CASSIN, Barbara. *Ensaios sofísticos*. São Paulo: Edições Siciliano, 1990, p. 235.

da *epideixis* (ou *mostração*), que significa mostrar *perante alguém* e mostrar *mais*, evocando o ato performativo. O uso epidítico da topologia, assim, esquiva-se do sentido e da forma, retendo seu peso de real, que não é sua característica material, mas que reside, de acordo com *O Seminário 25*, no "fato de que há nó efetivo, ou seja, que as cordas se fazem obstáculo, se travam [*se coincent*]"[11].

Travamento que só é perceptível no seu manuseio. Lacan insiste nessa dimensão real da sua cadeia borromeana: "Claro que o real não pode ser apenas uma única dessas rodelas de barbante. É a maneira de apresentá-las em seu nó de cadeia, que, nela inteira, constitui o real do nó."[12]. Daí advém toda a importância que Lacan dá à manipulação dos nós, a essa experiência de encontro com os obstáculos, com as resistências da cadeia, algo que poderia nos evocar o encontro com o Real que se coloca como uma cruz no meio do caminho, como exposto em *A terceira*[13].

Uma vez apresentada essa diferença entre a *apodeixis* universalizante do modelo e a *epideixis* do instrumento, entre mostração e demonstração, uma pergunta, de cunho ético, precisa ser colocada: no uso que nós, psicanalistas, fazemos da topologia, o quanto acabamos por confundir os dois, modelo e instrumento? Podemos pensar o nó de trevo como um *modelo* da paranoia, modelo de toda e qualquer paranoia; ou podemos tratá-lo como um *instrumento* para evidenciar a relação de continuidade dos três registros[14]. Ou seja, como um molde universal ou como um modo de tratamento singular, dependendo de como se costuram real, simbólico e imaginário naquele determinado caso. Em RSI, Lacan discorre sobre a natureza da cadeia borromeana em sua aproximação à clínica, dizendo:

---

[11] LACAN, Jacques. *Le séminaire 25: Le moment de conclure*. Inédito.
[12] LACAN, Jacques. *O seminário, livro 23: O sinthoma*. Rio de Janeiro: Jorge Zahar Editor, 2007, p. 103.
[13] LACAN, Jacques. "A terceira". In: *Opção lacaniana*, número 62, dezembro, 2011.
[14] LACAN, Jacques. *O seminário, livro 23: O sinthoma*. Rio de Janeiro: Jorge Zahar Editor, 2007.

parto da tese que o sujeito é o que é determinado pela figura em questão, determinado, *não de alguma maneira que seja duplicado, mas é dos travamentos do nó,* daquilo que, no nó, determina pontos triplos, pelo fato do aperto do nó, *que o sujeito se condiciona.*[15]

Se o discurso analítico evidencia e se debruça sobre o que há de mais singular em cada caso, parece necessário discutir quais são os efeitos de substancializar as estruturas clínicas em modelos fixos, criando uma correspondência imaginária entre determinado tipo clínico e certo objeto matemático. A cadeia de Whitehead — uma cadeia composta por um elo circular e um elo em forma de 8 —, por exemplo, é empregada por Lacan[16] para *mostrar* a relação de reversibilidade, na fantasia, entre sujeito e objeto e a identificação dele, do sujeito, ao seu desejo. No entanto, a mesma cadeia é tomada por Michel Bousseyroux como *mostração* da continuidade dos registros real e simbólico na esquizofrenia, e sua relação com o imaginário do corpo[17]. Mesmo instrumento, duas *mostrações*, duas estruturas.

Se, por um lado, Lacan nos adverte de que a cadeia borromeana não deve ser considerada como a duplicação do sujeito — como sua representação, não sendo tampouco um modelo —, por outro, afirma que a teoria dos nós permite elaborar algo a respeito das relações entre os registros do ser falante, a respeito dos gozos aí implicados. Nisso reside sua função de formalização clínica, como expõe no seminário *R.S.I.*: "[...] é indispensável que o analista seja ao menos dois: o analista para ter efeitos e o analista que, tais efeitos, os teoriza"[18].

As elaborações de Lacan sobre função da fala e o campo da linguagem evidenciaram os agenciamentos simbólicos do sujeito, sua

---

[15] LACAN, Jacques. *Le séminaire 22*: RSI. Inédito. Aula de 18 de março de 1975. [Grifo nosso]

[16] LACAN, Jacques. *O seminário, livro 20: Mais ainda.* Rio de Janeiro: Jorge Zahar Editor, 1985, p.

[17] BOUSSEYROUX, Michel. *Lacan, le Borroméen, creuser le noeud.* Tolouse: Éditions Érès, 2014.

[18] LACAN, Jacques. *Le séminaire 22*: RSI. Inédito. Aula de 10 de dezembro de 1974.

emergência no mundo do Outro, prenhe de consequências. E com o recurso à topologia, como instrumento de formalização, insiste na parcela real desse encontro, ressaltando o campo do gozo, os pontos de obstáculo e de fixação do sujeito, pontos aos quais se encontra amarrado. Nessa perspectiva topológica, uma psicanálise seria, segundo Lacan, o que pode permitir ao sujeito se amarrar de outra forma.

Um corpo imaginário-real:
Sobre a continuidade dos registros na topologia borromeana

JOSEANE GARCIA[1]

O ensino de Lacan nos seus últimos anos registra a introdução de um novo operador conhecido como teoria dos nós. O nó borromeano aparece pela primeira vez na aula de 9 de fevereiro de 1972 do *Seminário 19* e Lacan já marca aí sua propriedade fundamental: basta cortar um para que os outros se soltem. E, logo em seguida, acrescenta: "Isso é uma coisa que tem seu interesse, pois é preciso lembrar que, quando falei de cadeia significante, sempre impliquei essa concatenação."[2]. A noção de cadeia significante é desdobrada na teoria do nó borromeano.

O interesse de Lacan nos nós é clínico, seu interesse é em saber o que desata o nó ou o que mantém os elos atados.

> Os meus três são o simbólico, o real e o imaginário. Vi-me levado a colocá-los em uma topologia, a do nó, chamado borromeano. O nó borromeano põe em evidência o ao menos três. É o que une os outros dois, desnodados. Eu dei isso aos meus. Dei-lhes isso para que se orientem na prática.[3]

---
[1] Psicanalista, membro do FCL Região Serrana/RJ e membro de Escola da EPFCL, doutora e Mestre em Psicanálise pela UERJ, professora do curso de Psicologia da Universidade Católica de Petrópolis, coordenadora adjunta do curso de Especialização Psicanálise: teoria e práxis da Universidade de Vassouras, autora do livro "O fenômeno psicossomático e o objeto a". Contato: josie.garcia2@gmail.com
[2] LACAN, Jacques. *O Seminário, livro 19: ... ou pior.* Rio de Janeiro: Zahar, 2012, p. 89.
[3] LACAN, Jacques. *Seminário de Caracas (1980).* Inédito.

Rithée Cevasco, no seu livro *Passo a passo, volume 1*, aponta que a topologia, para Lacan, está intimamente vinculada com a prática analítica, não é um mero jogo de formalização. Trata-se de dar conta de como a psicanálise, que opera somente com a palavra, pode produzir efeitos no real. Cevasco entende que a clínica borromeana amplia a clínica feita a partir da metáfora paterna e da referência à castração como classificatória de neurose, psicose e perversão[4].

Como o fenômeno psicossomático (FPS) é um fenômeno trans-estrutural, considero que a topologia borromeana pode ajudar a avançar a difícil clínica com esses fenômenos. Este capítulo apresenta a ideia de que no FPS se trata de um corpo imaginário-real, não borromeano, onde os registros imaginário e real estão em continuidade e o simbólico precariamente enlaçado.

O CASO ZORN

Vou tomar aqui o relato autobiográfico do professor de espanhol e português Fritz Zorn, no seu livro *Marte*, como um caso. Do mesmo modo que o livro de memórias do presidente Schreber foi acolhido por Freud como testemunho de um homem sobre a sua loucura, aqui também acolho o testemunho de Zorn sobre seu câncer como psicossomático. Zorn resolveu escrever o livro depois do surgimento de um câncer. Escreveu-o acompanhando, passo a passo, o avanço implacável de seu câncer, que considerou psicossomático:

> refiro-me aqui, ao mesmo tempo, ao câncer psíquico e ao câncer físico, que não são, portanto, duas enfermidades distintas, mas apenas uma, que apresenta simplesmente um aspecto para o corpo e um aspecto para a mente, o que cobre, aliás, a noção de "psicossomático".[5]

Quando o diagnóstico de câncer se confirmou, Zorn não ficou nem transtornado, nem assustado e nem surpreso. Pelo contrário, sua primeira

---

[4] CEVASCO, Rithée. *Passo a passo: rumo a uma clínica borromeana: volume 1*. Trad. Paulo Sérgio de Souza Jr. São Paulo: Aller Editora.

[5] ZORN, Fritz. *Marte*. Rio de Janeiro: Nova Fronteira, p. 218-219.

palavra foi: "naturalmente". Ele sabia que não tinha sido naquele inverno que contraíra o câncer; sabia que já estava doente há muito tempo e que o câncer nada mais era do que o último elo de uma longa cadeia.

Após a morte de seu pai, aparece o câncer no pescoço. Lugar marcado desde a adolescência. Quando alguma garota o seguia com os olhos, Zorn se sentia como se "carregasse uma gralha morta pendurada no pescoço", sentia-se ridículo. Qualquer sorriso lhe parecia irônico e depreciativo. O câncer aparece justamente na área do corpo marcada pelo olhar do Outro.

Zorn queria de qualquer maneira ser um indivíduo normal e não desejava parecer infeliz: "engolia todas as minhas aflições e negava que tivesse problemas, porque suspeitava que, se os tivesse, eles desabariam sobre minha cabeça de uma forma tão terrível que ultrapassava minha capacidade de imaginação."[6].

Era o pai que dizia como eram as coisas, e todos da família concordavam. A mãe evitava qualquer declaração direta para não correr o risco de entrar em desacordo com a opinião do pai. Zorn traz à lembrança uma cena muito curiosa que resume as representações da família. Uma tia muito culta, visitando a família de Zorn, fala a respeito da exposição maravilhosa do pintor Hans Erni. Esse pintor era suspeito aos olhos dos pais de Zorn, pois desconfiavam que ele fosse comunista; somente por causa disso, os quadros não podiam ser bonitos. Ocupada em servir o chá, a mãe de Zorn ouviu a tia dizer "abominável" ao invés de "formidável" e frisou o quanto achava Erni abominável. A tia deixou bem claro ter dito "formidável". Em seguida, com um giro de 180 graus, a mãe declara que Erni era "formidável".

A mãe de Zorn tinha uma predileção pela expressão "ou então". Ela afirmava algo e acrescentava: "ou então foi outra coisa". Por exemplo: "Vou a Zurique sexta-feira às dez e meia ou então vou ficar em casa". "Zurique" e "casa" são uma coisa só. Não se trata de um binário que simbolize a ausência. Na fala da mãe de Zorn, não há um significante que represente o sujeito para um outro significante. No fort-da zorniano

---

[6] *Idem*, p. 156-157.

não há jogo de carretel para a simbolização da presença-ausência da mãe. A mãe de Zorn suspende a possibilidade de sua ausência. "Quando se diz 'ou então' em excesso, as palavras perdem o sentido; a língua se desfaz numa massa amorfa composta de partículas destituídas de significação; nada mais é sólido e tudo se torna irreal"[7].

Zorn tem dificuldade de interpretar o que ele significa no campo do desejo do Outro. É o que ele descreve com o giro de 180 graus que sua mãe faz entre "abominável" e "formidável" e a expressão "ou então". Os significantes ocupam o mesmo lugar. Há algo que se petrifica num único significante, e como ele mesmo diz, "um sistema de absoluta ausência de inter-relação"[8]. Quando o desejo da mãe não está simbolizado, o sujeito corre o risco de enfrentar-se com o desejo do Outro, experimentado como uma vontade de gozo sem limite.

O corpo era um estranho para Zorn, que não sabia o que fazer com ele. Não gostava de movimentar-se, achava-se feio e envergonhava-se de seu corpo. O incômodo que lhe causava a falta de ligação entre seu corpo e a natureza exprimia-se por meio de um pudor exagerado. Ele evitava não só qualquer contato físico, mas até mesmo as palavras que se referiam ao corpo e ao seu pudor. Até palavras como "peito", "nu", "vergonha", ele tinha dificuldade em dizer. Chegava a evitar falar de "perna" ou "calça".

Ao falar da sua relação com seu corpo, Zorn usa a comparação ao caranguejo-ermitão, um crustáceo que não possui carapaça como os outros, cujo abdômen é mole. Ele precisa abrigar seu corpo nu em conchas de caracol vazias. Mas, à medida que o corpo cresce, a armadura fica apertada e o ermitão se vê obrigado a mudar para uma concha maior. Zorn preferiu definhar a revelar sua nudez.

O CORPO IMAGINÁRIO-REAL

O corpo-concha de Zorn não se solta como corpo-casca no caso de Joyce, no episódio destacado por Lacan, no *Seminário 23*. Joyce é surrado pelos colegas e tem o sentimento de que seu corpo se solta como

---

[7] *Idem*, p. 56.
[8] *Idem*, p. 51.

uma casca, sem ter experimentado nenhum sentimento de raiva ou revolta em relação ao acontecido. Nesse deixar-se cair, Lacan reconhece um deslizamento do imaginário que não se ata devido a um erro no nó. No caso de Zorn, o imaginário não está solto, mas o real avança sobre ele. O corpo-concha vazio, sem libido, onde o gozo avança em carne viva.

Zorn nos ensina que o corpo é estrangeiro e precisa ser subjetivado. Apesar de Lacan, em *A terceira*[9], situar o corpo no registro do imaginário, não podemos excluí-lo do simbólico e do real. O objeto *a* tem uma função estruturante na constituição do corpo. Sua localização como exterioridade é importante na separação do gozo em relação ao corpo, no que separa o gozo do corpo do gozo fálico. O gozo fálico, localizado entre simbólico e real, situa-se fora do corpo. E o gozo do Outro, na interseção do real com o imaginário, é o que está fora do simbólico, mas não fora do corpo.

No Seminário 24, *L'insu que sait de l'une bévue s'aile à mourre*, Lacan diz que há um corpo em cada registro: o corpo do imaginário, o corpo do simbólico (que aqui ele diz que é lalíngua) e o corpo do real[10].

Se o corpo é tríplice — imaginário, simbólico e real —, em Zorn é um corpo imaginário-real, continuados um no outro. Um corpo em que o imaginário fica atrelado ao registro do real, mas não é esburacado pelos significantes que viriam introduzir nele as bordas erógenas.

Essa continuidade também pode ser considerada no conceito de holófrase. No *Seminário 11*, Lacan coloca o fenômeno psicossomático (FPS) em série com a debilidade mental e a psicose, sustentando que, no lugar em que o sujeito deveria ser representado na cadeia por um significante para outro significante, acontece um congelamento entre S_1 e S_2 (como no exemplo do "ou então"). A holófrase impediria a operação de separação e a queda do objeto *a*. A afirmação repetida de alguns psicanalistas de que o objeto *a* se encontraria encarnado no

---
[9] LACAN, Jacques. "A terceira". Inédito.
[10] LACAN, Jacques. *Séminaire 24: L'insu que sait de l'une-bévue s'aile à mourre*. Inédito.

FPS é um dos pontos problematizados no meu livro *O fenômeno psicossomático e o objeto* a[11]. Não encontrei fundamento para essa afirmação da encarnação do objeto *a*, nem nas formulações lacanianas sobre o fenômeno, nem na teorização sobre o objeto *a*.

É possível pensar, com Lacan, a holófrase na origem do FPS e, por conseguinte, a não extração do objeto *a*, mas é um salto aferir que, por isso, o objeto *a* está encarnado, materializado em um órgão, lesionando-o.

A CONTINUIDADE DOS REGISTROS

Penso que a não extração do objeto *a* colocaria os dois registros, imaginário e real, em continuidade. O objeto *a* não estaria enlaçado pela consistência I-R e se encontraria em coalescência com o furo do simbólico (Fig. 1).

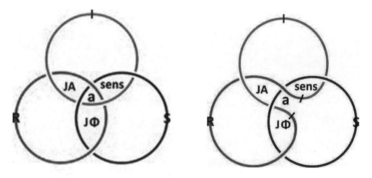

Fig. 1 - Nó borromeano e desnodamento com I-R em continuidade
Fonte: BRINI, *Mises em continuité*[12]

Se não há furo, se o imaginário faz reta em continuidade com o real, resta sobre o corpo a incidência de um gozo que Lacan chamou de *específico* e que, junto com Colette Soler[13], aposto ser um gozo Outro, aquele

---

[11] GARCIA, Joseane. *O fenômeno psicossomático e o objeto* a. Curitiba: Appris, 2021.
[12] BRINI, Jean (2012). *Mises en continuité*. In: A.L.I. L'Association Lacanienne Internationale. Disponível em: http://www.freudlacan.com/Champs_specialises/Presentation/Mise_en_continuite. Acesso em: 15/02/2013.
[13] SOLER, Colette. "Retorno sobre a questão do sintoma e o FPS". In. *Opção Lacaniana*, número 17. São Paulo, 1996.

situado entre real e imaginário. É o objeto *a* que, em sua borda, captura o gozo, que impõe uma fôrma ao gozo, que evita que um gozo se imponha sobre os outros dois. No FPS, o que está em jogo é a dimensão de gozo do corpo, um gozo fora do significante, fora do registro simbólico.

Em 1975, na "Conferência de Genebra", ao falar do FPS, Lacan lança um enigma ao dizer que o FPS escreve algo da ordem do número. Um pouco antes desta conferência, na aula de 14 de janeiro de 1975 do *Seminário R.S.I.*, Lacan trabalha a questão do número em relação a quantidade de rodelas de barbante, como ele chama os anéis do nó borromeano. As três dimensões, ou diz-mansões, nas quais está o falasser, escrevem uma cadeia. O nó borromeu não é um nó, mas uma cadeia, um cadeinó. O que permite identificar o anel com o significante e, assim como no caso do FPS, congelado em continuidade.

Homologia entre a topologia lacaniana e a direção do tratamento

SHEILA SKITNEVSKY FINGER[1]

O primeiro ato do analista, de acolhimento e escuta, é o de se interessar: "fale-me. Enderece aqui a sua fala/apreensão/ânsia de compreender; fale deste fio, desta figura, de suas construções a partir de suas histórias e memórias". Sem saber, cada um compõe em seu imaginário *figuras topológicas* que deseja serem esféricas — ilusão de *encaixar* e *fechar* — e sofre por torções, enodamentos indesejados, articulações incompreensíveis e aparentemente (*i*)lógicas.

Na neurose, o sujeito crê que erra a mira. Não vê que a falha é estrutural: lê o impossível como impotência. Frente à demanda de falar, o sujeito neurótico apresenta seu funcionamento tórico causado pelo desejo que interpreta a demanda do Outro. Recolho aqui algumas citações que podem nos ajudar a situar a questão:

> Esse toro do sujeito neurótico enlaçado com o toro do Outro é o enredo principal da novela familiar, moldada pela fantasia fundamental.[2]

---

[1] Psicóloga, psicanalista, com especialização em psicologia hospitalar; doutora em psicologia pela Massachusetts School of Professional Psychology (Boston, 2005), membro do Fórum São Paulo, membro da EPFCL – Brasil, membro de Escola de Psicanálise do Campo Lacaniano. Contato: skitfinger@gmail.com

[2] FINGERMANN, Dominique. "O Tempo na experiência da psicanálise". In. *Revista USP*. São Paulo, SP: n. 81, março-maio 2009, p. 68.

Toro... estrutura que dá conta tanto das voltas da fala quanto do não sabido do dizer no tratamento[3].

A volta da demanda ao fracassar quanto a seu objeto se repete. É isto que Lacan representa fazendo a figura de uma espiral de círculos meridianos[4].

Característica do sistema apresentado por Freud é de coleção de complexos que pelo efeito de estabelecer vizinhanças... configuram topologias/espaços. Analogamente, pela intervenção das associações linguísticas... ocorre a formação de... outros espaços, topologias... das quais não se excluem registros do próprio corpo que pela via da fala sofrem modificações.[5]

Falar nesses termos faz realidade.[6] Com a palavra se constrói, via incs, realidade como efeito de discurso. Pelo corte que ela produz, criando borda e com o buraco que a habita, produz o sujeito como um nó[7].

O "discurso analítico em seu lugar de ex-sistência"[8] provoca e intervém na *topologia da neurose:*

Prática do buraco e da borda... sentido de 'a topologia é a estrutura', pois formaliza operações que constituem a realidade analítica através das construções a partir do buraco e seu bordo[9].

---

[3] BOUSSEYROUX, Michel. "Passe e fim pelo nó". In. *Wunsch — Publicação da Internacional dos fóruns, Escola de Psicanálise dos Fóruns do Campo Lacaniano*. Número 8, abril de 2010. Disponível em: https://www.champlacanien.net/public/docu/4/wunsch8.pdf. Acessado em 6 de outubro de 2022.

[4] NOMINÉ, Bernard. "Le tour dit plus". Artigo publicado online no endereço: https://psychaanalyse.com/pdf/le_tour_dit_plus_etourdi_Bernard_Nomine.pdf. Acessado em 6 de outubro de 2022.

[5] RONA, Paulo Marcos. *O significante, o conjunto e o número — A topologia no ensino de Jacques Lacan*. São Paulo: Zagodoni, 2012, p. 258.

[6] *Idem*, p. 257

[7] CORREA, Ivan. *Nós do inconsciente*. Recife: Centro de Estudos Freudianos do Recife, 2012, p. 20.

[8] LACAN, Jacques. *Seminário 21: Os não-tolos vagueiam*. Inédito.

[9] CORREA, Ivan. *Nós do inconsciente*. Recife: Centro de Estudos Freudianos do Recife, 2012, p. 19

Palavra-borda-buraco que nos separa do Outro, permitindo o surgimento do sujeito... A partir da palavra a estrutura é organizada[10].

No texto "étourdit"[11], Lacan apresenta a direção do tratamento interpretada nos movimentos de subversão topológica: construção e corte do toro, costura do *crosscap* e corte da banda de Moebius, ato/corte do final de análise que separa no fantasma, o objeto *a* do sujeito barrado. Não basta intervir respeitando a estrutura da neurose, do toro: Lacan insiste que não basta *esvaziar e torcer* a demanda tórica que se apresenta pelos ditos do analisante; há que se cortar e costurar, para *subverter a estrutura*.

Por definição, toda figura topológica é desdobrável em infinitos formatos, desde que sua relação entre espaço, tempo e posição seja mantida. Para *mudar a estrutura*, há que se operar cortes e costuras que intervenham nas *propriedades* da figura, operações na 4ª dimensão, o tempo.

Vide nas figuras 1 e 2 modificações de figuras topológicas, com e sem mudança de propriedades:

Figura 1: Exemplo de deformação topológica que respeita as propriedades iniciais: do donut (figura tórica) à xícara, passo a passo sem modificação de estrutura[12].

---

[10] *Idem*, p. 19-20

[11] LACAN, Jacques. "O aturdito". In. *Outros escritos*. Trad. Vera Ribeiro. Rio de Janeiro: Jorge Zahar Ed., 2003, p. 448-497.

[12] MANDOLESI, André. "Introdução às variedades topológicas. Artigo disponível online no endereço: http://www.dgmp.mat.ufba.br/MC/IntroVar%20Top.pdf. Acessado em 6 de outubro de 2022.

PERCURSO DO TORO AO *CROSS-CAP* (esquema simplificado)

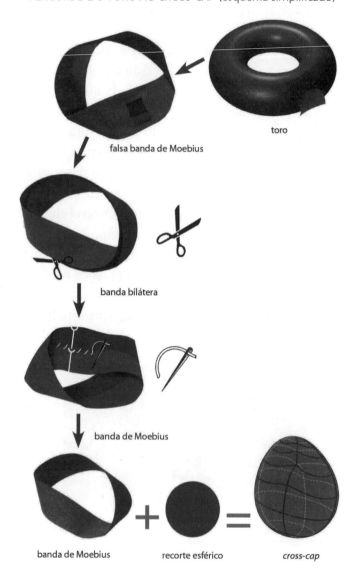

Figura 2: Exemplo de mudança da estrutura: passagem do toro ao *crosscap*, passando pela banda de Moebius, tal como representada por Chapuis.[13]

---

[13] CHAPUIS, Jorge. *Guia Topológico para o Aturdido — um abuso imaginário e seu além*. Trad. Paulo Sérgio de Souza Jr. São Paulo: Aller Editora, 2019, p. 22.

Aqui, temos a representação dos movimentos que, interpretados à luz da topologia lacaniana, apresentam a sequência da direção do tratamento: esvaziamento do blábláblá, identificação dos pontos de gozo, vislumbre da continuidade moebiana, distinção entre impossível e impotência, necessário e contingente.

O sujeito nada sabe sobre o que lhe causa, significantes *avizinham* significados: verdade mentirosa de sua construção fantasmática. A operação analítica parte das propriedades iniciais da neurose para subverter sua orientação — de esférica, fechada, bilátera (toro), para *aesférica*, aberta, infinita, unilátera (banda): ponte para a identificação ao *sinthome*.

Assim como há infinitos pontos numa linha, há infinitos giros ao redor do toro. O analista escuta do sujeito que rodeia o toro, pontos de *vizinhança* que, *pinçados* nas voltas dos ditos, orientam para outro recorte, fazendo aparecer outra série que aponta para o que fica fora dos ditos: na mira, o sujeito/corte irredutível, banda de continuidade infinita: *O que se evidencia é que a banda de Moebius não é outra coisa senão esse mesmo* corte *pelo qual [a banda] desaparece de sua superfície*[14].

Proponho uma *escrita gráfica* da sequência e redução dos giros nos ditos do analisante, até que um corte em oito interior, que evidencia o corte homólogo à banda de Moebius, possa aparecer e operar.

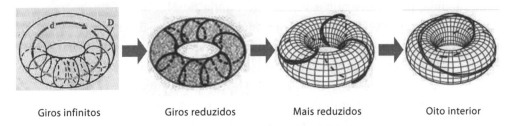

Giros infinitos   Giros reduzidos   Mais reduzidos   Oito interior

Figura 3: Progressão de redução das voltas no toro, em direção ao corte no oito interior (concepção da autora, utilizando imagens disponíveis na web, a partir do 1º desenho, cuja fonte é de Lacan[15])

---

[14] LACAN, Jacques. "O aturdito". In. *Outros escritos*. Trad. Vera Ribeiro. Rio de Janeiro: Jorge Zahar Ed., 2003, p. 471.
[15] LACAN, Jacques. *Seminário 9: A identificação*. Inédito.

Do toro com seus giros infinitos a marcações que apontam para *outra* sequência, série, configuração: pontos que nos orientam na direção do tratamento, cujo ato e responsabilidade estão do lado do analista. Há uma *direção*, uma *modificação* na mira: se outros cortes são traçados, a modificação leva a outro lugar. Não apenas cortes, há também *costuras* a se fazer. A direção do tratamento orienta para um não retorno ao movimento tórico: o analista, em função ativa, incide incansavelmente seu ato sobre a estrutura, que de outra forma se acomodaria novamente no fechamento esférico.

Do lado do analisante, topar uma análise e seu *tempo* permite revelar questões que repetem/*avizinham* articulações significantes que já não funcionam e custam demais. Do lado do analista, intervenções *avizinham* pontos que apontam para o fantasma — tentativa do sujeito de dar sentido e resposta ao real. A orientação pelo real leva ao corte da continuidade moebiana: saber em construção que requer tempo, ritmo e escansão. Trabalho da interpretação que permite ressignificação de impossibilidades: o sujeito analisante, frente ao vislumbre da verdade mentirosa de seu fantasma, se vê na possibilidade de inventar um novo saber.

Ainda nos passos de Lacan em "étourdit", após o corte moebiano sobre o toro, o que causa o aparecimento da banda bilátera, há ainda uma importante operação: encontrar os pontos de costura nos lados desta banda, para construir a verdadeira banda de Moebius. Esta operação também leva tempo — na temporalidade do ritmo e da escansão —, até que os pontos correspondentes possam se encontrar e se articular em outra continuidade, outra relação de tempo, espaço e entrelaçamento.

Lacan, em seu escrito "étourdit", explicita os diversos cortes que o discurso do analista deve operar para transformar um toro do neurótico em banda de Moebius, que escancara a estrutura do sujeito... Quantos cortes e suturas são necessários para construir o *crosscap*, ou seja, a fantasia do sujeito, como superfície formada e sustentada a partir do enrolamento das voltas dos ditos que incluem e escondem, na sua aesfera, a volta não contada, o tempo perdido, na sua estrutura.

O andamento de uma análise do começo até o fim resulta do seu tempo, recortando instantes que isolam sequências, que produzem consequências. O tempo, conduzido pela batuta do desejo do analista, produz o tempo de uma análise, a medida de sua duração.

Tempo do trabalho cuidadoso de corte e costura via *interpretação*, que abre escolhas possíveis, invenções de sentidos outros: frente ao *insabido*, inventa-se um novo saber.

Para finalizar, acompanhamos como a topologia serviu a Lacan no intuito de formalizar e transmitir sobre aquilo que não se pode dizer tudo, mas que apresentado topologicamente, nos permite visualizar o movimento de transição e transformação, não apenas como sequência ou sincronia, mas em ato, em diacronia. Sabemos que o uso da matemática e da topologia por Lacan não é metafórico nem alegórico: a partir da homologia entre linguagem e lógica matemática, deduz-se que a *lógica é ciência do real* e *matemática, a escrita do pensamento*, razão de a *psicanálise dever ser interpretada à luz da topologia,* a qual orienta a clínica.

Assim, o passo lacaniano com a topologia aesférica apresenta uma *homologia entre direção do tratamento e topologia:* não há análise sem ato que subverta a topologia do dizer, sem que toque o real; *não há análise sem ação do analista, não há análise sem interpretação*. A topologia lacaniana *interpreta* e *orienta* a análise do início ao fim.

Um passo a mais: Lacan passa à versatilidade da topologia nodal. Que desdobramentos clínicos encontrou ali, que o levaram à topologia nodal? Há uma pista no Seminário 21:

> Vocês veem que eu persevero quanto a esta fundamentação que dou esse ano a meu discurso no nó borromeano... aqui justificado por materializar, apresentar essa referência à escrita. O nó borromeano não é no caso senão *modo de escrita*. Acontece, em suma, presentificar o registro do Real.[16]

Na aposta com a topologia em que avança a clínica e sua orientação, a pesquisa na obra de Lacan nos orienta ainda para passos nodais.

---

[16] LACAN, Jacques. *Seminário 21: Os não-tolos vagueiam.* Inédito.

A *po(her)esia* da psicanálise

CLAUDIA SALDANHA[1]

Há algo tocante na poesia que me cativa e que me faz A-riscar a colocar algo de mim nos versos que encontro e que risco. Por efeito da minha experiência com o inconsciente-*alíngua*, um saber-fazer (po)ético tem sido decantado, desvelando a *poiesis* das suas formações e a da psicanálise. Sigo *atraversando*, pois, como *bem--diz* Manoel de Barros: "Não havia no lugar nenhum caminho de fugir. A gente se inventava de caminhos com as novas palavras."[2]. Em meio a voltas e saltos, questiono o que o laço entre a poesia e a psicanálise pode dizer sobre a escrita do inconsciente e sobre o que vai sendo lido e (re)escrito em uma análise.

Poesia e psicanálise se enlaçaram desde que Freud se aliou aos escritores criativos para versar sobre o inconsciente, uma vez que estariam bem à frente por se nutrirem em fontes inacessíveis aos cientistas[3]. Lacan[4] também se mostra sensível ao dizer poético, realçando que os poetas, por desbravarem caminhos, sempre dizem as coisas antes dos outros, até que, no *Seminário 24*, aponta a poesia como

---

[1] Claudia Saldanha é psicóloga pela UFBA, especialista em Psicologia Clínica e Saúde Mental (UFBA) e mestre em Psicologia (UFBA). Contato: cmtsaldanha@gmail.com.

[2] BARROS, Manuel de. *Poesia completa*. São Paulo: LeYa, 2013, p.430.

[3] FREUD, Sigmund. "Delírios e sonhos na *Gradiva* de Jensen" In. *Obras psicológicas completas de Sigmund Freud: edição standard brasileira, volume IX*. Rio de Janeiro: Imago, 2006.

[4] LACAN, Jacques. *Seminário, livro 2: O eu na teoria de Freud e na técnica da psicanálise*. Rio de Janeiro: Zahar, 2010 e LACAN, Jacques. "Homenagem a Marguerite Duras pelo arrebatamento de Lol V. Stein". In: *Outros Escritos*. Rio de Janeiro: Zahar, 2003.

inspiração para o psicanalista, já que a linguística seria uma ciência muito mal orientada[5].

Lacan enuncia reiteradamente que encontrou em Freud a noção de o inconsciente ser estruturado como uma linguagem. Para Freud, "as palavras são um material plástico que se presta a todo tipo de coisas"[6], sendo suscetíveis aos truques linguísticos que os sonhos, os atos falhos, os chistes e os sintomas dispõem para manifestarem o conteúdo latente do inconsciente[7]. A interpretação freudiana visa decifrar o sentido oculto e deformado pelo trabalho do inconsciente, porém, não escapa de se deparar com o insondável umbigo do sonho, do qual afirma despontar o desejo bem como um cogumelo brota do micélio. Vale frisar que Freud[8] utiliza a palavra *geflechtes*, que pode ser traduzida por "trama", "tecido" e "trança", para se referir ao sonho, e, com Lacan, tais significantes remetem à *poiesis* da tessitura borromeana.

Em uma aproximação subversiva à linguística, *pari passu* às ressonâncias da poética da obra freudiana, Lacan elabora que o inconsciente é tramado, encadeado, tecido de linguagem e dedica-se a decifrar o sentido que emana da centelha poética do inconsciente-linguagem[9]. Em companhia de escritores, Lacan vai do "exercício do significante"[10] à "prática da letra"[11], um *atravessamento* da linguística à *linguisteria* que,

---

[5] LACAN, Jacques. *Séminaire 24: L'insu que sait de l'une-bévue s'aile à mourre (1976-1977)*. Inédito.

[6] FREUD, Sigmund. "Os chistes e sua relação com o inconsciente". In: *Obras psicológicas completas de Sigmund Freud: edição standard brasileira, volume VIII*. Rio de Janeiro: Imago, 2006, p. 41.

[7] FREUD, Sigmund. "A interpretação dos sonhos (I e II)". In: *Obras psicológicas completas de Sigmund Freud: edição standard brasileira, volumes IV e V*. Rio de Janeiro: Imago, 2006.

[8] *Idem*, p. 557.

[9] Cf. LACAN, Jacques. "Função e campo da fala e da linguagem em psicanálise" e "A instância da letra no inconsciente ou a razão desde Freud". In: *Escritos*. Rio de Janeiro: Zahar, 1998; e LACAN, Jacques. *O Seminário, livro 2: O eu na teoria de Freud e na técnica da psicanálise*. Rio de Janeiro: Zahar, 2010.

[10] LACAN, Jacques. *O seminário, livro 5: As formações do inconsciente*. Rio de Janeiro: Zahar, 1999, p. 89.

[11] LACAN, Jacques. "Homenagem a Marguerite Duras pelo arrebatamento de Lol V. Stein". In: *Outros Escritos*. Rio de Janeiro: Zahar, 2003, p. 200.

por concernir à noção de saber sem sujeito e ao laço entre significante e gozo, promove um giro na leitura de como a psicanálise pode se servir da poesia. Tomar o inconsciente como um saber sem sujeito é considerar que o inconsciente é saber gozado, um saber que não se sabe, mas do qual é possível decantar migalhas de saber que remontam à letra[12].

Lacan[13] delineia o conceito de letra ao longo da sua obra e conta com a poesia e com o romance para esboçar um "alfabeto vivo" de gozo. "O seminário sobre 'A carta roubada'", no qual Lacan traz a própria interpretação sobre o conto de Edgar Allan Poe, mostra que os trocadilhos de James Joyce já ressoavam[14]. Na "Homenagem a Marguerite Duras pelo arrebatamento de Lol V. Stein"[15], a prática da letra que converge com o uso do inconsciente ganha novos contornos ao conceber que a letra é uma cifra que deve ser enlaçada de outro modo, uma vez que, para apreendê-la, é preciso contar três, o que aponta para o que será formulado, anos mais tarde, com o nó borromeano, uma poesia que se enlaça à matemática.

Ao trançar literatura e psicanálise, Lacan a torna uma *lituraterra*[16] e mostra como a letra está a serviço de uma escrita que não segue a linha reta, por ser solidária com a curva universal: contorna, bordeja e margina. Sua *siberiética* funda o literal no litoral, visto que a letra escreve a borda do furo no saber, separando significante e gozo, mas unindo-os no traço que ravina esse encontro. O Lacan pós-joyceano chega a afirmar que, depois de Joyce, a literatura não mais seria o que era antes, ao passo que a *lituraterra* é levada ao extremo: uma carta/letra que desliza ao lixo[17].

---

[12] Cf. LACAN, Jacques. *O Seminário, livro 19: ...ou pior*. Rio de Janeiro: Zahar, 2012.

[13] LACAN, Jacques. "A instância da letra no inconsciente ou a razão desde Freud". In: *Escritos*. Rio de Janeiro: Zahar, 1998, p. 447.

[14] LACAN, Jacques. "O seminário sobre 'A carta roubada'". In: *Escritos*. Rio de Janeiro: Zahar, 1998

[15] LACAN, Jacques. "Homenagem a Marguerite Duras pelo arrebatamento de Lol V. Stein". In: *Outros Escritos*. Rio de Janeiro: Zahar, 2003.

[16] LACAN, Jacques. "Lituraterra". In: *Outros Escritos*. Rio de Janeiro: Zahar, 2003.

[17] *Idem*. Cf. também LACAN, Jacques. *O seminário, livro 23: O sinthoma*. Rio de Janeiro: Jorge Zahar Editor, 2007.

Se o inconsciente se mantém estruturado como uma linguagem, é porque a linguagem é feita de *alíngua*[18]. *Lalangue* advém a Lacan[19] como um saber-fazer com um equívoco: Laplanche, Lalande, *lalangue*, em uma só palavra, *alíngua*, testemunhando, na própria língua, um saber inconsciente que escapa do campo da linguagem. *Alíngua* é obscena [*obscène*] por desvelar outra cena [*obrescène*]: a *materialidade* do inconsciente que, em função da coalescência entre o verbo e o gozo, torna-o disjunto do sentido e suscetível à equivocidade. Cabe às letras de *alíngua* escreverem esse encontro que *troumatiza* o *falasser* e torna o *Unbewusst* freudiano um *une-bévue, um-equívoco*, pura poesia[20].

A poesia faz parte do estilo de Lacan ao transmitir a psicanálise, é um convite para cada um criar e colocar algo de si: "Não me submeto forçosamente à etimologia quando me deixo levar pelo jogo de palavras com que às vezes se cria o chiste — a aliteração me vem aos lábios e a inversão, ao ouvido"[21], bem como, a invenção de neologismos, de palavras-valise e de anagramas que furam a linguagem e soltam "*alíngua* presa"[22] pela mordaça do sentido. Ao se servir de uma palavra para um uso distinto daquele para o qual foi feita, produz uma dobradura com efeito operatório[23].

Lacan[24] aproxima a poesia do uso da equivocidade em uma análise, porém, enquanto o poeta calcula os lances ao escrever um poema, o analista, contingentemente, serve-se dos equívocos para a interpretação. Ao tomar o dito do analisante como um texto, um romance (in)familiar, o que se lê é o lapso, uma leitura não-toda do dizer poético do

---

[18] LACAN, Jacques. *O seminário, livro 20: Mais, ainda*. Trad. M.D. Magno. Rio de Janeiro: Jorge Zahar Editor, 1985.

[19] LACAN, Jacques. *O saber do psicanalista* (1971-1972). Inédito.

[20] LACAN, Jacques. *Séminaire 24: L'insu que sait de l'une-bévue s'aile à mourre (1976-1977)*. Inédito.

[21] LACAN, Jacques. *Seminário, livro 18: De um discurso que não fosse semblante* (1971). Rio de Janeiro: Zahar, 2009, p. 105.

[22] FINGERMANN, Dominique. *A (de)formação do psicanalista: as condições do ato psicanalítico*. São Paulo: Escuta, 2016, p. 119.

[23] Cf. LACAN, Jacques. Le *Séminaire 24: L'insu que sait de l'une-bévue s'aile à mourre (1976-1977)*. Inédito.

[24] Cf. LACAN, Jacques. "O aturdito". In: *Outros Escritos*. Rio de Janeiro: Zahar, 2003.

inconsciente-*alíngua* que ressoa, *réson*, por meio do *esp de um laps*[25]. Uma prática da letra, uma "terapia literária"[26] que torce, esgarça, despedaça a grafia e a sonoridade dos significantes a fim de romper o uso cristalizado da língua para ressoar os estilhaços do real de *alíngua*. Enuncia, então, que somente a poesia permite a interpretação, uma poesia que, por se sustentar no *ab-senso* do real de *alíngua*, é efeito de sentido e de furo[27].

O encontro de Lacan com a poética de Joyce[28] o desperta para investigar como esse artífice da *materialidade* da palavra alcança, pela via de uma escrita a-não-ler, o melhor que se espera de uma análise. Os truques translinguísticos de puro gozo opaco mostram o saber-fazer com as letras de *alíngua*, uma arte singular que se constitui como um *sinthoma*, uma *arte-dizer*.

Advertido de que não há dois, pois não há relação sexual, só há Um, Lacan já estava às voltas com o nó borromeano, três que contam como Um. A partir do fio joyceano, tece que, "com os nós, nunca há três sem quatro, sendo três o mínimo"[29], e anuncia que o *sinthoma*, a quarta rodinha de barbante, é o dizer que enoda o real, o simbólico e o imaginário. Esse dizer que faz nó vai sendo escrito em análise como produto do laço entre o dizer do analisante e o dizer da interpretação[30]. Trata-se de um *atravessamento* que implica em uma *poiesis*, um saber-fazer com os fiapos de *alíngua* que restam do sintoma-romance,

---

[25] Cf. LACAN, Jacques. *O Seminário, livro 19: ...ou pior.* Rio de Janeiro: Zahar, 2012; *O seminário, livro 20: Mais, ainda*. Trad. M.D. Magno. Rio de Janeiro: Jorge Zahar Editor, 1985; e "Prefácio à edição inglesa do *Seminário 11*". In. *Outros Escritos*. Rio de Janeiro: Zahar, 2003.

[26] BARROS, Manuel de. *Poesia completa*. São Paulo: LeYa, 2013, p. 321.

[27] Cf. LACAN, Jacques. *Le Séminaire 24: L'insu que sait de l'une-bévue s'aile à mourre (1976-1977)*. Inédito.

[28] Cf. LACAN, Jacques. "Lituraterra" e "Posfácio ao *Seminário 11*". In: *Outros Escritos*. Rio de Janeiro: Zahar, 2003; e *O seminário, livro 23: O sinthoma*. Rio de Janeiro: Jorge Zahar Editor, 2007.

[29] SOLER, Colette. *Lacan, leitor de Joyce*. Trad. Cícero Oliveira. São Paulo: Aller Editora, 2018, p. 45.

[30] FINGERMANN, Dominique. "Laços e desenlaces: reviravoltas na clínica psicanalítica". In. *Stylus — Revista de psicanálise,* número 31, Rio de Janeiro, 2015.

um emaranhado de sentido a ser desfiado e (re)escrito para escrever e assinar o *sinthoma*-poema com as letras-lixo[31].

Ser um poema que se escreve, e não assaz poeta, nem poata-assaz é enunciado por Lacan[32] ao tratar sobre o analista que se historisteriza, "que se poemisa de si mesmo"[33], não sem alguns outros. Maria Gabriela Llansol lança luz sobre esse dizer lacaniano ao escrever em um de seus cadernos: "Poeta não é palavra que assente em alguém. Designar o indesignável é torná-lo ainda mais obscuro." (D)escreve, então, uma sensação ondulatória que se torna verbo e a move, irresistivelmente, para um poema sem-eu[34].

É de curvas, voltas e saltos, de suturas e emendas que se trata na análise, a qual pode levar o *falasser* a se amarrar, a se escrever de outro modo. Não se trata, aí, de um truque matemático[35], nem de escrever um poema de próprio punho. Na psicanálise, porém, poesia e matemática caminham juntas, o que já havia sido explicitado por Escher: "Não se pode entender a humanidade se não se percebe que a matemática e a poesia têm a mesma raiz." Uma raiz de gozo que alicerça a poesia e a topologia do RSI, três letras que, em francês, ressoam *hérésie*[36], uma *po(her)esia* aos dogmas linguísticos para *a*-bordar o real de *alíngua* e enodar uma política (po)ética do singular, da não-toda, da heteridade, discordante de qualquer traço totalitário.

---

[31] Cf. SOLER, Colette. "El acteísmo analítico". In. *Psicoanálisis*, número 1, v. XLII. Buenos Aires, 2020. Disponível em: http://biblioapdeba.no-ip.org/pgmedia/EDocs/2020-apdeba-soler.pdf. Acesso em: 13 mar. 2021

[32] Cf. LACAN, Jacques. "Prefácio à edição inglesa do *Seminário 11*". In: *Outros Escritos*. Rio de Janeiro: Zahar, 2003 e LACAN, Jacques. *Séminaire 24: L'insu que sait de l'une-bévue s'aile à mourre (1976-1977)*. Inédito.

[33] BOUSSEYROUX, Michel. *Au risque de la topologie et de la poésie: élargir la psychanalyse*. Toulouse: Éditions érès, 2011, p. 300.

[34] LLANSOL, Maria Gabriela. *Onde Vais, Drama-Poesia?* Lisboa: Relógio D'Água, 2000.

[35] LACAN, Jacques. *O seminário, livro 20: Mais, ainda*. Trad. M.D. Magno. Rio de Janeiro: Jorge Zahar Editor, 1985.

[36] Cf. LACAN, Jacques. *O seminário, livro 23: O sinthoma*. Rio de Janeiro: Jorge Zahar Editor, 2007.

Do sintoma ao sinthoma:

O que Joyce traz de novo?

VERA POLLO[1]

Inibição, sintoma e angústia, conforme o título dado por Freud a seu texto de 1923 corresponde aos três motivos principais que levam um sujeito à análise. Neste que é, a meu ver, um dos textos freudianos mais eminentemente clínicos, Freud retoma o caso Hans exatamente quinze anos depois de tê-lo escrito. Entre outros motivos, para distinguir entre a fobia a cavalos de Hans — o pequeno Herbert Graf —, chamada por ele de histeria de angústia e neurose da infância por excelência, e a fobia a lobos do menino russo, Serguei Pankejeff, a respeito da qual enfatiza que "não fazia nenhuma alusão à castração". Embora não chegue a dizer que se equivocara ao diagnosticá-lo como neurótico obsessivo, Freud emprega o termo *Verwerfung* e encerra o capítulo com a expressão latina *non liquet,* não está claro.

O que não estava claro? É fato que, em diferentes ocasiões, Freud assinalou algumas formas de pensar e falar de sujeitos na infância que, na vida adulta, só aparecem em casos de psicose. Por exemplo, o mecanismo da escotomização. Poderíamos concluir daí que o diagnóstico diferencial neurose/psicose é mais difícil na infância? Acredito que sim. Contudo, para além disso, ao escrever que a fobia trata o interno como externo, confundido o impulso do sujeito com o que

---

[1] Analista Membro de Escola da EPFCL, membro do FCL-RJ e da EPFCL-Brasil, mestre e doutora em Psicologia Clínica (PUC-RJ), professora do curso de especialização em Psicologia Clínica da PUC-RJ e do mestrado em Psicanálise, Saúde e Sociedade da Universidade Veiga de Almeida-RJ. É psicanalista do Núcleo de Estudos da Saúde do Adolescente do Hospital Universitário Pedro Ernesto (UERJ). Contato: verapollo8@gmail.com.

lhe advém do mundo, Freud demonstra um saber topológico, intuitivamente alcançado, que o conduzirá às anotações finais de que as categorias kantianas de tempo e espaço não convergem com as do sujeito do inconsciente, estas que requerem, entre outras, as noções de continuidade, invaginação, corte e domínio.

Lacan estudará detalhadamente o texto de *Inibição, sintoma e angústia* ao longo de todo seu *Seminário 10*[2]. Os três fenômenos descritos por Freud serão localizados em linha diagonal, em três diferentes lugares de um quadrante de nove casas, que assinala uma heterogeneidade: se a inibição é privilegiadamente imaginária, o sintoma é privilegiadamente simbólico e a angústia, real. Portanto, Freud aborda três dimensões distintas, as diz-menções, as mansões dos ditos. O problema é que as dimensões se entrecruzam e se superpõem, são três consistências que se confundem, uma vez que se pode passar imperceptivelmente de uma à outra. Para que se distingam, é necessário que se lhes agregue uma quarta dimensão, um quarto elo, que pode ser o complexo de Édipo ou sua *Realität*, a realidade psíquica.

Desde o *Seminário 10*, pode-se perceber que o sintoma, embora simbólico, se faz acompanhar pela emoção, imaginária, e pode desembocar em *acting out*, que visa o Outro real. No *Seminário 22, R.S.I.*[3], as diz-mansões são tratadas como cordas, a princípio indistinguíveis umas das outras. Ou melhor, a princípio há uma única corda, o que se evidencia no assim chamado "nó trevo".

Subitamente ou não, fato é que Lacan, quando passa a trabalhar com os nós, comenta que lhe parece mais fácil entender como se constitui uma psicose do que uma neurose. E chegando a seu penúltimo Seminário, *O momento de concluir*, ele declara, em 17 de janeiro de 1978, que foi conduzido aos nós borromeanos por ter tido de enunciar a única verdade que conta para os seres falantes trumanos [*les trumains*]: não há relação/proporção sexual.

---

[2] LACAN, Jacques. *O Seminário livro 10: a angústia*. Rio de Janeiro: Zahar, 2005.
[3] LACAN, Jacques. *O Seminário, livro 22: R.S.I.* Inédito. Aula de 18 de fevereiro de 1975.

Se a indistinção entre os três registros, R/S/I, se evidencia no assim chamado "nó trevo" — dito da personalidade ou da paranoia generalizada — que é feito de uma única corda, a indistinção permanecerá até mesmo no nó borromeano de 3 cordas. Há que se acrescentar pelo menos uma quarta corda, que ora será chamada de "complexo de Édipo", vindo dobrar, ou seja, reforçar a corda do simbólico, ora será chamada de "suplência" e, no caso de Joyce, de sua "arte-dizer". Parece-me que, em todos os casos, a duplicação/nomeação do simbólico, que irá permitir a distinção entre as 3 diz-mansões da experiência subjetiva, terá efeitos estabilizadores e pacificadores na relação do sujeito com o Outro.

De certo modo, Freud já havia percebido que o sintoma é um nó de gozo, que há um sentido que é gozado, pois o significante se goza automaticamente, assim como goza o ouvido de quem o recebe. Segundo ele, um sintoma neurótico se compõe de uma parte estrutural, sincrônica ou transhistórica — "formação de compromisso" entre a pulsão e a defesa —, e uma parte diacrônica ou historicizável, que Lacan denominou "envoltório", por ser construída com a linguagem de uma época, um tempo e um lugar. Numa só palavra, por acompanhar as transformações de *lalíngua* e suas elaborações em linguagem.

Além disso, Lacan chegou a declarar que Marx se antecipara a Freud, ao enunciar que o sintoma seria "o retorno da verdade na falha do saber", mas observou também que a teoria freudiana lhe teria acrescentado uma precisão, pois, mais do que uma irrupção da verdade, o sintoma é, ele próprio, um "ser-da-verdade"[4], inclusive da "verdade que se faz valer no descrédito da razão"[5].

No final dos anos 1960 e início dos anos 1970, a impressão que se tem é a de que Lacan buscava incessantemente a melhor maneira de dizer o sintoma, por isso nós o encontramos definido seja como um evento ou

---

[4] LACAN, Jacques. "Problemas cruciais para a psicanálise". In: *Outros escritos*. Rio de janeiro: Zahar, 2003, p. 208.

[5] LACAN, Jacques. "Da psicanálise em suas relações com a realidade". In: *Outros escritos*. Rio de janeiro: Zahar, 2003, p. 357.

"acontecimento de corpo", seja como "o que vem do real, a tal ponto que se poderia dizer, o simbólico, o imaginário e o sintoma"[6] ou, ainda, como o "modo como cada um goza do seu inconsciente, na medida em que o inconsciente o determina"[7]. Até que Lacan decide conceituar a "arte--dizer" de Joyce, e então lhe é necessário o recurso a uma outra grafia e, nesse caso, ao termo francês que caíra em desuso: *sinthome*.

A distinção *symptôme/sinthome* — em português, sintoma/sinthoma — indica duas funções distintas, todavia não se trata de uma correspondência entre o início e o fim de uma análise. Se isso chegou a se difundir em determinado momento, deveu-se ao fato de Lacan referir a primeira grafia ao que é analisável, enquanto a segunda corresponde ao que não se analisa. Em recente conferência no Fórum do Campo Lacaniano do Rio de Janeiro, Rithée Cevasco lembrava que o sintoma que dizemos "sem h", porque assim o escrevemos, e o sinthoma "com h", correspondem, respectivamente, à diferença entre "aquilo que cai" e "aquilo que enoda", faz laço, amarra[8]. Levando em consideração suas consequências, podemos dizer que se trata da diferença entre o que faz o sujeito sofrer e o isola do laço social e aquilo que, ao contrário, o inscreve ou inclui no social.

Segundo a topologia dos nós, cada sujeito tem de montar o seu próprio nó, pois, na perspectiva borromeana, há uma falha de base que é comum a todos. Esta falha se chama "lapso do nó", é um erro ortográfico ou de escrita. No entanto, como Lacan observa no *Seminário 23*, há dois tipos de escrita: uma que é precipitação de significantes e outra que é a escrita enquanto "fazer que dá suporte ao pensamento"[9], ou escrita nodal. Se é impossível escrever a relação sexual segundo a lógica modal,

---

[6] LACAN, Jacques. "Conférences et entretiens dans des universités nord-américaines". In: *Scilicet* 6/7. Paris: Éditions du Seuil, 1976.

[7] LACAN, Jacques. *O Seminário, livro 22: R.S.I.* Inédito. Aula de 18 de fevereiro de 1975.

[8] CEVASCO, Rithée. "Os nós de Joyce — parte 1". In: POLLO, V. & ABRAMOVITCH, S. & QUINET, A. (orgs.) *Bloomsday in Rio: Joyce com Lacan*. Rio de Janeiro: Artes &Divãs Edições, 2021.

[9] LACAN, Jacques. *O Seminário, livro 23: o Sinthoma*. Rio de Janeiro: Zahar, 2007, p. 140.

o mesmo não acontece com a lógica nodal, na qual se trata de outro tipo de consistência, que não é mais sinônimo de imaginário.

O fato de Joyce ter escrito uma obra reconhecidamente autobiográfica, sobretudo o romance *Um retrato do artista quando jovem*, certamente auxiliou Lacan a título de contraexemplo em suas elaborações sobre as duas funções sintomáticas. Se um nó se define como "uma corda que cruza a si mesma", o Édipo se esclarece como "o Nome-do-Pai [que] é também o Pai do Nome" — o que, contudo, não era o caso de Joyce. Joyce sofria de uma "foraclusão de fato", pois, embora fosse enraizado e, até mesmo, sobrecarregado de pai, não tinha um Nome-do-Pai que fosse também Pai do Nome. Daí Lacan o ter considerado "o filho necessário"; um filho sem genealogia, conforme pontua Soler[10]. Mas, sobretudo, o criador da "alma de sua raça", para tornar ilustre o que chamava de *my country*. Ele será "o" artista e deixará uma obra sobre a qual os universitários se debruçarão durante trezentos anos.

Sofrendo desde muito jovem do fenômeno das "palavras impostas", assumiu uma posição de negação ativa e abrangente, dirigida não apenas ao bom-senso ou senso-comum, mas também à pátria e à igreja de sua infância e, para além delas, à própria língua inglesa, ou seja, a língua do colonizador que será gradativamente "destruída" em seu texto.

O nó de Joyce trazia dois erros de escrita, sendo um deles aquele em que o simbólico teria passado por cima do real, onde deveria passar por baixo, o que corresponderia à "foraclusão de fato" do pai simbólico, pois ela se enuncia em seu texto como fato, e traz como consequência a frouxidão do imaginário. Isto se evidenciou nas disputas do adolescente com os colegas que o queriam obrigar a reconhecer-se herege ou a admitir que Byron não era o melhor poeta da língua inglês, ocasiões em que o imaginário solto o impediu de sentir raiva.

Entendemos que o sintoma também pode ser uma suplência do que "não cessa de se inscrever", como o gozo do real da letra em Joyce, o

---

[10] SOLER. C. *Lacan, leitor de Joyce.* Tradução de Cícero de Oliveira. São Paulo: Aller Editora, 2018, p. 85.

qual culmina em *Finnegans Wake.* Este gozo foraclui a dimensão do sentido e, com ela, a interrogação sobre a verdade. Trata-se de um gozo autista, distinto do gozo do inconsciente, que faz de Joyce um sujeito da diferença absoluta, um "indivíduo" não assinante do inconsciente. Desde jovem, ele se identifica com o individual, pois coloca-se como a exceção que diz não a todos os significados do Outro, e até mesmo à sua língua, o gaélico.

Em contrapartida, o "sinthoma com rodinhas" de Joyce, sua arte-dizer, não é um acontecimento de corpo, mas, existencial. É também um ato, inclusive o ato de um herege, que faz a escolha de acesso à função fálica sem recurso ao sintoma-pai. E sua escolha se desdobrou em laços inter-sinthomáticos com a filha Lucia e com a mulher, Nora Barnacle.

Termino com uma hipótese de Michel Bousseyroux: com sua teoria dos nós, Lacan teria chamado a atenção para o fato de que a estrutura, enquanto nó, nunca está fixada, está sempre *in progress*, o que traz, como consequência, a possibilidade de os tipos clínicos de sintomas, neuróticos e/ou psicóticos, não serem estritamente ligados às estruturas clínicas. Quando Lacan, no entanto, cria mais uma condensação para se referir à arte de Joyce, embutindo no *dire*, dizer, a palavra *dieu*, deus, e propondo tratar-se de uma *art-dieure,* fomos inevitavelmente reconduzidos a Freud: *Non liquet.*

Booking-Himself:
O corpo de Joyce

SONIA BORGES[1]

Booking-Himself é uma expressão utilizada por Joyce para se referir aos seus escritos literários. Lacan, em *O sinthoma*, se refere a ela exclamando: "Que ideia é essa, fazer de si um livro. Isso só pode ocorrer com um reles poeta, a um poeta bugre. Porque, em vez disso, ele não disse que é um nó"[2]. Lacan, neste Seminário, tem como objetivo central desvendar como a arte pode vir a dar substância ao sinthoma, propiciando o enodamento de R, S e I, assim como ocorreu com Joyce.

É possível afirmar que o ponto de partida de Lacan, em seu primeiro ensino, terá sido o inconsciente enquanto discurso do Outro. Resumindo muitíssimo, Lacan se esforçou para uniteralizar, do lado do Outro, o que constitui o sujeito. Mas esta primazia do Outro na constituição do sujeito é destituída, passando a ser pensada, mais adiante no ensino de Lacan, a partir das categorias do real, do simbólico e do imaginário. Lacan fala agora do *Uom*, termo homófono de *l'homme*, o homem, e o qualifica como *parlêtre*, quando referido ao nó borromeano.

Trata-se, então, de pensar com Lacan, sobre o que estaria antes, antes do Outro como princípio de identidade. Inclusive, neste momento, Lacan constrói sua argumentação referindo-se não mais ao "corpo do Outro", como fez em "Radiofonia", mas sim ao "corpo próprio", que nomeia como Um-corpo. E afirma, neste ponto do Seminário 23, que é a

---

[1] Membro da EPFCL, membro do FCL-RJ, da EPFCL-Brasil e doutora em Psicologia da Educação pela PUC-SP. Contato: sxaborges@gmail.com

[2] LACAN, Jacques. *O seminário, livro 23: O sinthoma.* Rio de Janeiro: Jorge Zahar Editor, 2007, p. 68.

sua experiência clínica que lhe permite redefinir o corpo próprio, o que exemplifica: o corpo próprio é algo de que se tem uma "ideia como de um si mesmo", "si mesmo" que situa com a velha palavra freudiana, um ego[3]. Ali, Lacan também sublinha que esta ideia de "si mesmo", o ego, nada tem a ver com o sujeito definido pela representação significante.

O ego que se estabelece a partir da relação com Um-corpo tem a ver com o amor, amor próprio, no sentido do amor de Um-corpo, como podemos ler no mesmo Seminário: "O *parlêtre* adora seu corpo"[4]. Lacan traz este comentário justamente a partir do que diagnostica em Joyce, afirmando que ele não se identificava com seu corpo, não o amava. E que o Um-corpo é a "única consistência" do *parlêtre*. Além disso, ele ainda precisa, "única consistência mental", porque o corpo a cada instante como que se desfaz, "levanta acampamento", diz. Ou seja, a ideia que se tem do corpo, que lhe dá consistência, se desfaz a todo momento, mas, também Lacan afirma, "não se evapora"[5].

Dizer que a consistência do corpo é mental significa que o laço mais estreito que estabelecemos com este Um-corpo não é simbólico, é muito mais da ordem do imaginário. Lacan identifica isto em Joyce, no episódio da surra, e pode-se citar muitos outros episódios que também são reveladores disto justamente, da dificuldade de imaginarização do corpo em Joyce.

Neste momento, Lacan insiste na tese, uma das mais importantes do Seminário 23, segundo a qual "a adoração de Um-corpo é a raiz do imaginário"[6], o pensamento não fazendo mais que transmitir essa adoração. Além disso, Lacan define o pensamento como uma potência do imaginário, ou seja, afirma que, para "tudo que pensamos, estamos obrigados a imaginar."[7]. E que, assim sendo, se o sentido necessita de palavras, o que nele tem função de conteúdo é extraído do imaginário do corpo. Imaginário e simbólico produzem o sentido.

---

[3] *Idem*, p. 146.
[4] *Idem*, p. 64.
[5] *Idem, ibidem*.
[6] *Idem, ibidem*.
[7] *Idem*, p. 90.

Em 1976, Lacan avança quanto a esta questão, quando da apresentação da paciente Brigite B., diagnosticada por ele como um caso de "loucura normal", ou "doença da mentalidade", que se caracterizaria pelo imaginário desenodado: são sujeitos sem ego, na acepção que Lacan dá ao termo neste momento. Diz Lacan:

> [Estes sujeitos] não têm a menor ideia do corpo que vão meter debaixo da roupa. Alguém que deslize para habitar o vestido. Ela [Brigitte B.] ilustra o que chamo semblante.[8]

A doença do imaginário traz como sintoma a falta de um ego para que se estabeleça o nó de quatro. Seria o caso de Joyce. No entanto, Joyce não soçobra à psicose pois, como comenta Bousseyroux, com o seu ego de artista ele pôde "habitar os semblantes: sua jaqueta de veludo vermelho, sua bengala, seu chapéu, seus anéis"[9].

Lacan nos indica que o ego de Joyce, a sua "ideia de si" como corpo, se sustentou na sua escolha decidida por se tornar um artista e na obra literária absolutamente singular que produziu. Escolha que implicou na crítica e no seu rompimento com as ordens sociais e religiosas da Irlanda de seu tempo:

> Não servirei aquilo em que não acredito. Mais, quer isso se chame família, minha terra natal ou minha igreja; e procurarei me expressar por meio de uma forma de vida ou de arte tão livremente quanto possa [...].[10]

A conversão à arte é, para Joyce, um projeto ético e estético de vida. E é esta assunção da condição de artista que vai lhe conferir a dimensão corporal. Uma passagem de Ulisses o explicita:

---

[8] BOUSSEYRROUX, Michel. *Lacan el Borromeo — Ahondar em el nudo*. Madri: Ediciones S&P, 2015, p. 89.
[9] *Idem*, p. 90.
[10] JOYCE, James. *O retrato do artista quando jovem*. Rio de Janeiro: Nova Fronteira, 2017, p. 243.

Assim como nós, ou mãe Dana, tecemos e destecemos nossos corpos. (...) dia após dia, suas moléculas se movendo de um lado para o outro, assim o artista tece e destece a sua imagem.[11]

O caso Joyce consolida a tese de Lacan, já presente no início do Seminário 23, sobre a função do sinthoma/arte como suplência, como quarto elemento que se equipara à pai-versão. É justamente na arte de Joyce, na sua escrita singular, que Lacan afirma se encarnar o ego que corrige a relação faltante no nó de Joyce. O ego, como prótese, a compensa, reparando o nó.

Lacan nunca considerou Joyce psicótico. Sua tese, como se observa na quinta aula do Seminário 23, é a de uma compensação da demissão paterna. Como se pode rastrear em diversos pontos da sua obra, é pela via de um árduo trabalho literário — do qual era extremamente orgulhoso — que Joyce conseguiu dispensar o pai, fazer-se sem o pai que nomeia. Nada lhe adveio a partir de uma transmissão.

Por meio de sua arte-dizer, pelo poder de seu *savoir-faire*, Joyce faz suplência à transmissão por um pai. A "arte-dizer" seria, portanto, rival da função-pai, por ela, Joyce pôde "abster-se" do pai. Livre do imaginário, é o corpo do verbo que é seu parceiro. A escrita do enigma, que seu sinthoma amarra, não tem outra carne a não ser a dos elementos verbais, com os quais, poderíamos dizer, Joyce escreve o seu corpo, *Booking-Himself*.

---

[11] JOYCE, J. *Ulisses*. Rio de Janeiro: Objetiva, 2005, p. 219.

A escrita literária — ecos do sint(h)oma

ISLOANY MACHADO[1]

O percurso de uma análise se realiza também, mas não só, pelos caminhos da cadeia significante. Cadeia que "prende" o sujeito a algumas escolhas repetidas, espécie de veios por onde a água escoa. O que compõe esta determinação psíquica? São as marcas infantis que fazem a trama: as cenas sexuais, os significantes primordiais, o conteúdo de *alíngua*. Partindo do traço unário, primeiro registro descrito na Carta 52 de Freud, Lacan chega a um conjunto de traços, um "céu estrelado" em que o sujeito se apoia para sua identificação fundamental[2]. O corpo é a superfície em que esta escrita se *materializa* [3]. O neologismo lacaniano coloca *le mot* (a palavra) como primordial no que há de materialidade em psicanálise, sendo a palavra o que afeta o corpo, sobretudo o conteúdo de *alíngua*, aquilo que o sujeito recebe como chuva de significantes resultantes da língua materna, depositando-se para ele como material sonoro repleto de sentidos e equívocos[4].

Isso comparece se o sujeito deixar-se ao ato de deslizar por suas cadeias significantes. Ao analista cabe sustentar-se na posição de "a"

---

[1] Psicanalista e escritora. Membro da EPFCL/Fórum Mato Grosso do Sul e do Ágora Instituto Lacaniano. Contato: isloanymachado@gmail.com.

[2] LACAN, Jacques. *O Seminário, Livro 18: de um discurso que não fosse semblante*. Trad. Vera Ribeiro. Rio de Janeiro: Zahar, 2009, p. 117.

[3] LACAN, Jacques. "Conferência em Genebra sobre o Sintoma". In: *Le Bloc-Notes de la psychanalyse*, n. 5, p. 5-23, 1985.

[4] LACAN, Jacques. *O Seminário, Livro 18: de um discurso que não fosse semblante*. Trad. Vera Ribeiro. Rio de Janeiro: Zahar, 2009.

para que desde aí faça suas intervenções: interpretações, ou seja, o ato analítico propriamente dito, incidindo como corte da cadeia significante para que o furo no simbólico compareça. Temos aí a análise em sua dimensão real.

Operar desde a posição de objeto *a* coloca em cena a formação do analista, cuja condição essencial é ter ouvido suficientemente o finito do "seu próprio dizer em suas fraturas"[5] para que seja um bom leitor das fraturas no discurso do outro. Lacan propõe a passagem da psicanálise como prática de leitura do sintoma à psicanálise de escrita [do sintoma]. De que maneira isso pode ocorrer? Segundo Izcovich,

> uma vez que caem as identificações e que o desejo do Outro não é mais uma referência, uma vez que o saber mítico fabricado pelo sujeito cai em desuso e que a verdade se revela como miragem, o que resta para o sujeito para se orientar na existência? Está aqui a verdadeira dimensão do sintoma necessário. [...] A concepção do sintoma como escrita difere da concepção que limita o sintoma ao retorno do recalcado e constitui, portanto, a verdadeira saída ao que Lacan diz da palavra do analisante, a saber, que ela é gozo. [...] Uma prática de análise que inclui a escrita constitui a única saída que leva em conta o real e torna possível ao sujeito o acesso a uma satisfação inédita.[6]

Isso quer dizer que algo é passível de mudança com uma análise, não apenas pela decifração, mas pela cifração, mais como uma produção do que uma revelação, seria "o que se escreve no inconsciente [...] não para ser decifrado, mas para ser reduzido à sua expressão mínima"[7]. Podemos dizer que aquilo que se escreve em uma análise é o que pode ser lido como cifra, considerando a letra como nome de identidade do sujeito, sua identificação ao sinthome reduzido àquilo que é indecifrável, para que assim sejam possíveis outras

---

[5] FONTENELE, Laéria. *A interpretação*. Rio de Janeiro: Zahar, 2002, p. 22.
[6] IZCOVICH, Luis. *As marcas de uma psicanálise*. São Paulo: Aller Editora, 2018, p. 88.
[7] *Idem*, p. 228-233.

modalidades de gozo, para que advenha uma conduta original que não seja semblante.

Portanto, na passagem do sintoma (fato clínico) ao sinthome, ao final de uma análise resta um "saber fazer com seu sintoma"[8]. Quanto a este núcleo incurável, resta-nos assumi-lo. Cito Milagres: "[...] o que se encontra nesse apagar das luzes da experiência é sempre um muro. [...] Entretanto, dar de cara com o muro não nos coloca outra saída senão inventar"[9]. O que haveremos de escrever neste muro? A resposta é sempre singular.

Há uma escrita que se faz existir desde nossa entrada na linguagem, e o corpo é justamente a superfície em que ela (escrita) se materializa. Essa escrita no corpo quase nunca coincide com o que o sujeito fala. Vamos a Lacan:

> O sujeito do "eu falo" fala em algum lugar, em um lugar que chamei "o lugar do Outro" [...]. É isso que nos leva a considerar no mais perto possível o que deve ser retomado desse rastro, desse corte, desse algo que nossa presença no mundo introduz como um rasgo, como um grafismo, como uma escrita, no sentido em que ela é mais original que tudo o que vai sair, no sentido em que uma escrita já existe antes de servir a escrita da fala.[10]

O corpo encena a escrita com suas mais diversas atuações, dá-se à leitura. A escrita só se tornará literatura se, da inquietação nascida daquilo que não tem nome, o sujeito deitar-se com o papel. A literatura não é a única modalidade de extensão dessa escrita princeps, há muitas outras: fotografias, pinturas, cartas, esculturas, a música, "tudo

---

[8] LACAN (1976) *apud* MIRANDA, Elisabeth da Rocha. "Algumas observações sobre o núcleo real do *sinthoma* e a experiência do gozo Outro". In: *Anais do XI Encontro Nacional da EPFCL/AFCL*, 2010, Fortaleza, 2011, p. 27.

[9] MILAGRES, Andréa Franco. "O saber, se inventa?" In: *Wunsch: Boletim Internacional da Escola de Psicanálise dos Fóruns do Campo Lacaniano*. n. 21, 2020. Belo Horizonte: CAOE, mar. 2021, p. 9.

[10] LACAN, Jacques. *O Seminário, Livro 13: O objeto da psicanálise*. Inédito. Aula de 5 de janeiro de 1966.

que deriva de seu corpo como prolongamento"[11]. Podemos afirmar que a causa da literatura está aí, no que já se escrevia no corpo. Mas colocar a escrita no papel, num momento posterior é, também, "uma insondável decisão do ser"[12].

Outra questão: nem tudo o que é escrito se publica. Da escrita falada à escrita cravada no papel há uma distância outra ainda a ser percorrida até que *Isso* se dê a ler publica(da)mente, na condição de objeto que se descola do corpo e pode ser jogado no lixo, ou "publixado", como diz Lacan[13]. Quando aquilo que se escreve pode alcançar a posição de objeto a ser descartado, descolado, é porque "já cumpriu sua função de fazer gozar"[14] e pode dar-se à leitura dos outros, estabelecendo assim outro tipo de laço.

A nova possibilidade de enlaçamento social alcançada em uma análise só pode advir daquilo que se aloja na singularidade de cada um. O mesmo serve para a escrita literária, no que diz do estilo de cada autor. Em matéria de literatura tudo já foi escrito. O que muda e faz com que cada nova obra carregue seu inédito é a maneira como cada um imprime no papel a sua própria marca. Cito Caldas:

> O mais importante na literatura não é a história propriamente dita, e sim o tratamento dado a ela, porquanto este, que evoca o tratamento na experiência psicanalítica, é um tratamento do objeto como causa de gozo. O estilo na literatura nos mostra, então, *como* a causa impossível de nomear pelo simbólico continua a produzir efeitos que não são mais a repetição sintomática da defesa, ou seja, o estilo é *como* dizer de forma nova o objeto-causa.[15]

---

[11] CALDAS, Heloisa. *Da voz à escrita: clínica psicanalítica e literatura.* Rio de Janeiro: Contra Capa Livraria, 2007, p. 58-59.

[12] LACAN, Jacques. "Formulações sobre a causalidade psíquica". In: *Escritos.* Rio de Janeiro: Zahar, 1998, p. 179.

[13] LACAN, Jacques. *O Seminário, Livro 18: de um discurso que não fosse semblante.* Trad. Vera Ribeiro. Rio de Janeiro: Zahar, 2009, p. 82.

[14] CALDAS, Heloisa. *Da voz à escrita: clínica psicanalítica e literatura.* Rio de Janeiro: Contra Capa Livraria, 2007, p. 60.

[15] *Idem,* p. 75.

Fazer literatura é dar uso à "acomodação de restos"[16], esses restos que não cessam de fustigar o corpo dia e noite. Concluo com um pedaço de frase recortada de Lacan: "Que seja em pergaminho, em tecido ou em papel higiênico o que escrevamos"[17] e emendada por mim: escrevamos!

ECOS DE SINTHOMA:

Não vês que estou queimando? (Conto do livro *Voo Solo* — no prelo)

Diante da porta fechada, escuto os ruídos. Bato. Silêncio. Oi, tem alguém em casa? Testo a comunicação. Devo dizer que sei a resposta? Pode ser que não tenha batido forte o suficiente, não fui ouvida. Coloco um pouco mais de peso na mão, nos nós dos dedos. A madeira vibra na sequência de minhas batidas. Ainda é cedo, o dia mal amanheceu. Deviam renovar a pintura desta porta. A madeira meio despida pelo sol dá sinais de cansaço.

Não tem olho mágico, não há como saber que sou eu aqui do lado de fora. Ninguém me vê. O cheiro escandaloso do café atravessa as frestas e denuncia aquilo que já sei. Ó, de casa! Punho fechado, bato com a lateral da mão, onde a carne é mais macia. Uma surdez temporária, imagino. Não podem me ouvir. Emparelho as costas na madeira para descansar um pouco do meu próprio peso. Reluto em sentar, logo minha presença será notada e poderei me deitar, matar a sede, fechar os olhos para não dormir. Eu nunca durmo.

Sou obrigada a mover o rosto para a direita, não quero encarar o sol, mesmo esse ainda suave da manhã. Deslizo o corpo, sento no chão. Bato de leve a cabeça para verificar o volume que o choque na madeira alcança. Quantos milímetros entre o osso e a raiz dos cabelos? Ouço passos. Colo o ouvido e um feixe de sol me atinge o olho. Lacrimejo. E se eu girasse

---

[16] LACAN, Jacques. "Lituraterra" (1971). In: *Outros Escritos*. Trad. Vera Ribeiro. Rio de Janeiro: Zahar, 2003, p. 106.

[17] LACAN, Jacques. *O Seminário, Livro 13: O objeto da psicanálise*. Inédito. Aula de 5 de janeiro de 1966.

a maçaneta? Aço escovado, redonda. Como aquela que brincávamos na infância, na casa abandonada, vazia de gente, cheia de entulho.

Eu me deitava no sofá empoeirado e ele circunscrevia meu corpo, moldava a carne, delimitava o gozo futuro. Como a primeira criatura divina, eu, argila bruta, era modelada pelas mãos daquele menino. Com seus pequenos dedos, tão infantis quanto os meus, criou minhas curvas, as fendas, reentrâncias. Teríamos nós tremido de medo, receando o susto da porta escancarada? Ou nada sabíamos do pecado da carne? Deus devia ser criança. Com a maçaneta, meu corpo foi atravessado pelo primeiro sopro divino.

Não ouso abrir a porta. Imprimo mais força na batida. Quantos milímetros de pele recobrem os nós dos dedos? Estão vermelhos. Peito e ventre colados na madeira quente, as costas tomadas pelo violento beijo do sol do meio-dia. Não vês que estou queimando? Apelo dirigido a quem? Pergunta parasitária desde que a velha casa ardeu no fogo, a carne da mãe em chamas. "Me despelaram o braço todo", dizia quando exibia as marcas da queimadura. O gozo da carne em chamas. Escapei da fogueira, e vivo ardendo.

A pele cede na altura do nó do dedo médio. O fim de tarde amacia já o calor. Desisto de bater. Não tenho para onde voltar porque nunca estive dentro. Pode ser que, há muito, a casa esteja vazia. E que ruídos são estes que ouço? Tantas vozes. Em meio a elas, o meu silêncio. "Eu não quero essa menina!". Pode ser que a casa nem mesmo tivesse paredes, mas a porta estava fechada. Um dia desobedeci e atravessei a parede simbólica. "Tomara que morra!". De tanto ódio acumulado, minhas mãos furiosas derrubaram panelinhas, pratinhos, comidinhas, bonequinhas, maridinhos. Endemoninhada, só parei quando vi tudo no chão. Da guerra enraizada desde meu nome, o primeiro sentimento pacífico me invadiu quando dei as costas para a porta fechada. Noite adentro, escuridão total. Se uma porta não se abre, que vazio recobre?

CLÍNICA

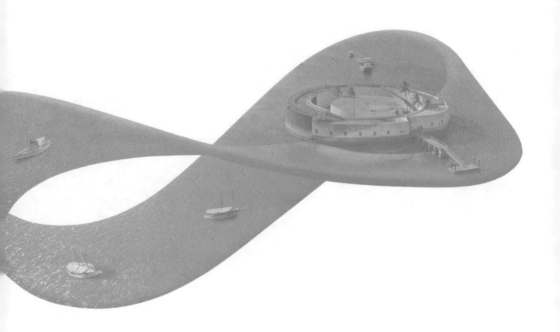

O sentido do sintoma

DOMINIQUE TOUCHON FINGERMANN[1]

Le sens du symptôme n'est pas celui dont on le nourrit pour sa prolifération ou extinction, le sens du symptôme c'est le réel.
Lacan, La troisième[2]

O sentido de uma análise, a sua direção, é o sentido do sintoma.

O sintoma tem um marco de origem, "acontecimento de corpo": o que "acontece" no corpo é que ele não tem cabimento no Outro, e este descabido chama-se gozo. A marca do marco desse descabimento fixa aquilo que configura uma letra que inscreve a ocorrência "troumática". A letra, cifra, signo de um furo, não faz sentido, mas não cessa de escrever a discordância original entre o corpo e o Outro nas trilhas significantes que deciframos, impressionam e constrangem o destino na *hystoria* de cada um.

Não cessa, isso não passa, volta sempre no mesmo lugar: eis a necessidade do sintoma, que insiste em manifestar uma verdade (nas falhas do saber) a respeito da incógnita do sujeito — a sua inefável e estúpida ex-sistência original. É essa insistência que mobiliza um querer dizer, que, por sorte, pode encontrar um psicanalista.

Não se inicia uma psicanálise sem que se apresente esta questão: Qual é o sentido do sintoma? Não se termina uma análise sem que a

---

[1] Psicanalista, AME da Escola de Psicanálise dos Fóruns do Campo Lacaniano, membro do FCL-SP e do Fórum França. Contato: dfingermann@gmail.com.

[2] LACAN, Jacques. "Introduction à l'édition allemande d'un premier volume des *Écrits*". In. Scilicet no 5, Seuil, 1975, p. 14.

própria experiência "entregue" ao analisante o sentido dos seus sintomas: "En termes plus précis, l'expérience d'une analyse livre à celui que j'appelle l'analysant le sens de ses symptômes", afirma Lacan em 1973, e podemos acrescentar "os sentidos do sintoma", já que, como ele precisa desde 1971, "há dois sentidos do sintoma".

Freud, também explica que o sem-sentido que deflagra o questionamento inicial de uma análise evidencia dois vetores: de onde vem, sua origem, sua causa, e por onde vai, por onde passam, se tramam e trilham os caminhos da procura da razão desse irracional. As *Conferências introdutórias à psicanálise* intituladas "O sentido dos sintomas" e "Os Caminhos da formação do sintoma" explicitam esta "bipolaridade": a fixação traumática e as satisfações substitutivas.

Esses dois sentidos na contracorrente, na contramão um do outro, justificam a complexidade do assunto e os enunciados tão contraditórios que encontramos no ensino de Lacan, às vezes em tempos simultâneos.

Entre a suposição de sentido inicial e a conclusão de seu sentido original, real, há a experiência de uma análise; esta permite que um sujeito explore, mapeie e desenrole os diversos sentidos do sintoma nos quais se enrolou, até reduzi-los à sua mais simples expressão: *o rastro apagado* da identidade.

O mal-estar está nas preliminares de uma análise — "não dou conta", "não suporto o mundo", o corpo, a família, o outro, a pandemia, os ideais... as palavras de ordem. Sintoma, inibição e angústia se encarregam de manifestar a desordem própria de quem sofre. O sem-sentido do sintoma, sua discordância, sua ab-erração, precisa ser, em primeiro lugar, localizado como algo que remete a uma particularidade ímpar do sujeito. "É mais forte do que eu", "isso" transborda os limites do bom senso, do imaginável e pensável, mas é apreendido como próprio do sujeito.

No Discurso Analítico, cabe o descabimento, e isso o qualifica, de saída, como eminentemente político. A análise começa, então, quando o mistério, o enigma, se evidencia como *rastro apagado* de "uma parte desconhecida", uma verdade única que diz respeito ao sujeito que sofre e, por isso, toma o risco de "falar mais sobre isso".

O sujeito precisa, inicialmente, acordar com essa discordância para se colocar no trabalho de transferência, isto é, se engajar na tarefa assídua de uma "prática do sentido", que a função do sujeito suposto saber suporta o tempo necessário à extração do objeto a, causa e razão de sua série infinita, da fuga do sentido.

Que esse tempo necessário seja um tempo finito, que a análise seja terminável, foi a questão que produziu todas as reviravoltas do ensino lacaniano, de 1967 até seu termo, em 1978: da lógica da fantasia até a identificação ao sintoma, que decide desse momento de concluir do ensino que nos orienta na práxis psicanalítica.

Os fins e as finalidades da análise concernem às mutações e destinos do sintoma ao longo da experiência: do instante de ver até o momento de concluir. Se Lacan sempre considerou o sintoma como "a nota propriamente humana" de cada um, e elevou a experiência da análise a altura de seu valor de verdade, foi somente nos últimos anos de seu ensino que acabou chegando à conclusão de seu valor último: um marco real, a cifra vazia da identidade singular de um ser falante desde a incidência particular do universal da castração.

A apreensão da lógica da cura analítica do sintoma — "tradução em fala de seu valor de verdade" — proporciona "a indução de alguma coisa absolutamente real".

Essa lógica está condicionada pela ética da psicanálise, isto é, o ato do psicanalista. Ao responder pelo semblante de objeto a e não pelo complemento da insuficiência do significante, o ato, o seu silêncio, deixe ressoar o Um, cuja insistência aponta para o sentido real do sintoma, a marca do marco zero da ex-sistência.

O que produz a necessidade do sintoma é uma inexistência inicial: "ce qui est au principe du symptôme, c'est à savoir l'inexistence de la vérité qu'il suppose quoiqu'il en marque la place"[3].

O sentido real do sintoma é seu princípio original, marco da "inexistência da verdade" de onde procedem as elucubrações da "verdade

---

[3] LACAN, Jacques. *Le séminaire XIX: ...ou pire*. Aula de 19 de janeiro 1972. [Nota da editora: a citação corresponde à página 50 da edição brasileira.]

mentirosa"[4]: "ab-sens", "ab-sexo", "não há relação", há o marco vazio da discordância com o Outro, princípio da identidade.

Na precipitação do momento de concluir de seu ensino, Lacan extrai do "invólucro formal do sintoma" (a sua bricolagem), o seu princípio criador, a sua exceção, a recusa do senso comum e a renúncia de todos seus sentidos atrelados ao Outro: "Tout, mais pas ça", a sua dissidência pode eventualmente constituir um princípio de inovação.

"RSI", a estrutura, necessita do *sinthoma*, forma antiga da escrita do que vem a ser os sintomas de cada um, aquilo que anuncia o que se pode esperar de melhor nos confins de uma análise quando a discordância fundamental inventa "héréthiquement" um outro laço, dispensando o pai para se servir do *sinthoma*, de seu sentido real de marca apagada de ex-sistência.

É isso que chamamos de "a política do sintoma".

---

[4] LACAN, Jacques. "Prefácio à edição inglesa do *Seminário 11*". In. *Outros Escritos*. Rio de Janeiro: Zahar, 2003, p. 567.

Os fracassados pelo êxito:

A importância do pai e da Versagung no sintoma

FELIPE GRILLO[1]

Daniel procurou a análise com queixas referentes à dificuldade financeira, o que o levava a alternar períodos de gastos excessivos com outros de economia dura, e com a dúvida entre dar continuidade aos negócios do pai — em suas palavras, "ocupar seu lugar" —, como todos esperavam que ele fizesse, ou se dedicar aos estudos, o que acreditava representar mais o seu próprio desejo. Mesmo assumindo, mais adiante, gostar do trabalho no comércio — o que reconhecia fazer bem —, Daniel temia fracassar ao abraçar de vez os negócios do pai, a ponto de cogitar ir morar fora do país. Atormentava-se num conflito duradouro entre ser ou não ser como o pai: "Passei grande parte da minha vida dizendo que eu seria um homem completamente diferente do meu pai, mas acabei fazendo tudo aquilo que eu tanto recriminei nele".

Seu pai é descrito como alguém de sucesso, porém controlador e que não sabe usufruir do dinheiro que tem. "Pedir dinheiro ao meu pai é como vender a alma ao diabo: ele encontra uma brecha para te controlar", diz o paciente. No entanto, quando vê o pai sofrer, cai em

---

[1] Psicanalista, mestre pelo Programa de Pós-Graduação em Psicanálise (PGPSA) da UERJ; tem especialização em Psicologia Clínica pela PUC-Rio e treinamento profissional no Ambulatório de Psiquiatria Infantil do Hospital Universitário Pedro Ernesto. Graduado em Psicologia pela Universidade Gama Filho (UGF). Trabalhou com atendimento clínico no Instituto AGIR, na Rocinha, no Projeto Girassol, na Comunidade do Guararapes e, atualmente, segue atendendo em consultório particular no Rio de Janeiro e Nova Friburgo. Membro do Fórum do Campo Lacaniano Região Serrana/RJ. Contato: felipegrillo@hotmail.com

angústia, sentindo-se endividado e culpado. Envolto desses sentimentos, o paciente menciona uma descrença em relação às benesses do tratamento. Sua angústia é tanta que o leva ao ponto de formular o pensamento de que seria bom se Deus acabasse logo com o mundo, assim, não precisaria mais existir.

Diante dessa vinheta clínica, perguntamo-nos: qual é a possível relação entre o temor do fracasso de Daniel e a fantasia de ocupar o lugar do pai? Seria a incapacidade de lidar com o sofrimento do pai uma forma de Daniel fazer consistir Um pai, evitando encarar o furo no Outro?

No segundo ensaio de "Alguns tipos de caráter elucidados pelo trabalho psicanalítico", sobre os que fracassam quando triunfam, isto é, os que adoecem ao realizarem algo desejado, Freud retoma sua contumaz tese para descrever um sujeito acometido de neurose — neurótico é aquele que adoece quando diante de uma *Versagung* — para, em seguida, indicar que os arruinados pelo êxito, ao contrário do que se poderia esperar, não contradizem esta mesma tese[2].

Em *O seminário, livro 8*, ao se referir à *Versagung*, Lacan (1960-1961/1992), em seu rigor absoluto, é categórico ao dizer que Freud jamais empregou o termo *frustração* ao longo de toda sua obra[3]. Ratificando esta observação do psicanalista francês, relembra-nos Alberti: frustração foi "a coqueluche da psicanálise do meio do século [XX]"[4]. A tradução de *Versagung* por frustração é inadequada por ser frequentemente confundida com um sentimento de frustração, o que introduz uma "tonalidade de amargura e tristeza existencial não presentes no termo alemão"[5]. A *Versagung* indicaria uma privação, um impedimento, quando o sujeito sofre a ação de ser privado do acesso à satisfação dos desejos libidinais.

---

[2] FREUD, Sigmund. "Algunos tipos de caráter dilucidados por el trabajo psicoanalítico". In: *Obras completas, volume 14*. Buenos Aires: Amorrortu, 1992.

[3] LACAN, Jacques. *O seminário, livro 8: A transferência*. Rio de Janeiro: Jorge Zahar Ed., 2010.

[4] ALBERTI, Sonia. "As paixões do ser: a partir de um caso freudiano". In: *Revista Estudos e Pesquisas em Psicologia*, Rio de Janeiro, v. 1, n. 1, 2001, p. 6.

[5] HANNS, Luiz. *Dicionário Comentado do Alemão de Freud*. Rio de Janeiro: Imago, 1996, 260.

Conforme Freud, a *Versagung* tem efeitos patogênicos devido o represamento da libido e o consequente aumento de tensão psíquica, levantando a questão de quais caminhos o sujeito tomará para se livrar dela, incluindo uma satisfação substituta. Ao teorizar sobre os arruinados pelo êxito, Freud propõe um impedimento *interno* que resultaria não de uma privação *externa* no mundo real, mas provocado, ao contrário, por uma realização de desejo. Em seguida, nos indica que um desejo é muito mais suportável na fantasia, distante de sua realização, do que quando está próximo de se concretizar e ameaça tornar-se realidade[6].

No seminário 8, Lacan traduz o termo tanto por "recusa" como por "renúncia". Diz o psicanalista francês: "*Versagung* implica a falta à promessa, e a falta a uma promessa pela qual a tudo já se renunciou (...)"[7]. E ainda: "(...) a *Versagung*, a recusa de que ela [Sygne] não pode se desligar (...)"[8]. Sygne de Coûfontaine, personagem de Paul Claudel, torna-se esse signo do campo do *não* por fazer uma renúncia radical de todos seus objetos atravessados pelo desejo... até que resta algo, um tique nervoso, um sintoma: Sygne mexe a cabeça de um lado para o outro, e mesmo sem dizer, diz *não* — o que confere ao sintoma o valor de mensagem, ao mesmo tempo velando e desvelando a articulação significante, o discurso que abriga. Segundo Mello, "Nenhum objeto é capaz de iludi-la, fazendo-a desviar desse caminho de finalização radical, onde o desejo se realiza na sua própria extinção"[9]. No fim da peça, Sygne acaba morta ao se jogar na frente do duelo entre o amante e o desprezível marido.

Alberti, ao tecer observações sobre o caso da Jovem Homossexual em que menciona a *Versagung*, nos diz que a jovem odeia não só o pai que a trai com a mãe — por ter dado à mãe e não a ela um bebê — mas

---

[6] FREUD, Sigmund. "Algunos tipos de caráter dilucidados por el trabajo psicoanalítico". In: *Obras completas, volume 14*. Buenos Aires: Amorrortu, 1992.
[7] LACAN, Jacques. *O seminário, livro 8: A transferência*. Rio de Janeiro: Jorge Zahar Ed., 2010, p. 294.
[8] *Idem*, p. 297.
[9] MAURANO, Denise. *A face oculta do amor: a tragédia à luz da psicanálise*. Rio de Janeiro: Editora UFJF, 2001, p. 127.

o pai da função paterna... e é nessa que a jovem pula fora, passando ao ato, deixando-se cair nos trilhos do trem, *niederkommen*, atingida pelo olhar fulminante do pai do outro lado da calçada[10]. Deixa-se cair como um objeto decaído do Outro. Assim, diante da decepção com o pai e da renúncia ao objeto da satisfação, portanto, da *Versagung*, esse sujeito deixou de servir-se do pai enquanto função, como diz a expressão, jogou fora o bebê junto com a água do banho. A questão, portanto, se coloca não somente a nível do pai imaginário, esse pai, digamos, da realidade, mas fundamentalmente do pai simbólico e real.

O pai que importa para a psicanálise não é o genitor, mas o que faz função. É preciso marcar a diferença entre a função paterna e um pai, pois o Nome-do-Pai adapta-se muito bem com a ausência de um pai. Segundo Soler, "a presença de um pai de família, como se diz, não garante em nada a colocação em função do Nome-do-Pai"[11]. Temos, portanto, uma dissociação radical entre a função do pai e um pai, mas que não impede que um pai a exerça. Em *O avesso da psicanálise*, Lacan aponta uma direção sobre o que diz respeito à função do pai simbólico:

> [...] Se a castração é o que atinge o filho, não será também o que o faz aceder pela via justa ao que corresponde à função do pai? Isso se mostra em toda nossa experiência. E não é isto mostrar que é de pai para filho que a castração se transmite?[12]

A castração é o que possibilitará a ascensão à função paterna. Portanto, podemos concluir que servir-se do pai é admitir-se castrado e, mais ainda, admitir a castração do Outro?

A observação de Freud sobre os arruinados pelo êxito é a de que estes são sujeitos castigados pelo supereu, instância julgadora e punitiva. O desejo em questão, que seria atingido no êxito que o sujeito

---

[10] ALBERTI, Sonia. "As paixões do ser: a partir de um caso freudiano". In. *Revista Estudos e Pesquisas em Psicologia*, Rio de Janeiro, v. 1, n. 1, 2001.

[11] SOLER, C. *A querela dos diagnósticos*. São Paulo: Blucher, 2018, p. 151.

[12] LACAN, Jacques. *O Seminário, livro 17: o avesso da psicanálise*. Rio de Janeiro: Jorge Zahar Ed., 1992, p. 128.

não pode ter, é o desejo de matar o pai — e crer, na fantasia, ter alcançado o objeto proibido — porque ele não entende que ultrapassar o pai implica em poder, ao contrário, se servir dele. Diante disso, o pai se faz consistente em sua potência avassaladora, em sua capacidade de castigar. A esses sujeitos arruinados restará gozar da doença, do fracasso, quando não da autodestruição.

Poderíamos ler isso também da seguinte forma: perder tudo o que se conquistou seria uma maneira de sustentar e perpetuar o pai no lugar de todo-poderoso, capaz tanto de proteger quanto de provocar as mais terríveis destruições. Uma tentativa desesperada do sujeito de velar a castração do Outro, com a diferença de que, aqui, ele escancara a sua, tudo perdendo para tamponar a do Outro. Portanto, aferrar-se à culpabilidade seria uma forma de evitar o encontro com a castração.

Segundo Antonio Quinet, os fracassados pelo triunfo são aqueles sujeitos que ficam tristes e deprimidos não porque perderam um ideal, mas justamente por tê-lo alcançado[13]. Quando uma realização de desejo acontece, isto é, quando um ideal tão sonhado é atingido, o que ocorre é uma decepção inevitável e irreparável. Reside nisso deparar-se com o impossível do gozo, uma inadequação: ou o gozo é excessivo ou deixa a desejar. Portanto, de cara com o ideal, o sujeito se dá conta de que o gozo prometido não se efetuou. Ao invés de aceitar a castração, o sujeito faz de um impossível uma impotência que é, portanto, falência do desejo. Dessa forma, o sujeito fica preso num polo em que a falta é tomada por falha moral, ligada ao supereu e seus mandatos geradores de culpa e punição.

O sujeito neurótico não lida muito bem com a falta, nem com a própria nem com a do Outro, conforme indica Lacan ao dizer que o que é mais decisivo para o sujeito é a mãe enquanto desejante, isto é, de que "à mãe falta esse falo", não simplesmente por desejar algo além dele próprio, mas por ser afetada em sua potência[14]. Diante disto, o sujeito tenta tamponar essa falta das mais diversas formas. A culpa é uma delas: cenas de

---

[13] QUINET, A. *Psicose e laço social: esquizofrenia, paranoia e melancolia*. Rio de Janeiro: Jorge Zahar Ed., 2009.
[14] LACAN, Jacques. *O Seminário, livro 4: A relação de objeto*. Rio de Janeiro: Jorge Zahar Ed., 1995, p. 72.

gozo. Tentativa sofrível de sustentar um Outro sem faltas a quem ele pode continuar recorrendo com suas demandas que, como toda demanda, é sempre demanda de amor, de ser amado. Aliás, antes ele em falta (moral, no caso) do que se haver com a incompletude do Outro!

Segundo Gerez-Ambertín, os fracassados pelo êxito são sujeitos "que não suportam receber os dons do pai" e, por isso, não conseguem "fazer circular a culpabilidade pelo caminho da dívida simbólica"[15]. A eles resta o "pior da culpa e do pai", acometidos que são pela severidade do supereu. "Estar à mercê do pai, desse pai tão pior que resta do Pai Morto (portanto simbólico), pai perverso ao qual se solicita o castigo (e a satisfação) sob a forma de sacrifício (...)".

Na neurose, inevitavelmente, o Outro é faltoso, foi barrado pelo Nome-do-Pai, e ao mesmo tempo, o sujeito não tarda a dar provas disso, seja, por exemplo, dando um jeito de manter-se em dívida com o Outro — o que talvez possamos dizer que seria a melhor das hipóteses — ou de arruinar-se por completo, incapaz de se servir do que o Pai tem de bom a oferecer, identificando-se com o seu pior, o Pai castigador, obsceno e real. Antes a falha ser sua que do Outro, revelam as estratégias de tamponamento do furo do Outro.

Servir-se do pai pode ser traduzido por saber se servir da falta do pai, para só assim dele poder prescindir. Em *O seminário, livro 5*, nos indica Lacan: "(...) é preciso ter o Nome-do-Pai, mas também é preciso que saibamos servir-nos dele. É disso que o destino e o resultado de toda a história podem depender muito"[16]. Servindo-se do pai, ao saber fazer com a castração, o sujeito então poderá usufruir de suas conquistas, suportando o impossível de, através delas, alcançar a plenitude. Dessa forma, poderá seguir adiante e criar novos desejos, promovendo uma vida em movimento e de realizações inventivas. Portanto, é dever ético da psicanálise guiá-lo para o Outro lado, aquele em que a falta se faz florescer em desejo.

---

[15] GEREZ-AMBERTÍN, Marta. *As vozes do supereu na clínica psicanalítica e no mal-estar na civilização*. São Paulo: Cultura Editores Associado/Caxias do Sul, RS: EDUCS, 2003.

[16] LACAN, Jacques. *O Seminário, livro 5: As formações do inconsciente*. Rio de Janeiro: Jorge Zahar Ed., 1999, p. 163.

A busca da histeria por um saber sobre seu ser

LETÍCIA SOARES ZAMPIÊR[1]

Jacques Lacan, no Seminário 3, afirma que "A estrutura de uma neurose é essencialmente uma questão"[2]. Essa questão se coloca para o sujeito no plano do seu ser, e, no caso da histeria, como "Quem sou, homem ou mulher?". Isso se dá porque não há uma simbolização do sexo da mulher como tal. Essa falta de um significante que diga o que é A mulher faz com que o sujeito histérico questione seu próprio ser. A ausência de uma identificação simbólica faz com que o sujeito histérico tente se fazer reconhecer em outro lugar, tendo, então, uma tendência a identificar-se[3].

Colette Soler[4], a partir da releitura de Lacan[5], retoma o caso da Bela Açougueira[6] para trabalhar a complexidade da identificação histérica.

A paciente de Freud narra:

> Eu queria oferecer um jantar, mas o único mantimento que tinha em casa era um pouco de salmão defumado. Quis sair para fazer compras,

---

[1] Psicóloga pela UFJF com especialização em Teoria Psicanalítica pelo Centro Universitário Academia (UniAcademia).

[2] LACAN, Jacques (1955-1956). *O Seminário, livro 3: As psicoses*. Trad. Aluísio Menezes. Rio de Janeiro: Jorge Zahar Editor, 1985, p. 199-200.

[3] MELMAN, Charles. *A prática psicanalítica hoje*. Rio de Janeiro: Tempo Freudiano, 2015.

[4] SOLER, Colette. "A histérica e A mulher: clínica diferencial". In: SOLER, C. *A psicanálise na civilização*. Rio de Janeiro: Contra Capa, 1998, p. 223-253.

[5] LACAN, Jacques (1957-1958). *O Seminário, livro 5: As formações do inconsciente*. Trad. Vera Ribeiro. Rio de Janeiro: Zahar, 1999.

[6] FREUD, Sigmund (1900). *A interpretação dos sonhos*. Trad. Renato Zwick. Porto Alegre: L&PM, 2016.

mas lembrei-me de que era domingo à tarde e todas as lojas estavam fechadas. Quis telefonar para alguns fornecedores, mas o telefone estava pifado. Assim, tive que renunciar ao desejo de oferecer um jantar.[7]

Algumas outras informações são importantes para compreender o caso: o marido era um açougueiro e lhe disse que queria emagrecer pois achava que estava engordando muito. Em um restaurante que frequentavam, um pintor queria fazer um retrato de seu marido, que lhe respondeu que "estava convencido de que o pintor preferiria a todo o seu rosto um pedaço de traseiro de uma moça bonita"[8]. A paciente, que tinha desejo de comer caviar todas as manhãs, pediu ao marido que não lhe desse nenhum caviar. Uma amiga da paciente havia pedido para ser convidada para um jantar na casa da paciente, pois lá "se come bem". O marido da paciente elogiava bastante essa amiga, mas a amiga era magra e ele preferia formas rechonchudas. Por fim, salmão era o prato preferido da amiga.

A interpretação do sonho e do caso passa pela tendência à identificação histérica[9], que Freud descreve como "uma apropriação decorrente de uma etiologia idêntica: ela expressa um 'como se'"[10].

Assim, em primeiro lugar, há uma identificação especular com a amiga. Trata-se de uma identificação imaginária com uma conduta: recusar-se aquilo que se diz querer. O índice da identificação é dado pelo desejo de caviar, que se decalca no desejo de salmão da amiga, sendo salmão e caviar objetos inacessíveis ou recusados. Ou seja, objetos do desejo insatisfeito de ambas[11].

Mas a identificação com a amiga só pode ser compreendida a partir da relação com um terceiro termo, o Outro, no caso, o marido.

---

[7] FREUD apud LACAN, J. *O Seminário, livro 5: As formações do inconsciente*. Trad. Vera Ribeiro. Rio de Janeiro: Zahar, 1999, p. 372-373.

[8] *Idem*, p. 373.

[9] SOLER, Colette. "A histérica e A mulher: clínica diferencial". In: SOLER, C. *A psicanálise na civilização*. Rio de Janeiro: Contra Capa, 1998, p. 223-253.

[10] FREUD apud LACAN, J. *O Seminário, livro 5: As formações do inconsciente*. Trad. Vera Ribeiro. Rio de Janeiro: Zahar, 1999, p. 375.

[11] SOLER, Colette. *O que Lacan dizia das mulheres*. Rio de Janeiro: Zahar, 2005.

A identificação imaginária subentende uma questão sobre o desejo do Outro. O marido, mesmo sendo satisfeito pela esposa, demonstra interesse pela amiga, fazendo com que a Bela Açougueira questione: "Mas, como pode uma outra ser amada [...] por um homem que não pode se satisfazer com ela?"[12]. Daí temos uma segunda identificação histérica: ela se identifica ao marido para olhar a amiga sob seu ponto de vista e questionar o mistério da sedução da outra[13]. Ela demanda, através dessa identificação, qual o objeto de desejo do Outro e ama "se não sua relação com o desejo, ao menos o signo deste"[14].

Na metáfora do sonho, a fatia de salmão defumado surge no lugar do desejo do Outro, condensando dois significantes: salmão, significante da amiga, e fatia, que remete à fala do marido, "pedaço de traseiro de uma moça bonita"[15]. É no desejo do Outro que a histérica encontra seu ponto de apoio, ao mesmo tempo que ela o sustenta.

Quanto a isso, o melhor exemplo é a ação de Dora em relação ao seu pai e à Sra.. K. Lacan aponta que o erro de Freud no caso Dora foi perguntar o que Dora desejava, e não quem desejava em Dora. Pois foi através da identificação com o pai (identificação com o Outro) que Dora pôde se identificar com o Sr. K. (identificação com o outro semelhante) para interrogar o mistério da feminilidade da Sra. K (índice do desejo do pai)[16].

No entanto, o sujeito histérico não fica eternamente na questão sobre o desejo do Outro. Há um significante que determina essa questão: o falo, significante da falta, em relação ao qual há uma terceira identificação: "Ser o falo, nem que seja um falo meio magrelo. Não está

---

[12] LACAN, Jacques (1958). "A direção do tratamento". In: *Escritos*. Trad. Vera Ribeiro. Rio de Janeiro: Zahar, 1998, p. 632.

[13] SOLER, Colette. "A histérica e A mulher: clínica diferencial". In: SOLER, C. *A psicanálise na civilização*. Rio de Janeiro: Contra Capa, 1998, p. 223-253.

[14] POLLO, Vera. *Mulheres Histéricas*. Rio de Janeiro: Contra Capa, 2016, p. 116.

[15] SOLER, Colette. "A histérica e A mulher: clínica diferencial". In: SOLER, C. *A psicanálise na civilização*. Rio de Janeiro: Contra Capa, 1998, p. 223-253.

[16] LACAN, Jacques (1957-1958). *O Seminário, livro 5: As formações do inconsciente*. Trad. Vera Ribeiro. Rio de Janeiro: Zahar, 1999.

aí a identificação última com o significante do desejo?"[17]. Soler aponta que é como se o sujeito falasse "eu sou a falta-a-ser, mas pelo menos que eu possa ser o que falta ao Outro"[18]. Assim, a fórmula do desejo histérico é "ser o falo", ou seja, o sujeito histérico exige ser para o Outro o objeto precioso que subentende o desejo e o amor. Ele se mantém na posição de demanda de amor. O desejo do histérico não é de um objeto, mas é o desejo de um desejo; ao mesmo tempo, ele se identifica com um objeto.

Na histeria, o que está em questão, ao se identificar com objeto de desejo do Outro, é fazer desejar: sua estratégia é uma subtração do gozo. A demanda do marido é bastante clara — ele gosta de mulheres carnudas — de forma que entre a paciente e o marido a demanda é satisfeita. Ao contrário, entre a amiga (magricela) e o marido, não há condições para satisfação. Isso faz com que o interesse do marido pela amiga apareça como um enigma: mesmo quando satisfeito ainda resta no marido um interesse outro que não pode ser satisfeito. Isso significa que, ao se identificar com a amiga, a Bela Açougueira satisfaz seu anseio de ter um desejo insatisfeito. Mas, apesar da vontade de insatisfazer o gozo ser a marca da clínica da histeria, isso não significa que o sujeito histérico recuse todo gozo. Ele goza justamente de "furtar-se": "trata-se de gozar de abster-se ali onde se é chamado como objeto de gozo. Eis o que define de modo preciso a posição histérica"[19].

Na medida que o sujeito está articulado à cadeia significante, sua falta-a-ser é evocada, de modo que ele pede ao Outro, que é o lugar dessa falta, que a preencha. Assim, se pede ao Outro que ele preencha aquilo que ele não tem, pois nele também o ser falta. O apelo do sujeito histérico ao Outro, na tentativa de preencher sua falta-a-ser, é que ele possa ser a falta-a-ser do Outro. É por isso que, para o histérico, é difícil estabelecer com a constituição do Outro uma relação

---

[17] LACAN, Jacques (1958). "A direção do tratamento". In: *Escritos*. Trad. Vera Ribeiro. Rio de Janeiro: Zahar, 1998, p. 633.

[18] SOLER, Colette. "A histérica e A mulher: clínica diferencial". In: SOLER, C. *A psicanálise na civilização*. Rio de Janeiro: Contra Capa, 1998, p. 238.

[19] *Idem*, p. 243.

que lhe permita manter seu lugar de sujeito. Nesse sentido, o fato de o histérico só poder se satisfazer em uma relação amorosa se desejar outra coisa, exprime uma estrutura que deve representar uma necessidade. Manter seu desejo insatisfeito é uma tentativa de que não haja a captura inteira do desejo do sujeito pela fala do Outro[20].

Dessa forma, a falta de um significante que diga o que é a mulher leva o sujeito histérico a uma série de identificações imaginárias e simbólicas na tentativa de dar conta da falta-a-ser. O que está por trás dessas identificações é a busca por um saber sobre a causa desejo do Outro. A questão é que, nisso, o desejo do sujeito histérico acaba assujeitado ao Outro. A saída que ele encontra é fazer de seu desejo um desejo insatisfeito, de tal modo que algo escape das garras do Outro.

Em análise, a possibilidade que se oferece ao histérico é de que sua falta-a-ser possa ser sustentada, de forma que algo do seu próprio desejo possa emergir, para além do Outro.

---

[20] LACAN, Jacques (1957-1958). *O Seminário, livro 5: As formações do inconsciente.* Trad. Vera Ribeiro. Rio de Janeiro: Zahar, 1999.

Um dizer impossível ou o impossível de dizer

IDA FREITAS[1]

O presente texto tem a finalidade de estabelecer uma aproximação com o termo "dizer" no ensino de Lacan, especialmente a partir de "O aturdito", visando responder às seguintes perguntas: Qual a função do dizer em uma psicanálise? Qual a relação entre, fala, dito, ato e dizer? Como cernir o dizer em uma análise? É o dizer operante? O que distingue o "dizer que não", o dizer apofântico, o Um dizer e o Dizer-sinthoma?

Essas perguntas surgiram durante o "Seminário de leitura dos textos dos *Escritos* e *Outros Escritos*", que realizo no Fórum Salvador, quando da tentativa de leitura comentada de "O aturdito", texto que, como sabemos, tem um lugar crucial no ensino de Lacan, mas que se apresenta bastante enigmático, "um exemplo paradigmático do hermetismo lacaniano"[2] e que, portanto, nos convoca ao exercício da interpretação, já que se mostra tão resistente ao deciframento.

A partir da leitura desse texto, vê-se que Lacan destaca uma função particular, singular e real do dizer em uma análise, função esta que se apresenta desde o início da experiência analítica até o momento de concluir, atribuindo ao dizer, portanto, uma função lógica, essencial à prática analítica.

---

[1] Psicóloga, psicanalista, AME da EPFCL, membro do FCL-Salvador, da EPFCL-Brasil. Contato: idafreitas55@gmail.com.

[2] ESTEVÃO, Ivan Ramos. "Prefácio à edição brasileira". In: CHAPUIS, Jorge; CEVASCO, Rithée. *Guia topológico para O Aturdito: um abuso imaginário e além*. Trad. Paulo Sérgio de Souza Júnior. São Paulo: Aller editora, 2019. p. 7.

A frase inicial de "O aturdito" — "Que se diga fica esquecido por trás do que se diz em o que se ouve"[3] — é a que leva Lacan a propor a fórmula mínima da interpretação nas sentenças: "é você que o diz", "eu não te faço dizer". Essa interpretação bastante reduzida aponta não para o que foi dito através da fala, mas para o dizer esquecido por trás dos ditos, um dizer que está fora da série dos significantes veiculados no enunciado. Essa interpretação coloca o falasser que se encontra em análise diante da responsabilidade pelos ditos enunciados que apontam para a enunciação, subentendendo-a; enunciados que apontam também para o ato de dizer, para o dizer que aturde e que, porque está esquecido, surpreende, é único, singular, incômodo, por vezes paradoxal e enigmático.

O dizer da demanda, o dizer analisante que está presente em todo o percurso de uma análise, é seu dizer único, singular, que distingue essa demanda de todas as outras que ele pode formular; é o dizer de uma demanda que se excetua, se destaca de todos os ditos.

A esse dizer que se enlaça na transferência — pois vai, pouco a pouco, se demonstrando em uma análise —, não se pode responder senão pela interpretação, para revelar, ao sujeito, o mais-de-gozar que ele espera transferencialmente. Assim, a interpretação responde não à demanda, mas ao dizer da demanda, isto é, "ao ponto emergencial e originário que fomenta todas as demandas"[4].

Dessa forma, enquanto demanda, o dizer antecede cada análise, cada sessão: o que tenho a dizer? Ele também está lá, inquietando, ao final de cada sessão analítica: o que deixei de dizer, por que não disse isso, faltou dizer, esqueci o essencial? O dizer impulsiona esse movimento de báscula, para que os ditos sejam trazidos na análise, enquanto o analista visa escutar, cernir o dizer. O dizer designa assim, ao mesmo tempo, o ato de enunciação e o que se infere de todos os ditos.

---

[3] LACAN, Jacques. "O aturdito" In: LACAN, Jacques. *Outros escritos*. Rio de Janeiro: Zahar, 2003, p. 448.
[4] FINGERMANN, Dominique. *A (de) formação do psicanalista*. São Paulo: Escuta, 2016, p. 145.

O dizer, em sua função verbal, enquanto ato, é causa do significante, é ex-sistencial, estava ali, "momento de ex-sistência" a respeito do discurso, como afirma Lacan em "O aturdito".

Em *Humanização?*, Colette Soler faz um percurso situando, por um lado, um dizer que ex-siste aos ditos, que não é um elemento entre os ditos, mas que é a condição dos ditos articulados em linguagem e, por outro, um dizer que se refere ao Pai em particular e que faz exceção, o dizer que enlaça, o quarto nó, dizer *sinthoma*, de que trataremos adiante[5].

Esse dizer é a enunciação como ato de enunciação, é contingência, implica uma decisão de dizer, "que se diga", porém não é a fala, mas o que a impulsiona. "Não é apenas o gozo, acontecimento traumático que é contingente, o dizer também o é. Com essa dupla contingência nada está garantido, porém nada excluído, abertura, portanto, ao campo dos possíveis"[6].

Verificamos, assim, que há uma distinção entre a enunciação como ato de dizer e a enunciação inconsciente, enquanto cadeia significante recalcada e decifrável. Essa enunciação como cadeia significante "é o que faz que eu diga sempre mais do que creio dizer, mas ainda falta que eu diga"[7].

"No que concerne ao analisante, podemos inferir que o que se fez ou não fez pelo dizer primordial, pode ser desfeito ou refeito pelo dizer analítico", comenta Soler[8]. Portanto, podemos apostar que aí está um campo do possível a se realizar em uma análise — desfazer, pelo dizer, o que foi feito por ele, contanto "que se diga"

O falasser é efeito de alíngua no corpo, em consequência da maneira como se deixou afetar pelo dizer familiar, primordial, transmitido pelo Outro. Sendo assim, podemos afirmar que só há linguagem estruturada porque há dizer, ou seja, sujeitos que fazem uso de sua alíngua.

---

[5] SOLER, Colette. *¿Humanización?*. Trad. de Ricardo Etxgaray. Espanha: Fundación de Foros del Campo Lacaniano, número 51, 2018.
[6] *Idem*, p. 143. [Trad. livre]
[7] *Idem, ibidem.*
[8] *Idem*, p. 145.

A linguagem emerge porque houve dizer por aqueles que transmitiram a alíngua materna, concomitante aos cuidados do corpo.

Mas, como escutar o dizer esquecido por trás do que se diz em o que se ouve? O que se escuta? Seria visando a capturar o que se decifra da cadeia recalcada inconsciente, os ditos articulados em significantes? Ao que parece, não há outra forma na prática analítica, uma prática de fala. Esses ditos articulados que se escutam, que têm a estrutura de linguagem, não vão sem o dizer, o que implica que se situam na estrutura de um discurso.

E o "que se diz", no lugar do significado? Os ditos que se mostram de verdade, que por definição supõem um sujeito, mas "para que um dito seja verdadeiro, ainda faz falta que seja dito, que haja dizer". "O dizer não é da dimensão da verdade, ele escapa ao dito". O sujeito é efeito do dito, o significado do dizer "não é mais que ex-sistência ao dito"[9].

Desse dizer — ato, momento de ex-sistência —, Lacan passa ao dizer como "Um-dizer", não mais o verbo, senão o substantivo: o dizer de Freud, o dizer de Cantor, o dizer do analisante e seu desenvolvimento lógico do dizer, em "O aturdito", vão até a ex-sistência do dizer que faz o homem e o dizer da não-toda.

"O dizer se demonstra por escapar ao dito. Por conseguinte, só assegura esse privilégio ao se formular como dizer que não", detendo o deslizamento infinito do sentido[10]. Dizer que não, portanto, não é contradição, nem negação, nem recusa, mas uma resposta, um recurso para dizer que não aos ditos verdadeiros, à verdade mentirosa em benefício do dizer que não pode mentir, dizer que não à insistência do sentido, sua complacência. Esse "dizer que não" vai em direção ao sentido para dar-lhe a volta em proveito do fora-sentido e da série das basculações do discurso, produzindo uma redução do dito ao dizer. Dessa forma, podemos considerar a análise como essa operação de redução dos ditos ao dizer.

---

[9] *Idem, ibidem.*

[10] LACAN, Jacques. "O aturdito" In: LACAN, Jacques. *Outros escritos*. Rio de Janeiro: Zahar, 2003, p. 452.

"O dizer está, portanto, em lugar de exceção com relação a todos os ditos de verdade"[11]. É o que demonstra Lacan em sua fórmula: "Não há universal que não deva ser contido por uma existência que o negue"[12].

A interpretação por equívoco que Lacan declina em "O aturdito" é uma interpretação que suspende a *dit-mension* da verdade. No *Seminário 19: ...ou pior*, a interpretação responde ao *Um dizer* da demanda, na direção do real do "Um totalmente só" do analisante[13].

"Responder assim suspende o que o dito tem de verdadeiro"[14], mas, excetuando-se esse *Um-dizer*, constitui todos os ditos aos quais ex-siste em conjunto. Lacan, em *...ou pior*, aborda o *Um-dizer* que se manifesta como ex-sistente, numa referência à interpretação que pode pôr limite ao não diálogo do *Um-dizer*, caso se tenha a sorte de se encontrar um analista que possa fazer ressoar o dizer[15].

O dizer da interpretação, o dizer qualificado por Lacan de "apofântico" — pois, segundo Soler o uso do termo apofântico se apoia na acepção existencial de Heidegger e não no de Aristóteles, enquanto asserção[16] —, tem um sentido próprio, uma jaculação com o sentido da existência, da presença do Um que responde. O apofântico não esconde nem revela, ele faz signo de um real existencial de um dizer que responde, um dizer interpretativo.

O *Um dizer* é contingencial. No entanto, é preciso tentar deduzi-lo, demonstrá-lo.

Lacan aponta para a "maravilhosa eflorescência [...] do impossível" que se aborda a partir do dizer, situando que os ditos do não todo "só

---

[11] SOLER, Colette. *¿Humanización?*. Trad. de Ricardo Etxgaray. Espanha: Fundación de Foros del Campo Lacaniano, número 51, 2018, p. 127.

[12] LACAN, Jacques. "O aturdito" In: LACAN, Jacques. *Outros escritos*. Rio de Janeiro: Zahar, 2003, p. 450.

[13] LACAN, Jacques. *O Seminário, Livro 19: ... ou pior*. Rio de Janeiro: Jorge Zahar Ed., 2012, p. 235.

[14] LACAN, Jacques. "O aturdito" In: LACAN, Jacques. *Outros escritos*. Rio de Janeiro: Zahar, 2003, p. 477.

[15] LACAN, Jacques. *O Seminário, Livro 19: ... ou pior*. Rio de Janeiro: Jorge Zahar Ed., 2012, p. 235.

[16] SOLER, Colette. *¿Humanización?*. Trad. de Ricardo Etxgaray. Espanha: Fundación de Foros del Campo Lacaniano, número 51, 2018, p. 131.

podem completar-se, refutar-se, inconsistir-se, indemonstrar-se e indecidir-se a partir do que ex-siste das vias de seu dizer"[17].

A demonstração do dizer se situa, assim "ao pé do muro do impossível"[18]. Assim, para demonstrar o dizer, é preciso passar da incompletude dos ditos, sua indemonstrabilidade, para terminar pela indecibilidade do dizer. Nesse sentido, o dizer não se torna um dito; ao contrário, ele torna evidente sua própria impotência nos diversos momentos e giros de uma análise.

Sendo assim, é "só ao acuar o impossível em seu último reduto, que a impotência adquire o poder de fazer o paciente transformar-se em agente"[19], ou seja, faz passar o termo que está no lugar do Outro à posição do semblante, no giro dos discursos e, em cada uma dessas voltas, um "dizer que não".

Cada discurso se define por um dizer, e aquilo que vem ocupar o lugar do agente só pode aí se localizar por um dizer. Por essa razão, Lacan pode nomear seus quatro discursos a partir do dizer de cada um.

Escapando a todo discurso petrificado, o dizer só se encontra na demonstração, na basculação de um a outro discurso. O "dizer se demonstra", portanto, nas voltas dos ditos, e é por esse motivo que é preciso tempo para que uma análise, para que o discurso analítico, produza uma "novação do que revela do gozo, para fazer surgir a fantasia que ele realiza por algum tempo" E mais; "A linguagem só se aproxima do real à medida que o discurso reduz o dito a cavar um furo em seu cálculo"[20], pela via do dizer.

O dizer, contingencial, "que se diga", pode ser, portanto, operacional, pode produzir uma análise finita, cernindo o dizer, um dizer que vem colocar um fim à miragem da verdade, um dizer que vale como conclusão, solução sintomática que inventa uma nova amarração.

---

[17] LACAN, Jacques. "O aturdito" In: LACAN, Jacques. *Outros escritos*. Rio de Janeiro: Zahar, 2003, p. 469.
[18] *Idem, ibidem.*
[19] LACAN, Jacques. "Radiofonia". In: LACAN, Jacques. *Outros escritos*. Rio de Janeiro: Zahar, 2003, p. 446.
[20] *Idem, ibidem.*

Fingermann, em "A responsabilidade do dizer", afirma que o Dizer de Lacan é o real como ex-sistência, isto é, o nó borromeano, que, para fazer Um, é preciso três, a partir do que Lacan deduzirá o *sinthoma* enquanto a maneira singular do falasser responder ao "não há...", graças ao "Há Um" [*Y a d' l'Un*], um a mais, a quarta volta, que enoda os três[21]." Faz do *sinthoma*, quarto nó, um dizer, "um dizer que nomeia e até mesmo um outro nome daquele que nomeia, [....] o sinthoma como o pai do nome."[22]

Soler, em "A oferta, a demanda, e... a resposta"[23], refere-se à proposição de Lacan acerca de uma das modalidades do dizer interpretativo do analista como um dizer silencioso que favoreceria uma liberdade maior ao analisando para acessar seus próprios significantes, na direção do saber do "Um real do Um sozinho, inteiramente, só!"[24]. Um falasser que pode produzir uma solução sintomática, que pode usar sua margem de liberdade para inventar uma nova amarração, capaz de fazer laço, a-firmando a falta como causa: Um desejo inédito; Um dizer; Um nome; Um novo viver.

---

[21] FINGERMANN, Dominique. "A responsabilidade do dizer". Rio de Janeiro, VII Encontro da IF-EPCL, julho de 2012. Disponível em: https://www.champlacanien.net/public/docu/4/rdv2012pre10.pdf. Acessado em 29 de setembro de 2022.

[22] SOLER, Colette. *Lacan, leitor de Joyce*. Trad. Cícero Oliveira. São Paulo: Aller Editora, 2018, p. 42-43.

[23] SOLER, Colette. "A oferta, a demanda e ... a resposta". In. *Stylus — Revista de Psicanálise*. Rio de Janeiro, Associação Fóruns do Campo Lacaniano EPFCL — Brasil, n. 26, 2013, p. 24.

[24] LACAN, Jacques. *O Seminário, Livro 19: ... ou pior*. Rio de Janeiro: Jorge Zahar Ed., 2012, p. 235.

O corpo do analista como semblante no atendimento *online*

CÉLIA FIAMENGHI[1]

Porque não sou da informática: Eu sou da invencionática.
Só uso a palavra para compor meus silêncios.
   Manoel de Barros

Do familiar do consultório ao infamiliar do *online*, um desafio neste período pandêmico causado pela Covid-19: conduzir essa nova modalidade de atendimento, mais uma aposta sustentada pelo desejo do analista e não sem alguma invenção.

Se a psicanálise tem a marca freudiana do acolher o estranho e o infamiliar, não poderíamos recuar neste momento. Os atendimentos *online* trouxeram à tona questões importantes tanto teóricas quanto práticas, que nos fazem rever fundamentos teóricos como presença do analista e seu corpo.

Primeira indagação foi: o que a psicanálise entende por corpo? A diferença entre corpo atravessado pela linguagem e organismo biológico. Nesse caso, não poderíamos atrelar a presença do analista à presença do corpo físico.

Do que se trata quando falamos da presença do analista? Essa presença não é seu corpo biológico, mas seu corpo pulsional ao comparecer,

---

[1] Psicanalista, psicóloga, pedagoga, membro de Escola e membro do Fórum do Campo Lacaniano Salvador. Contato: celia.fiamenghi@uol.com.br

enquanto olhar, voz e presença, com seu ato analítico sob transferência. Ato sustentado pelo corpo enquanto semblante. Lacan, no texto "Corpos aprisionados pelo discurso", nos lembra que o discurso do analista é sempre discurso do semblante e que o corpo é seu suporte. Em "A terceira", ele também salienta que não há um só discurso em que o semblante não conduza o jogo. Portanto, o corpo do analista como semblante no lugar do agente do discurso produz o ato analítico.

E a direção do tratamento no atendimento *on-line*? Precisamos rever nossa estratégia e tática? A transferência como estratégia foi o nosso ponto de apoio para manter a presença do analista a postos e a tática da interpretação fazendo funcionar em ato o dispositivo analítico. Uma análise acontece na presença de dois corpos. Lacan fala de "confrontação de corpos" para que o discurso analítico se instaure, depois disso não é mais necessário o encontro de corpos fisicamente, diz ele, entendendo, que na instauração do discurso analítico, algo do não encontro se presentifica, que remete ao "não há relação sexual", ao se colocar em funcionamento o discurso analítico.

Dunker, ao considerar que o atendimento *online* pode ter riscos, diz:

> Uma análise é uma conversa que viola, de modo metódico e calculado, as propriedades imaginárias da fala. Não responder, responder de forma diferida e enigmática, responder de modo cortante ou adversativo, tudo isso fica estranhamente mais difícil na telinha. Os analistas se queixam de que de repente se pegam "conversando" com seus analisandos.[2]

Os atendimentos por ligação telefônica parecem fazer um diferencial nessa questão ao privilegiar a voz ao olhar, assim como foi estabelecido na técnica psicanalítica com o uso do divã.

O manejo nas entrevistas preliminares faz com que aconteça a entrada em análise e abre as portas para o saber inconsciente. Ao fazer

---

[2] DUNKER, Christian. "Psicanálise se depara com uma nova definição de humano na era digital. In. *Blog do Dunker — Site UOL* (09/07/2021). Disponível em: https://www.uol.com.br/tilt/colunas/blog-do-dunker/2021/07/09/o-sujeito-na-era-digital.htm Acessado em 1º de outubro de 2022.

isso, o analista possibilita, via transferência, que seu corpo enquanto semblante de objeto *a* coloque em ato o fantasma do sujeito. O analista encena a vestimenta fantasmática do analisante, ou seja, torna-se semblante (um parecer ser) da verdade fantasmática do sujeito.

Quinet, em seu livro *Análise online*[3], faz referência a Lacan nos anos 50, em "A direção da cura", para enfatizar a estratégia do manejo da transferência e da tática da interpretação como fundamentais para a condução das análises. Contudo, ele ressalta que, a partir dos anos 70, Lacan, com a teoria dos discursos e da análise do campo de gozo, fez uma modificação. Para ele, no campo do gozo, a tática não diz respeito só a interpretação, mas concerne ao ato analítico, e a estratégia enfatiza o manejo dos semblantes.

Lacan apresenta o corpo nos três registros, real, simbólico e imaginário, com o objeto *a* no centro do nó e dos gozos que torna possível circunscrever o corpo e suas incidências na direção do tratamento. O objeto *a* no centro do nó é o que vai fazer Lacan dizer que o objeto *a* é o que ex-siste aos gozos. Portanto, seu manejo faz efeito em todos os gozos, como um turbilhão no centro do nó, e o analista pode aí operar. Nesse lugar, o analista pode interrogar algo da verdade mentirosa.

No Seminário *Os não tolos erram*, Lacan salienta que o analista como semblante de objeto *a* fará produzir algo "das verdades indomáveis", ou seja, algo de um aproximar-se disso que é da ordem do "não há relação sexual"[4]. O analista ocupa, na transferência, o mesmo lugar do sintoma, enquanto função de sustentar o vazio de significação. Sem esquecermos que a entrada em análise transforma a queixa inicial em sintoma analítico, por estar sob efeito de transferência.

O atendimento *online* necessitou de um esforço para um além do imaginário da tela e um cuidado advertido para sustentar o discurso analítico, visando o real da experiência analítica.

---

[3] QUINET, Antonio. *Análise online na pandemia e depois.* Rio de Janeiro: Atos & divãs, 2021.

[4] LACAN, Jacques. *Le séminaire, Les non-dupes errent.* Inédito. Aula de 9 de abril de 1974.

A voz como semblante do objeto *a* pode encarnar o corpo do analista como suporte do discurso analítico.

O analista, ao dar corpo e voz ao discurso analítico sustentado via transferência, pode produzir efeitos, atuando nos gozos e nos acontecimentos de corpo, inibição, sintoma e angústia, assim como no atendimento presencial.

Há que se pensar nos efeitos no (en)corpo de quem se atreve a encarar a jornada de uma análise e seus efeitos na formação de um analista. Que corpo pode ocupar o lugar de semblante? Um corpo modificado pela experiencia de não ser "aprisionado pelo discurso", mas que possa sustentar o discurso do analista.

Alejandro Rostagnotto, na *Wunsch* 21, ao falar sobre o passe, diz que uma análise requer a modificação do corpo[5]. Para isso, é preciso saber fazer com o nó, e do semblante, saber equivocar e finalmente *des-ser*. Ele complementa dizendo que um corpo mortificado não escuta e não faz laço. "Escutamos com o corpo e não com as orelhas". Para ele, o analista, com seu desejo, põe à disposição um corpo para poder "estetizar" (finalidade ética e estética) o objeto *a*: o "corpoanalista" como saber *des-ser*. Ao ocupar o lugar de semblante, o analista pode desembaraçar a verdade para o analisante, interpelando o gozo.

O corpo como semblante do objeto *a* remete ao lugar que podemos ocupar como analistas e, assim, poder saber fazer aí. Recorto um trecho do Seminário 19, no qual Lacan fala disto:

> Para representar esse efeito que designo pelo objeto *a*, para nos acostumarmos com esse *des-ser* de ser o suporte, a abjeção a que pode agarrar-se àquilo, que graças a nós, vai nascer de um dizer, um dizer que seja interpretador, convido o analista, para ser digno da transferência, a ter como suporte aquele saber que, por estar no lugar da verdade, pode interrogar-se como estrutura dos saberes, desde as habilidades (*les savoir-faire*) até o saber da ciência.[6]

---

[5] ROSTAGNOTO, Alejandro. "O saber, se inventa. In. *Wunsch — Boletim internacional da EPFCL*, número 21, 2021.

[6] LACAN, Jacques. *O seminário, livro 19: ...ou pior.* Rio de Janeiro: Jorge Zahar Ed., p. 226.

Nossa vivência com essa nova modalidade de atendimento nos fez verificar a potência do discurso analítico e seus efeitos na *pólis* nesse momento crucial. Fomos atravessados pela angústia inicial, produzida pelo não saber como seria manter uma clínica toda *online*. Os analistas precisam manter-se (a)cordados para a direção do trabalho analítico para manterem-se advertidos dos engodos e facilidades da onda *online*, bem como de seus apelos mercadológicos, para sustentarem seus fundamentos clínicos.

Concluo com Gilberto Gil e o trecho da sua música tema da minha mesa no encontro nacional "Com quantos gigabits se faz um barco que veleje?" Onde encontramos o leme, timão, bússola para nos nortear, para que a psicanálise possa velejar? Velejamos por mares turbulentos e incertos. O desejo do analista e seu ato sob transferência foram os norteadores e sustentaram a clínica. Cada analista, na solidão de seu ato, foi convocado a responder e testemunhar por sua prática.

A escuta de professores universitários em tempo de pandemia

JOSEANA SIMONE DECKMANN LIMA[1]

A partir da perspectiva psicanalítica, este trabalho tem por objetivo transmitir algo do que foi possível decantar da experiência de escuta com professores universitários realizada numa instituição de ensino superior, com vistas a ofertar um lugar de "acolhimento" e circulação da palavra, tanto individual, quanto em grupos com docentes.

Freud apontava a importância da psicanálise na formação de cientistas, pois poderia ajudá-los, aproximando-os mais "dos problemas da vida em geral ou dos da sua profissão"[2]. E quais seriam os problemas dos professores senão as vicissitudes da própria prática?

A escuta realizada na instituição, fundamentada na ética da psicanálise que remete a este lugar de abertura à fala singular de cada um, favorece a possibilidade da circulação dos discursos, e pretende que algo do inconsciente possa emergir e implicar o sujeito com seu desejo.

Os significantes advindos desta escuta sinalizam a importância de indagar sobre a possibilidade de um mal-estar dos professores diante da práxis e para um certo saudosismo do lugar que ocupavam junto

---

[1] Psicanalista, membro do Fórum do Campo Lacaniano de Joinville, membro de Escola – EPFCL-Brasil e IF. Psicóloga, mestre em Educação (UNIB/SP), Especialista em Psicologia Jurídica (PUC/PR). Contato: joseanasimonedeckmannlima@gmail.com.

[2] FREUD, Sigmund. "Sobre o ensino da psicanálise nas universidades". In: *Edição Standard Brasileira das Obras Psicológicas Completas de Sigmund Freud, volume XVII*. Rio de Janeiro: Imago, 1996, p. 188.

aos alunos no passado — e que já não ocupam mais —, além da preocupação com a necessidade de dominar o uso de tecnologias, o empuxo atual às aulas em EAD e, nestes últimos anos, o enfrentamento do real de uma pandemia.

O MAL-ESTAR DOS PROFESSORES EM TEMPO DE PANDEMIA

O real da pandemia trouxe impactos no ensino de um modo geral, e não poderia ser diferente no ensino superior. Neste momento ímpar, não há como fechar os olhos e deixar de retratar — sendo o presente texto um recorte — os efeitos dessas bruscas mudanças no cotidiano dos professores. A questão que nos instigou foi: a situação de pandemia teria intensificado o sofrimento do professor universitário?

A partir de entrevistas realizadas com cinco professores, seguimos as pegadas dos significantes advindos daquilo que o sujeito pôde lançar para bordear a angústia, tendo em vista que as três fontes de sofrimento nomeadas por Freud se presentificaram ao mesmo tempo: a impossibilidade do domínio sobre a natureza, a fragilidade dos corpos e o desencontro na relação com o outro[3].

O que Freud aponta em *O mal-estar na civilização* é que o relacionamento com os outros é a causa de maior sofrimento do homem. Já na elaboração lacaniana, encontramos a noção de *discurso* para tratar dos laços sociais. A noção de "campo lacaniano" tem a ver com "aquilo que nomeia a extensão do campo no qual o discurso analítico tem algo a dizer", o que nos permite afirmar que a psicanálise não aborda somente o indivíduo, e que a partir do discurso analítico é possível compreender algo da coletividade[4].

Partimos para uma análise dos discursos em que serão considerados os significantes relatados. Não se trata de uma análise dos sujeitos entrevistados, pois isso só poderia ocorrer no *setting* analítico.

---

[3] FREUD, Sigmund. "O mal-estar na cultura". In: *Cultura, Sociedade, religião: O mal-estar na cultura e outros escritos*. Trad. Maria Rita Salzano Moraes. Belo Horizonte: Autêntica, 2020.

[4] SOLER, Colette. "O discurso capitalista". In. *Stylus — Revista de psicanálise*, número 22, maio de 2011, p. 57.

Aqui vamos extrair a posição de *semblante* do professor ao ocupar determinados lugares.

Dito isso, diante da impossibilidade do ensino presencial, a saída encontrada, pela instituição, foi rapidamente oferecer aos professores cursos preparatórios para a utilização das plataformas *online* viabilizando, assim, a continuidade das aulas.

Levando em conta a configuração do discurso universitário, situamos a aula *online* no lugar de um saber [S_2] alicerçado sobre a técnica, saber que vai endereçar ao aluno que se disponha a aprender o conhecimento exposto, por vezes, de forma conteudista. Em resposta ao incremento tecnicista, ao contrário de uma abertura a tudo apreender, o que se constata algumas vezes é um semblante de rebeldia — não abrir a câmera, não fazer perguntas —; o protesto se dá no silêncio.

DISCURSO UNIVERSITÁRIO

$$U$$

$$\frac{S_2}{S_1} \longrightarrow \frac{a}{\cancel{S}}$$

Aula *online*/expositiva [S_2]
O compromisso do aluno em aprender [a]
Tecnocracia [S_1]
Aluno não abre a câmera, fica em silêncio/Alienação [$\cancel{S}$]

Segundo os depoimentos dos professores o ensino remoto, no início houve um "susto", já que precisaram se adaptar em tempo recorde a uma nova modalidade de ensino. Em seguida, veio a euforia pela novidade e suas possibilidades. Mas, aos poucos, eles foram percebendo que "não é como o ensino presencial"; a modalidade trouxe contribuições, no entanto, houve um "empobrecimento" nas aulas; "a interação foi muito prejudicada", é mais fácil cair fora na falha de uma conexão.

Os professores relataram o mal-estar em deparar-se com a tela escura, o que por vezes se presentificou "um faz de conta": o professor faz de conta que ensina e o aluno faz de conta que aprende. Nesse caso, o mal-estar impera.

DISCURSO DA HISTÉRICA

$$H$$

$$\frac{\cancel{S}}{a} \longrightarrow \frac{S_1}{S_2}$$

A interação foi muito prejudicada [$\cancel{S}$]
A tecnocracia [S_1]
Angústia do aluno [a]
Aula virtual [S_2]

As tecnologias utilizadas durante a pandemia possibilitaram que não ficássemos isolados, como ocorreu no decorrer da gripe espanhola, mas por fim trouxeram um sentimento de inautenticidade, pois algo da experiência se perdeu[5].

A crise na educação tem os seus motes em cada época. Neste momento, ela se presentifica pelo incremento das tecnologias e das metodologias, sustentadas pelo discurso do capitalista, deixando a subjetividade dos atores professor e aluno em segundo plano. Como lidar com essa *Unbehagen* contemporânea?

No modelo de mercado atual, como nos indica Bondía, há uma mercantilização dos espaços escolares[6]. Assim como aponta Ravanello, um dos motivadores de sofrimento no âmbito universitário é "a incidência dos modos de subjetivação estruturados pelo discurso neoliberal que

---

[5] BENJAMIN, Walter. *A obra de arte na era de sua reprodutibilidade técnica — Primeira versão*. In. *A idéia do cinema*. Trad. José Lino Grünnewald. Rio de Janeiro: Civilização Brasileira, 1969.

[6] "Entrevista concedida a Ederson Granetto". Disponível em na plataforma YouTube, no endereço https://www.youtube.com/watch?v=aTZOeWa4FhE&ab_channel=Ivan-Rubens. Acessado em 10 janeiro de 2020.

impõe formas de gestão de si e de laço social em termos de competição e sobrevivência no mercado"[7].

DISCURSO DO CAPITALISTA

$$H$$
$$\downarrow \frac{\cancel{S}}{S_1} \; \cancel{\times} \; \frac{S_2}{a} \downarrow$$

Aluno consumidor [$\cancel{S}$]
Tecnologias da informação [S_2]
Capital [S_1]
Aula [a] produto

Neste caso, o aluno é um cliente, e a relação professor e aluno fica mais complexa pois, segundo a lógica de mercado, "o cliente sempre tem razão". Como fica, então, a autoridade do professor? E a relação transferencial entre o aluno e seus professores?

É algo que segue a lógica do discurso do capitalismo pois, como indica Coutinho[8], esta forma de laço valoriza a competitividade, o individualismo, uma educação voltada para o mercado, permeada por um ideal de professor que, segundo Alves e Curado[9], provoca um desamparo mediante o discurso da competência, e consequentemente a impotência por não conseguir realizar uma "educação plena".

---

[7] RAVANELO, Tiago. "Existe um sofrimento propriamente universitário? Da crítica à medicalização ao estabelecimento de seu estatuto discursivo". In: CARVALHO, Diego (org.) *Diálogos entre teoria social, filosofia e psicanálise*. Curitiba: Brazil Publishing, 2020, p. 207.

[8] COUTINHO, Luciana Gageiro. "O mal-estar na escola — O discurso dos professores diante dos imperativos educativos contemporâneos". In. *ETD — Educação Temática Digital*, Campinas-SP, v. 21, n. 2, p. 348-362, abr./jun. 2019. Disponível em: https://doi.org/10.20396/etd.v21i2.8653274. Acessado em 5 de março de 2020.

[9] ALVES, Rafaela Brandão; CURADO Bárbara Taveira Fleury. "O narcisismo na docência universitária". In. *Estudos e Pesquisas em Psicologia*, Rio de Janeiro, v. 17, n. 1, p. 259-276, 2017. Disponível em: v17n1a15 (bvsalud.org). Acessado em 15 de maio de 2020.

No discurso neoliberal, comenta Voltolini, o professor se situa como proletário — ou o escravo no discurso do mestre — e serve como um meio de transmitir o discurso do poder[10]. O professor desapropriado de seu saber serve ao capital, como quando perde aulas pelo baixo número de alunos. A própria aula pode ser um *gadget*; se os consumidores não aparecem, corta-se o objeto ofertado.

No final do primeiro semestre, em determinado curso, diante da exaustão vivenciada por professores e alunos por conta da multiplicação do trabalho para preparar uma aula de forma diferenciada — e porque não foi considerado que o tempo da aula *online* não é o mesmo tempo de uma presencial —, o que resultou foi uma aula cansativa e engessada, o que explicitou a insatisfação. Para a maioria, fazia falta a aula presencial, a interação e a aproximação entre professores e alunos. Assim, a questão que se colocou foi: "Como improvisar à distância?" [$], Foi o não saber que mobilizou o colegiado [S_2] a procurar saídas para o mal-estar.

DISCURSO DA HISTÉRICA

$$H$$

$$\frac{\$}{a} \longrightarrow \frac{S_1}{S_2}$$

Como improvisar à distância? [$]
Colegiado de Professores do Curso [S_1]
Professores e alunos animados
Produção Seminário *on-line* participando (a)
com convidados [S_2]

Foi interessante verificar, que o reconhecimento dessa insuficiência — "todos estavam muito cansados" — possibilitou que um grupo

---

[10] VOLTOLINI, Rinaldo. "Psicanálise e formação docente". In: VOLTOLINI, Rinaldo (org.) *Psicanálise e formação de professores: Antiformação docente*. São Paulo: Zagodoni, 2018, parte 1, p. 19-110.

de professores, junto aos estudantes do curso, criassem um seminário com professores convidados e momentos de apresentações artísticas com ex-alunos. Houve um movimento que oportunizou algo novo, uma engenhosidade, para dar conta de lidar com a falta dos laços no espaço da universidade[11].

Além de uma professora que, após a sua experiência como aluna, pôde se colocar "atenta" neste momento em que "a vida estava tão louca, tão fora do normal," diante da falta, abriu-se para escutar também a falta dos alunos, posicionamento que situa-se na lógica do discurso do analista, o que permitiu autorizar-se em novos caminhos. Lembramos da fala de Quinet: "Essa política da falta é o que corresponde à ética do desejo"[12].

DISCURSO DO ANALISTA

$$\frac{a}{S_2} \longrightarrow \frac{\$}{S_1}$$

Escuta de si e do outro [a]
Mal-estar dos professores e dos alunos [$\$$]
Ato educativo; O que fazer diante do Real? [S_1]
Saídas singulares [S_2]

Reconhecer a castração, a que todos estão submetidos, bem como a impossibilidade de complementaridade no par professor-aluno, isto é, o impossível da realização de uma educação ideal, pode ser o "combustível para uma função bela e criadora", sendo capaz de "manter o abismo entre a verdade e o saber" que desperta a curiosidade, a "abertura para o desejo que move a busca de saber." Desejo que vai contra

---

[11] *Idem, ibidem.*
[12] QUINET, Antonio. *A política do psicanalista — do divã para a pólis.* Rio de Janeiro: Atos & divãs Edições, 2021, p. 27.

a enfatuação narcísica de já saber, suscitando a abertura para a escuta de si e do outro, a qual situa-se no discurso do psicanalista, do qual o professor pode se utilizar, vez ou outra, e deixar um espaço para que o novo aconteça.

Sustentamos que falar do mal-estar na escola ou na universidade é uma estratégia política, não no sentido da política partidária, é a política da falta-a-ser, pois não se trata de tentar suprimir o mal-estar, "mas de escutá-lo e suportá-lo, oferecer outra possibilidade de fazer com ele"[13].

No trabalho de acolhimento e de escuta com professores, visamos colocar o sujeito para falar, possibilitando que ele se aproxime de seu desejo, podendo sair do imperativo de competição e sucesso, oportunizando a transformação do mal-estar num Ato educativo inédito.

---

[13] COUTINHO, Luciana Gageiro. "O mal-estar na escola — O discurso dos professores diante dos imperativos educativos contemporâneos". In. *ETD — Educação Temática Digital*, Campinas-SP, v. 21, n. 2, p. 348-362, abr./jun. 2019. Disponível em: https://doi.org/10.20396/etd.v21i2.8653274. Acessado em 5 de março de 2020, p. 351.

O psicanalista, o sintoma e a supervisão

GLORIA SADALA[1]

Augusta, graças a Deus,
Entre você e a Angélica
Eu encontrei a Consolação
Que veio olhar por mim
E me deu a mão

Quando eu vi
Que o Largo dos Aflitos
Não era bastante largo
Pra caber minha aflição
Eu fui morar na Estação da Luz
Porque estava tudo escuro
Dentro do meu coração

O XXI Encontro Nacional da EPFCL-Brasil, em Salvador, em 2021, foi marcado pelo enlace entre Arte e Psicanálise. Poesia, fotografia, teatro e música! Tom Zé, cantor, compositor e escritor

---

[1] Psicanalista. Membro da Escola de Psicanálise dos Fóruns do Campo Lacaniano – Fórum Rio de Janeiro. Especialista, Mestre e Doutora pela UFRJ. Fundadora e coordenadora do Programa de Pós-Graduação Stricto Sensu em Psicanálise, Saúde e Sociedade (Mestrado e Doutorado) da Universidade Veiga de Almeida. Professora do curso de Especialização em Psicologia Clínica da PUC-Rio. Em sua trajetória profissional, dedicou-se especialmente à clínica psicanalítica e ao magistério superior. Co-organizadora do livro *A mulher: na psicanálise e na arte* (Contra Capa, 1995) e autora de diversos artigos publicados em periódicos e capítulos de livros. Contato: gloriasadala@gmail.com.

baiano, esteve presente através de sua música e tomei uma delas, intitulada "Augusta, Angélica e Consolação", para introduzir este texto, cujo foco principal é a prática supervisionada na clínica psicanalítica.

Consolação, da música de Tom Zé, é a terceira num tripé de mulheres que deu a mão quando tudo estava escuro. O analista procura supervisão para que um analista mais experiente lhe dê a mão. Um tropeço, uma paralisação em sua função ou algo obscuro pode causar mal-estar, angústia ou inibição na condução de uma análise.

Na busca de uma luz sobre o que acontece, o analista encontra a supervisão que, em princípio, pretende articular o que se aprende no universal da teoria com o que se extrai do singular da sua análise pessoal.

A supervisão, portanto, é mais um elemento na elaboração do saber a ser feito pelo analista, elaboração singular, no caso a caso. Supervisão não é Consolação, ao contrário: faz apelo ao duro trabalho de construção de um saber impossível, através das fontes acessíveis ao analista.

Desde Freud, a formação do analista estabeleceu-se apoiada num tripé. Esta concepção foi enunciada no artigo freudiano "Deve-se ensinar a psicanálise na universidade?"[2]. A base do tripé da formação reside na análise pessoal, nascedouro do desejo do analista.

A supervisão situa-se entre os dois outros elementos do tripé e ora remete o analista à análise pessoal, ora ao estudo teórico. Ou seja, a supervisão tem a função de enlaçar, de remeter o analista ao elemento do tripé que anda mal, que tropeça, que precisa ser mais bem-dito.

O tema do XXI Encontro Nacional de EPFCL-Brasil, retomando a ideia de que "o sintoma representa aquilo que não anda e o psicanalista faz disso ofício", nos instigou a pensar na hipótese da supervisão como sintoma na formação do psicanalista.

O que retorna na supervisão não é o mesmo que ocorreu na análise conduzida pelo analista. Na supervisão trata-se de um sinto-mal que pode ser efeito de uma insuficiência no estudo da teoria ou algo relacionado à subjetividade daquele analista.

---

[2] FREUD, Sigmund. "Deve-se ensinar a psicanálise na universidade?". In. *Obras completas, volume 14: Além do princípio do prazer e outros textos (1917-1920)*. Trad. Paulo César de Souza. São Paulo: Companhia das Letras, 2010, 377-381.

Afinal, o que é supervisão? O que é possível extrair do que é trazido à supervisão?

No tripé clássico da formação do analista, a supervisão foi o último pé a se constituir. Hanns Sachs foi o primeiro analista a estabelecer a distinção entre análise pessoal e supervisão clínica, o que ocorreu em função de sua dificuldade em conduzir análises didáticas em Berlim. Com a criação de um espaço específico para a supervisão clínica completou-se o conhecido tripé da formação.

Lacan mantém a concepção da formação do analista a partir do tripé clássico, ressalta a importância da supervisão, mas retira seu caráter de obrigatoriedade. Critica o termo "controle", chamando-o inclusive de sinistro. Embora tenha havido proposta de tradução como "super-audição" e "co-visão", em português manteve-se supervisão, termo que ainda nos remete à ideia inicial da IPA, da supervisão como controle através do qual tentava-se verificar se os analistas estavam seguindo os procedimentos institucionais.

Portanto, o próprio termo supervisão nos coloca em estado de alerta quanto à padronização e à acomodação às formas instituídas, as quais impediriam que a prática analítica se constituísse como uma experiência original.

Lacan, numa exortação à não sacralização e não uniformização da psicanálise, finaliza sua "Proposição de 9 de outubro de 1967" com o que ouviu de um psicanalista americano: "A razão por que jamais atacarei as formas instituídas, disse-me ele, é que elas me asseguram sem problemas uma rotina que gera minha comodidade"[3].

Constatamos diferentes práticas de supervisão: supervisões com tempo curtíssimo; supervisor que anota detalhadamente os relatos; supervisor que pede que o material clínico seja sempre organizado previamente; supervisor que solicita uma fala livre sobre o caso; exigência de periodicidade semanal; supervisão sob demanda; supervisão sugerindo ou exigindo a continuidade de um mesmo caso. Não há

---

[3] LACAN, Jacques. "Proposição de 9 de outubro de 1967". In: *Outros escritos*. Rio de Janeiro: Jorge Zahar Editor, 2003, p. 264.

padrões. Não há Consolação. A mão estendida deve ficar vazia, mas livre para se colocar a trabalhar e criar.

Observamos que são poucos os registros que permanecem como lembranças das supervisões. De um modo geral, verificamos, *a posteriori*, que as intervenções em supervisão que tocaram em algo da inibição, sintoma ou angústia do supervisionando, são aquelas que tendem a ficar registradas. E são justamente as que tiveram efeito de transformação, tanto no próprio analista em supervisão, quanto na condução de suas análises.

Um analista apresenta em supervisão o caso clínico de uma criança com uma demanda insistente a cada início de suas sessões de análise: "Vamos jogar dama?". E jogar dama era somente o que acontecia nas sessões. Intervenção do supervisor: "Mas onde ela quer jogar a dama?". Como efeito de tal intervenção, a análise entra nos trilhos. E a criança, posteriormente, revela: "o que quero é jogar a dama pela janela".

Em outra ocasião, um supervisor diz: "Você percebe, mas não fala. É preciso falar com seu analisante!". À primeira vista, parece tratar-se de uma intervenção pedagógica, mas houve efeitos de transformação no supervisionando/analista.

Estas intervenções em supervisão, que denotam seu estatuto de ato através das transformações provocadas, nos levam a repensar tanto o que é supervisão em psicanálise como as articulações entre os pés do tripé da formação do analista.

Em seu livro publicado em 2021, *Lacan ainda: testemunho de uma análise*, Betty Milan escreve a respeito de seus últimos encontros com Lacan, os quais foram duas supervisões. Ela lhe comunica a respeito de sua volta ao Brasil, uma única vez, em uma supervisão. Lacan responde: "Claro, minha irmã". Através de um trocadilho, com humor, ela interpreta esta fala de Lacan, dizendo: "[é] o seu aval para continuar a exercer psicanálise onde eu quisesse"[4]. Na supervisão realizada, Lacan

---

[4] MILAN, Betty. *Lacan ainda: testemunho de uma análise*. Rio de Janeiro: Jorge Zahar Ed., 2021, p. 115.

se despede dela, dizendo: "a senhora tem cancha". Para ela, foi o aval que precisava para recomeçar sua vida no Brasil.

Estas ilustrações nos remetem à afirmativa enigmática de Lacan em 09/04/1974: "o psicanalista só se autoriza por si mesmo e por alguns outros". O supervisor pode ser considerado como um desses outros que também autoriza o analista ao seu ofício. Reafirmamos que a supervisão tem uma função de enodamento entre os três elementos do tripé para um analista autorizar-se como tal.

A partir da hipótese enunciada no início deste texto acerca da supervisão como sintoma na formação do psicanalista, que aponta para algo que não anda, perguntamos: como situar a supervisão na topologia, na clínica e na política psicanalítica?

Da voz à invocação:
Sobre fantasia e sintoma

CATARINA GOMES DA SILVA[1]

Durante a sustentação dos trabalhos no Cartel "A lógica da fantasia", revelou-se o interesse pela voz e suas reverberações, incluindo a relação com as formações dos sintomas como reflexo do período devastador de pandemia. Este contexto, que escancarou o real em sua potencialidade mortífera e causadora de desamparo, evidenciou como cada sujeito se depara com sua fantasia. O que nos levanta a indagação: o que da lógica da fantasia nos toca subjetivamente neste momento? Partimos do entendimento de que, quando a fantasia falha na sua função de proteger o desejo sob recalque, aparece a angústia dividindo o sujeito. Isso leva à formação dos sintomas e à inibição, o que mantém a posição de objeto do desejo do Outro. Destacar o lugar da voz na fantasia põe em questão a forma como a entonação vocal pode materializar o sintoma através do seu eco, sinalizando ao Outro seu clamor à existência, ao mesmo tempo que convoca ao desejo. Isso ficou ainda mais evidente nesses tempos de sofrimento pandêmico em que as angústias se asseveraram e as análises se tornaram mais necessárias, fazendo surgir novas demandas e até intensificando as já existentes, onde o sintoma, como diz Rainer Melo, no texto "Análise online em tempos de pandemia", se constitui mostrando a hiância do inconsciente e transformando-se em uma questão enigmática, relativa a um saber no campo do Outro[2].

---

[1] Psicóloga, especialista em Clínica Psicanalítica, membro do Fórum Alagoas em Formação. Contato: catarinagomes.psicanalise@gmail.com.

[2] MELO, Rainer. "Análise online em tempos de pandemia". In. Fórum do Campo Lacaniano — MS (Org). *Psicanálise e pandemia*. São Paulo, Aller, 2020, p. 81-87.

A fantasia, para a psicanálise, é um fenômeno estruturante, relacionado à noção freudiana de realidade psíquica. Por ser forjada pelo recalque inconsciente e diretamente ligada à satisfação pulsional, a fantasia leva ao paradoxo em que, ao mesmo tempo que tenta satisfazer a exigência pulsional, ela se articula ao desprazer, posto que a satisfação pulsional é sempre parcial. Em "Subversão do sujeito e dialética do desejo", Lacan afirma que a fantasia é reguladora do desejo regido pela castração, sendo o estojo daquele eu primordialmente recalcado que só será reconhecido ao permitir que escape ao menos um sopro do seu desejo, no enfraquecimento da enunciação[3]. Isso fica mais bem explicado no Seminário 8 sobre *A transferência,* onde ele diz que "a fantasia não é apenas formulada, mas evocada", para mostrar sua relação com a necessidade neurótica de manter o desejo real do sujeito sob a condição de uma impossibilidade de se realizar, contando com peculiares formações sintomáticas de gozo[4]. Assim, para manter o desejo recalcado, a fantasia se sustenta no sintoma que aprisiona o sujeito.

Sabemos desde Freud que o sintoma do neurótico guarda, em seu sentido, além da satisfação disfarçada, estreita relação com a história de vida de quem o manifesta[5]. Sua formação se relaciona com os mais diversos condicionamentos inúteis e prejudiciais à vida, onde o sujeito frequentemente se ampara em queixas, desprazer e sofrimento, levando à paralisação de seus investimentos libidinais em atividades importantes da vida. Assim, o sintoma se apresenta como uma forma desfigurada de realização de um desejo inconsciente, que a fantasia originária se esforça para manter recôndito, dada a impossibilidade de sua satisfação real[6]. Nesse conflito entre a realidade psíquica e a consciência, o sintoma é um indício de que uma satisfação pulsional

---

[3] LACAN, Jacques. "Subversão do sujeito e dialética do desejo no inconsciente freudiano". *In: Escritos.* Trad. Vera Ribeiro. Rio de Janeiro: Jorge Zahar, p. 831.

[4] LACAN, Jacques. *O seminário, livro 8: A transferência.* Rio de Janeiro: Jorge Zahar Ed., 2010, p. 440.

[5] FREUD, Sigmund. "Conferências introdutórias à psicanálise". In. *Obras completas, volume 13: Conferências introdutórias à psicanálise (1916-1917).* Trad. Paulo César de Souza. São Paulo: Companhia das Letras, 2014, p. 475-476.

[6] *Idem,* p. 478.

recalcada se arranjou para se realizar com algum substituto que funcionou como uma saída para o conflito[7]. Assim se apresentam os sintomas, sobretudo nos inícios de análises, a serviço da inibição do sujeito.

Durante a pandemia da Covid-19, muitas vozes se calaram, ceifadas pelo vírus; outras se inibiram, imbricadas a diversas formações sintomáticas. Felizmente, houve as que se descobriram potentes em meio ao caos desse período devastador, desbravando seus próprios tons no percurso de suas análises. Lacan, em seu seminário *Os quatro conceitos fundamentais da psicanálise*, deu à voz o estatuto de objeto *a*, causa do desejo, propondo as pulsões escópica — relacionada ao olhar e ao desejo para o Outro[8] — e invocante — ligada a voz e ao desejo do Outro[9]. Ele afirma que, na constituição do sujeito que será evocado pela linguagem, desponta uma intervenção da demanda do Outro, que ocorre na estreita relação entre o olhar e a voz. Lacan adverte que o olhar, antes do surgimento do sujeito, é vazio[10]. O que se olha é o que não se pode ver, e só será estruturado como pulsão de olhar, diante da introdução do olhar que retorna do Outro, tocando esse vazio para surgir o desejo de ser visto.

A voz se funda como pulsão invocante, na medida em que está articulada ao retorno desse olhar do Outro com seu desejo dirigido ao sujeito, equivalendo à resposta sobre qual lugar o sujeito ocupa no desejo do Outro. Contudo, a função da voz é afônica, não apresenta materialidade que garanta uma escuta fiel ao que foi dito, e isso opera a hiância na significação, como bem ilustrado por Caldas ao dizer que "a voz permanece e emerge afônica do material de que é feita, tal como o barro não é o vaso, mas o oco criado por ele"[11]. Esse oco, o espaço

---

[7] FREUD, Sigmund. "Inibição, sintoma e angústia". In. *Obras completas, volume 17: Inibição, sintoma e angústia, O futuro de uma ilusão e outros textos (1926-1929)*. São Paulo: Companhia das Letras, 2014, p. 19-20.

[8] LACAN, Jacques. *O Seminário, livro 11: Os quatro conceitos fundamentais da psicanálise*. Rio de Janeiro: Zahar, 2008, p. 177.

[9] *Idem*, p. 191.

[10] *Idem*, p. 179.

[11] CALDAS, H. *Da voz à escrita: clínica psicanalítica e literatura*. Rio de Janeiro: Contra Capa Livraria, 2007, p. 93.

vazio da captação do sujeito sobre o desejo do Outro dirigido a ele, é marcado por uma impossibilidade de acesso e parece propiciar os mal-entendidos da significação, fundamentando a capacidade do fantasiar para tentar tamponar esse vazio do impossível. A questão é que é desse vazio que o sujeito deve advir, com sua própria entonação, a tentativa de seu preenchimento, que sempre fracassará, faz irromper a angústia, que Lacan diz ser o modo radical de se manter a relação com o desejo[12].

Vives discorre que é o velamento da voz do Outro e suas reverberações que permite ao sujeito advir, caso contrário, ele estaria submetido às mais cruéis injunções da voz do Outro captadas no real, o que leva à anulação de seu desejo, subjugado pelo desejo do Outro[13].

A psicanálise, diz Vives, autoriza e situa a ambivalência paradoxal da relação da voz com o surgimento do sujeito, como sendo necessária e invasora, podendo não o invocar, mas anulá-lo, sendo preciso o sujeito se valer de um ponto de surdez para que a voz que ecoa o desejo do Outro nas possibilidades de significação, não o invada a ponto de lhe calar[14]. É na análise que, diante da angústia, alguém pode conseguir falar de sua fantasia e, na presença do desejo do analista, rearranjar essa invocação, de modo que o sujeito afine seu sintoma e deixe soar o tom do próprio desejo.

---

[12] LACAN, Jacques. *O seminário, livro 8: A transferência*. Rio de Janeiro: Jorge Zahar Ed., 2010, p. 445.
[13] VIVES, Jean-Michel. *A voz no divã*. Trad. Mario Sagayama. São Paulo: Aller, 2020, p. 196.
[14] VIVES, Jean-Michel. "A pulsão invocante e os destinos da voz". In. *Psicanálise & Barroco em revista*, v.7, nº 1: 186-202, julho 2009, p. 20.

Algumas versões da perda da realidade:

Freud, o neorrealismo italiano e o esquema R

BEATRIZ CHNAIDERMAN[1]

Assim, tanto para a neurose como para a psicose, há de se considerar não apenas a questão da perda da realidade, mas também de uma substituição da realidade.
   Sigmund Freud[2]

Será sempre preciso sacrificar alguma coisa da realidade à realidade
   André Bazin[3]

Pois, certamente, os sulcos que o significante cava no mundo real vão buscar, para alargá-las, as hiâncias que ele lhe oferece como ente, a ponto de poder persistir uma ambiguidade quanto a apreender se o significante não segue ali a lei do significado
   Jacques Lacan[4]

---

[1] Psicanalista, membro do FCL-SP, bacharel em psicologia pela USP e coordenadora do grupo Pensamento Judaico Contemporâneo da Academia Judaica (AJ/CIP). Atualmente, desenvolve pesquisas nas áreas de cinema, judaísmo e clínica de bebês. Contato: bchnaiderman@gmail.com

[2] FREUD, Sigmund. "A perda da realidade na neurose e na psicose". In: *Obras Completas, volume 16: O Eu e o id, "Autobiografia" e outros textos (1923-1925)*. Trad. Paulo César de Souza. São Paulo: Companhia das Letras, 2011, p. 221.

[3] BAZIN, André. *O que é o cinema?* São Paulo: Ubu Editora, 2018, p. 321.

[4] LACAN, Jacques. "De uma questão preliminar a todo tratamento possível da psicose". In: *Escritos*. Trad. Vera Ribeiro. Rio de Janeiro: Zahar, 1998, 556.

O campo da realidade: este trabalho poderia se chamar "algumas versões do campo da realidade", o que daria no mesmo que "algumas versões da perda da realidade". O campo da realidade, espremido entre a miragem narcísica e o muro da linguagem — no esquema R — é indissociável da ideia de perda, de falta, de lacuna e ainda assim, de um *plus*, um campo de intrusão do significante, um campo de excessos do significado — como sugere esta última citação com que abro este trabalho.

É difícil se aproximar do campo da realidade, já que ele é também o da perda dessa realidade. *E pur si muove!*, ou *ça n'empêche pas d'exister*! O fato é que a restrita realidade material do isolamento social, a mesmisse dos cômodos da casa e da cara das pessoas que moram nela, a mesmisse dos passos que a atravessam de um lado ao outro, do banheiro ao café à ginástica, da mesmisse da queixa de todas as vozes ao telefone: tá foda, saudades, se cuida, de mesmisse em mesmisse, uma imensa miragem online virtual 4G se abriu. Isso quase gerou entusiasmo. O certo é que gerou mal-estar. Procuram-se analistas. Procuram-se urgências. Aí está o campo da realidade.

Estranhos significados sulcados nas hiâncias da realidade da casa.

Algo estranho se intromete no campo da realidade: essa é a perda da realidade para Freud. Retomemos a citação com que abri este trabalho. A neurose, para Freud, não abre mão da realidade, ao contrário, apoia-se nela para não saber DAQUILO (me refiro ao id). Na verdade, isso ainda não é a neurose: a neurose é quando AQUILO retorna, a repressão fracassa, o conflito se impõe: algo se intromete no campo da realidade. Um substituto insatisfatório do reprimido se anuncia ali mesmo onde as forças motrizes da repressão dão as caras.

As diferenças entre a neurose e a psicose, para Freud, nesse pequeno texto "A perda da realidade na neurose e na psicose", "resultam da distinção topográfica na situação inicial do conflito patogênico — se o Eu, nela, cedeu à sua fidelidade ao mundo real ou à sua dependência do id"[5].

---

[5] FREUD, Sigmund. "A perda da realidade na neurose e na psicose". In: *Obras Completas, volume 16: O Eu e o id, "Autobiografia" e outros textos (1923-1925)*. Trad. Paulo César de Souza. São Paulo: Companhia das Letras, 2011, p. 220.

Eu gostaria de me deter nisso: o eu cede à sua fidelidade ao mundo real. Há uma crase neste "a". Eu gostaria de ser mais dramática: o eu sucumbe à sua fidelidade ao mundo real. Ele sucumbe à hiância entre a miragem narcísica e o muro da linguagem, tão geometricamente expressos no esquema R, ao desencontro fundamental entre o significante e aquilo que insiste na pulsão e que vai sulcando seus significados, imagens, cristalizações.

O campo da realidade assegura a distância entre a imagem do eu (m) e o Ideal do Eu (I) e entre a imagem do semelhante (i) e o objeto simbólico (M). Eu não vou me deter aqui sobre a abertura dessa distância pela metáfora paterna e a significação do falo. Eu vou me deter no campo da realidade: que é o campo das identificações e das agressões eróticas.

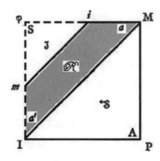

A falta do semelhante na mesmice da casa a *pari passu* com a falta da falta, uma vez que se instituiu o espaço virtual online 4G, o balanço da imagem de si uma vez que faltam os olhares e os pequenos espelhos, o verdadeiro balanço do Ideal diante do não-saber generalizado. O campo da realidade treme.

Quantas vezes não pensamos na guerra nesses tempos?

A pergunta é: como responder ao estremecimento do campo da realidade?

Olhemos para o neorrealismo italiano, esse cinema de pós-guerra, feito em cima das ruínas de uma realidade fascista e sua resposta estética à crise da realidade: "A meu ver, o maior mérito do cinema italiano foi ter lembrado uma vez mais que não há 'realismo' em arte que não seja, em princípio, profundamente estético"[6]. O cinema, que busca artifícios para dar a ilusão de uma realidade — seu maior paradoxo — fixa ideais, fixa, por artifício, um campo da realidade, ao mesmo tempo em que aliena o espectador nessa ilusão. O vigor da força e beleza do humano e da máquina do cinema fascista é substituído pelo ator não-profissional que vive entre as ruínas da guerra, a pobreza e os problemas do amor, da família e da sua vizinhança. Suas rugas, seu jeito estranho de falar. É outra imagem no pequeno espelho que, portanto, modifica a realidade e vai sulcando algum significado, fazendo tremer os efeitos do significante. Não é a realidade bem adaptada a serviço de um significado, de imagens conhecidas e palavras que parecem significar seus significados. É outra estética, são outros ideais, outra realidade.

Que ganho de realidade é possível a partir da crise da realidade? Com Freud, vimos que há do inconsciente na perda da realidade. Podemos até mesmo formular assim: há do inconsciente na inconsistência da realidade. Com o esquema R podemos circunscrever um campo afetado principalmente pelas mudanças nos ideais (a realidade como banda de Moebius e o esquema R como *cross-cap*, indicados na nota que Lacan faz em 1964 nesse texto de 1958, permitem ir ainda mais longe, tarefa que permanece em aberto). E vimos que o neorrealismo italiano permite sondar uma resposta estética a isso de estranho, de caótico e até mesmo de devastador, que ameaça do campo da realidade. É muito diferente, por exemplo, contar histórias de heróis de guerra grandiosos — figuras abraçadas pela tela do cinema desde seus primórdios — atribuindo a tais histórias significados em que o espectador se aliena com facilidade — isso é muito diferente de filmar o soldado americano bêbado no fim da guerra, entre as ruínas de Roma que tem suas botas roubadas por uma criança miserável. O soldado vai atrás da criança e descobre as vielas onde viveram todos esses anos de guerra os velhos, mulheres e crianças. Todos famintos e ainda sem nenhuma alegria com o fim da guerra e com os salvadores do exército aliado (trecho de *Paisà*, de Rosselini).

---

[6] BAZIN, André. *O que é o cinema?* São Paulo: Ubu Editora, 2018, p. 316.

Diante da crise da realidade que descrevi no início deste trabalho, ligada ao isolamento social e às realidades instantâneas das telas, podemos nos perguntar: que ideais irão sustentar a distância entre a imagem narcísica e o muro da linguagem na era da tela virtual online 4G algorítmica? Que ganho de realidade é possível a partir desse mal-estar? Por onde tomar distância das agressões narcísicas e das identificações *ready-made*?

Termino com um fragmento de Bazin que exalta a resposta da arte cinematográfica para além de sua mercantilização. Não defendemos que o cinema será a resposta para a crise de agora. Ele foi uma delas naquele momento. Redescubramos as nossas. Elas já estão aí.

> O mundo se faz, uma arte está sendo criada, uma arte que é necessário manter, contra os mercadores de película e os alugadores de poltronas, no vigor de sua juventude e nas mais sãs exigências populares. Finjamos perceber isso. Redescubramos o cinema![7]

---

[7] BAZIN, André. *O realismo impossível*. Seleção, tradução, introdução e notas Mário Alves Coutinho. Belo Horizonte: Autêntica Editora, 2016, p. 58.

O sentimento de culpa e sua função psíquica no contexto pandêmico brasileiro

CAROLINA ESCOBAR DE ALMEIDA[1]

IVAN RAMOS ESTEVÃO[2]

Neste período pandêmico, por meio de nossa prática clínica, foi possível recolher a forte presença de queixas em torno de um sentimento de culpa. Sabemos que é comum encontrá-lo no contexto clínico; entretanto, o que nos salta aos olhos diz mais respeito a forma em que ele se fez presente.

No momento em que entrávamos na segunda onda de alto contágio do coronavírus — já com novas variantes do vírus — percebemos a recorrência do sentimento de culpa acrescido de vergonha e/ou forte ambivalência quando diante da vontade de celebrar um casamento, ao atingir uma conquista importante de âmbito pessoal ou reconhecimento profissional, ao receber a primeira ou segunda dose da vacina

---

[1] Psicanalista, membro do Fórum do Campo Lacaniano (SP), mestre em Psicologia Clínica (IP-USP), professora convidada do curso de Especialização em Psicoterapia de Orientação Psicanalítica da Universidade Presbiteriana Mackenzie (UPM), do curso de pós-graduação em Psicologia Clínica do Complexo Educacional FMU e da formação em psicanálise no Centro de Estudos Psicanalíticos (CEP). Contato: carol.escobara@gmail.com

[2] Psicólogo, psicanalista, membro da Escola de Psicanálise dos Fóruns do Campo Lacaniano — EPFCL e do Fórum do Campo Lacaniano de São Paulo. Professor da Escola de Artes, Ciências e Humanidades da Universidade de São Paulo (EACH-USP) e professor do programa de pós-graduação do Instituto de Psicologia da USP. Coordenador do Laboratório de Psicanálise, Sociedade e Política da USP. Contato: ivanre@yahoo.com

e tantas outras situações que, em princípio, seriam, para estes pacientes, fonte de celebração.

Quando indagados sobre estes sentimentos, a resposta — também recorrente — era: se, em âmbito nacional, nós brasileiros, testemunhamos o aumento exorbitante do número de mortos, da produção de vulnerabilidade social em grande parte do país, como é possível se sentir feliz, celebrar conquistas e vivenciar boas experiências cotidianas?

O afeto da culpa é velho conhecido da psicanálise. Muito já se escreveu sobre ele. Sabe-se que o mesmo emerge como recurso neurótico de forma geral, estando quase sempre presente nas análises. Freud faz a ligação desse afeto com a dimensão social, como efeito da exigência superegoica. O que nos levou à escrita deste trabalho foi o fato de que, em parte dos pacientes, a culpa descrita vinha acompanhada de angústia e, por vezes, de produção sintomática — havia, nestes, a expressão de um sofrimento psíquico, e é com ele que nos percebemos implicados.

Aqui, é necessária uma delicadeza na escuta: por mais que o cenário pandêmico seja terreno fértil para a produção de sofrimento em suas variadas modalidades, uma leitura que responsabilize o contexto integralmente no que diz respeito ao sofrimento psíquico parece superficial, uma vez que, ainda que seja possível se sensibilizar, afetar e se implicar com os efeitos sóciopolíticos, não necessariamente há o desencadeamento de inibições, sintomas e angústia.

Por conta disso, almejamos buscar nas obras de Sigmund Freud e Jacques Lacan uma primeira aproximação teórica sobre este fenômeno clínico, visando levantar algumas hipóteses sobre esta modalidade de sofrimento psíquico. A quê a expressão de culpa viria responder nestes casos?

A temática da culpa é trabalhada por Sigmund Freud em muitos momentos de sua obra e acaba por tocar um dos alicerces de seu pensamento: a tensão entre a expressão da sexualidade (pulsão) e a face moral, normativa e proibitiva da cultura. O interessante é que há uma mudança qualitativa na compreensão do autor sobre a produção do sentimento de culpa.

Em um primeiro momento, Freud propõe o afeto de culpa como efeito de operações do eu articuladas à consciência moral, sendo esta o lugar onde as ações psíquicas possuem a função de tutelar, vigiar e coagir o eu ao se aproximar de representações recalcadas ligadas à expressão do desejo inconsciente. Num segundo momento, para além de atuar como um mecanismo coercitivo dos processos conscientes, passamos a encontrar no psiquismo a presença de um "inconsciente sentimento de culpa"[3]. Ou seja, passamos a contar com uma instância inconsciente, cuja função é a de instaurar a autocrítica e a consciência moral no psiquismo — o supereu.

Herdeiro do complexo de Édipo, ele é concebido por Freud como "patrimônio cultural psicológico"[4]. Isto significa dizer que sua presença nos indica que, no momento em que a proibição é internalizada, passamos a portá-la em nossas entranhas de modo a não ser mais possível localizar ou delimitar bordas claras entre o que chamamos de processos psíquicos e aqueles articulados com a cultura e suas respectivas determinações morais e/ou ideais. Isto é: o superego indica a presença do "caráter coercitivo que se manifesta como imperativo categórico" no aparelho psiquismo[5].

Percebam que algo se mantém presente nas duas tópicas freudianas: a culpa diz respeito a um *sentimento social*. Ou seja, mesmo que seja sentido individualmente, está referida aos preceitos morais e coletivos — ponto que nos parece crucial para este trabalho. Segundo Freud, "os sentimentos sociais repousam em identificações com outras pessoas, com base no mesmo ideal do Eu"[6]. Será que poderíamos, então, considerar uma certa intimidade entre os ideais narcísicos e os que são compartilhados socialmente? E quando, ao atingir um ideal narcísico, no entanto, caminharmos na direção contrária de um ideal coletivo?

---

[3] FREUD, Sigmund. "O Eu e o Id". In: *Obras Completas, volume 16: O eu e o id, "autobiografia" e outros textos (1923-1925)*. Trad. Paulo César de Souza. São Paulo: Companhia das Letras, 2011, p. 43.

[4] FREUD, Sigmund. "O futuro de uma ilusão". In: *Obras Completas, volume 17: Inibição, sintoma e angústia, O futuro de uma ilusão e outros textos (1926-1929)*. Trad. Paulo César de Souza. São Paulo: Companhia das Letras, 2014, p. 241.

[5] FREUD, Sigmund. "O Eu e o Id". In: *Obras Completas, volume 16: O eu e o id, "autobiografia" e outros textos (1923-1925)*. Trad. Paulo César de Souza. São Paulo: Companhia das Letras, 2011, p. 43.

[6] *Idem*, p. 47.

Talvez, aqui, seja possível ensaiar hipóteses para o fenômeno clínico descrito no início deste texto.

Poderíamos — a partir de Freud — pensar em uma produção sintomática pendular entre as duas faces superegoicas (culpa/ideais), quando a crise sanitária do coronavírus, somada ao desgoverno de Bolsonaro, escancarou a desigualdade e vulnerabilidade social brasileira?

E quando trazemos a psicanálise lacaniana para esta conversa, esta hipótese se sustenta? Nos parece que a questão ganha ainda mais complexidade, uma vez que, para Lacan, o imperativo superegoico diz respeito a um *imperativo de gozo* vetorizado pelos ideais em sua modalidade fálica — Goze! Como sustentar o gozo fálico frente ao obsceno de mais de quinhentas mil mortes?

Diante disso — com Lacan —, hipotetizamos que estes pacientes podem ter vivenciado um deslocamento da lógica superegoica em que, *no desencontro entre os ideais narcísicos e os que são socialmente construídos e compartilhados*, o sentimento de culpa cumpre a importante função de anteparo ao real que comparece neste desencontro. Dito isso, a questão que se impõe é: como manejar clinicamente esta culpa sem que, por um lado, ela seja motor para a produção de sofrimento psíquico, e, por outro, desimplique frente ao horror produzido por este cenário pandêmico? Sigamos dialogando.

A Pulsão, em fim

LIA SILVEIRA[1]

O que não tem vergonha nem nunca terá
O que não tem juízo.

Em seu texto de 1914, *Introdução ao Narcisismo*, Freud nos diz que uma unidade comparável ao Eu não existe desde o começo do indivíduo. No entanto, as pulsões parciais, estas sim, estão lá, mesmo antes que haja algum senhor na casa, fazendo seu *trottoir* acéfalo.

Nascida na pena freudiana sob a condição de uma convenção imposta pela ordenação do material clínico e, ao mesmo tempo, adquirindo o status de conceito fundamental para a psicanálise, a pulsão é definida por Freud como "um conceito fronteiriço entre o anímico e o somático". Como algo que se manifesta no nível do corpo, mas que se inscreve no psiquismo como um representante e como uma medida da exigência de trabalho que o primeiro impõe ao segundo[2].

Mesmo sendo, desde início apresentada como um artifício, uma invenção necessária, a pulsão (*trieb*) foi inadvertidamente (ou até deliberadamente) confundida pelos tradutores com o conceito de instinto (*instinkt*). Foi preciso a releitura lacaniana da obra freudiana

---

[1] Membro do Fórum Fortaleza, da EPFCL-Brasil e membro da Escola de Psicanálise dos Fóruns do Campo Lacaniano. Contato: silveiralia@gmail.com.

[2] FREUD, Sigmund. "Introdução ao narcisismo". In. *Obras completas, volume 12: Ensaios de metapsicologia e outros textos (1914-1916)*. Trad. Paulo César de Souza. São Paulo: Companhia das Letras, 2010.

para arrancar de vez o conceito de qualquer referência à natureza e à biologia.

No seu seminário de retomada dos conceitos fundamentais, o primeiro proferido após sua excomunhão da International Psychoanalysis Association (IPA), Lacan define a pulsão ao modo de um poema dadaísta[3]. Ela não tem nada de natural, pois trata-se de uma montagem, sempre parcial, que joga com o significante, mas não dá a mínima para o significado. Ela não tem dia nem noite, nem subida nem descida, apenas uma força constante que busca se satisfazer seja com que objeto for, meramente pelo prazer do órgão no qual se origina. É através desta montagem que a sexualidade participa da vida psíquica, seguindo a estrutura de hiância que é a do inconsciente. Daí podermos afirmar que a pulsão é uma montagem pré-subjetiva que marca o corpo com seus circuitos de satisfação, ao mesmo tempo que impõe ao psiquismo um trabalho.

Freud já havia apontado para o caráter gramatical da pulsão que, numa espécie de vai-e-vem, conjuga-se em três tempos: primeiro, o olhar como atividade busca satisfazer-se dirigindo-se a um objeto estranho (*fremd*). Em seguida, ocorre o abandono do objeto e a pulsão de ver faz o circuito de volta para uma parte do próprio corpo. Nesse ponto ocorre a reversão da meta ativa (ver) para a meta passiva (ser visto). Por fim, o circuito se fecha com "a introdução de um novo sujeito, a quem a pessoa se mostra, no intuito de ser observada por ele"[4].

O motor dessas torções operadas no circuito pulsional é o fato de que o objeto encontrado nunca corresponde ao objeto buscado. Como a satisfação não se completa, a pulsão é obrigada a continuar e, para isso, conta com o artifício simbólico da gramática.

---

[3] LACAN, Jacques. *O Seminário, Livro 11: Os quatro conceitos fundamentais da psicanálise*. Trad. M.D. Magno. Rio de Janeiro, Jorge Zahar Editor, 1985.
[4] FREUD, Sigmund. "As pulsões e seus destinos". In: *As pulsões e seus destinos*. Col. Obras incompletas de Sigmund Freud. Tradução: Pedro Heliodoro Tavares. Belo Horizonte, MG: Autêntica, 2019, p. 41.

Lacan vai dizer que o sujeito nasce no fecho desse circuito[5]. Ali onde Freud conclui que ocorre a "introdução de um novo sujeito"[6], Lacan diz que, na verdade, isso deve ser lido assim: "é novo ver surgir um sujeito aí, onde antes não havia". É só nesse momento que ele aparece (por não aparecer) no terceiro tempo da gramática pulsional, em que o sujeito se determina a si mesmo como objeto a ser visto: "Esse sujeito, que é propriamente o outro, aparece no que a pulsão pôde fechar seu curso circular. É somente com sua aparição no nível do outro que pode ser realizado o que é da função da pulsão"[7].

Vemos aí a engenhosidade deste artifício da pulsão que, ao se deparar com ausência do objeto, empurra o sujeito ao seu primeiro ato, que é justamente o da instituição do outro para quem ele se apresenta como objeto: "Eis-me aqui!".

É nesse ponto que podemos localizar o que Lacan vai chamar de "o Aleph da angústia", ou seja, a "estrutura mais fundamental, a relação do sujeito com o pequeno *a*". É nesse lugar que, pela premência da pulsão, vai se produzir certo ultrapassamento. Frente à impossibilidade encontrada, opera-se a produção de algo como consistência do objeto, esse objeto agalmático que "o sujeito acredita que seu desejo visa, e com o qual leva a seu extremo o desconhecimento do objeto como causa do desejo"[8].

É nesse ultrapassamento que encontramos o gérmen da fantasia fundamental na neurose, fantasia que passa a funcionar como sustentáculo do desejo, ao mesmo tempo em que mergulha o sujeito no "auge da obscuridade" em relação a esse desejo, pois é somente numa posição masoquista em relação ao outro que pode aceder a ele. O "Eu normal", marca distintiva desse momento, só pode se sustentar

---

[5] LACAN, Jacques. *O Seminário, Livro 11: Os quatro conceitos fundamentais da psicanálise*. Trad. M.D. Magno. Rio de Janeiro, Jorge Zahar Editor, 1985, p. 169.

[6] FREUD, Sigmund. "As pulsões e seus destinos". In: *As pulsões e seus destinos*. Col. Obras incompletas de Sigmund Freud. Tradução: Pedro Heliodoro Tavares. Belo Horizonte, MG: Autêntica, 2019, p. 41.

[7] LACAN, Jacques. *O Seminário, Livro 11: Os quatro conceitos fundamentais da psicanálise*. Trad. M.D. Magno. Rio de Janeiro, Jorge Zahar Editor, 1985, p. 169.

[8] LACAN, Jacques. *Nomes Do Pai*. Rio de Janeiro: Jorge Zahar Ed., 2005, p. 70.

no não querer saber nada d'Isso. O Isso como a sede das pulsões e que vai restar inscrito no nível do corpo, manifestando-se como afeto.

É por isso que o corpo tem sido desde sempre o inferno da filosofia, da religião. O indivíduo não é um corpo, ele tem um corpo, ou melhor seria dizer que esse corpo é que o tem. É a ele e a seu de gozo opaco e demoníaco que o sujeito está condenando. Para se virar com isso, o ardil da fantasia aloja esse gozo no Outro idealizado, que toma daí sua consistência: A Mulher sedutora, O Homem com H, figuras do Outro gozador.

No entanto, embora pulsão e fantasia se mostrem aí amalgamadas, é importante diferenciá-las. Se a pulsão é pré-subjetiva, a montagem da fantasia é o que permite subjetivá-la, simbolizando-a e falicizando-a a partir da historieta edípica que dá caráter épico ao que não tem governo, nem nunca terá.

Um sujeito busca uma análise quando algo desse fantasma fundamental já não está mais em condições de metabolizar satisfatoriamente o gozo pulsional. O analista se aproveita exatamente dessa estratégia que está por trás da sustentação do desejo neurótico, colocando-se como semblante do objeto que o sujeito acredita ser seu complemento. Fisgado pela isca do objeto, o então analisante entra na transferência a partir da instauração do Sujeito Suposto Saber. O analista, tomado nesse lugar de grande Outro a partir das insígnias do ideal, vai ser convidado a encenar o papel escrito na cena da fantasia.

Mas eis que, pelo ato, a resposta do analista chega como surpresa: "Onde queres revolver, sou coqueiro, onde queres dinheiro, sou paixão, onde queres descanso, sou desejo" ... desejo do analista que, por um lado põe o sujeito no trilhamento significante a partir da fala e, por outro, isola o *a*, objeto causa do desejo, colocando-o à máxima distância possível do I do ideal do Outro em que o sujeito tenta se abrigar[9].

A análise vai se passar, sustentada pelo vetor da transferência, nesse batimento ordenado pela repetição, passando pelo "não querer saber nada disso" e o "isso, eu não sou", do gozo que o sujeito não reconhece

---

[9] LACAN, Jacques. *O Seminário, Livro 11: Os quatro conceitos fundamentais da psicanálise*. Trad. M.D. Magno. Rio de Janeiro, Jorge Zahar Editor, 1985.

como seu. Muitas voltas, muitas vezes a mesma história tantas vezes dita, até que no final já não dá mais para ignorar o "tudo, menos isso", o mais íntimo de si mesmo, o ponto de singularidade de sua própria diferença absoluta. Aquela que o sujeito sacrificou em sua neurose ao gozo do Outro, certamente para poder, ele mesmo, salvaguardar sua cota não submetida à castração.

No final, esse objeto *a* que sempre esteve lá, comandando, vai aparecer no real como rejeitado pelo psicanalisando, ocasionando a queda do Sujeito Suposto Saber. Trata-se, no grafo do ato analítico, do ponto em que ocorre a disjunção entre $-\varphi$ e *a*, operação pela qual se pode vislumbrar o término de uma análise[10].

Lacan diz que, depois dessa distinção do sujeito em relação ao *a*, "a experiência da fantasia fundamental se torna a pulsão"[11]. No entanto, ele também afirma que chegar a esse ponto não constitui num desfecho pacífico, pois é justamente nessas margens que a problemática do gozo vem a se esboçar[12].

Ao final desse seminário dedicado aos conceitos fundamentais, Lacan se pergunta: "Como, um sujeito que atravessou a fantasia radical, pode viver a pulsão?". Embora saibamos que a travessia da fantasia não é o último termo de Lacan para o final da análise, entendemos que ele esboça aí uma pergunta que diz respeito a esse tempo não cronológico que abre para o final. Assim, para tentar respondê-la, tomamos alguns textos daqueles que testemunharam acerca desta experiencia no dispositivo do passe em busca de identificar alguns elementos que apontam para o que muda no fim da análise em termos da vivência pulsional.

A VIVÊNCIA PULSIONAL: QUE SE PASSA NO FIM?

Em primeiro lugar, é interessante percebermos como o dispositivo do passe permite isolar os significantes em torno dos quais se fixou a

---

[10] LACAN, Jacques. *O Seminário, livro 15: O Ato Analítico*. Inédito.

[11] LACAN, Jacques. *O Seminário, Livro 11: Os quatro conceitos fundamentais da psicanálise*. Trad. M.D. Magno. Rio de Janeiro, Jorge Zahar Editor, 1985, p. 258.

[12] LACAN, Jacques. *O Seminário, livro 15: O Ato Analítico*. Inédito.

fantasia e aos quais o sujeito responde com seu ato inaugural, ato de sustentação do Outro como aquele que sabe. Cora Aguerre destaca em seu testemunho a frase ouvida do outro materno: "você foi e é muito querida"[13]. A esta frase, tomada como significante, o sujeito responde "se fazendo querer", numa repetição que a deixava "às expensas do Outro, em uma relação fechada, de asfixia e que se tornava mortífera".

Para Camila Vidal, esta marca é atribuída ao apelido que lhe fora atribuído na infância: "Cucaracha"[14]. Esse significante marcou a existência do sujeito com um "fazer-se esmagar" para sustentar o Outro. Afirma a autora,

> o sentimento de que somente o meu desejo não seria suficiente para a vida, desejo desfalecente, afirmava eu, que me tinha feito apelar sempre a um outro para apoiá-lo, para sustentá-lo e cuja consequência era inevitavelmente o sentimento de sentir-me esmagada pelo peso deste outro, debaixo de um significante, um "[...] coitadinha da Cuca", que fechava o círculo infernal.[15]

É no que foi escutado por cada um, em sua particularidade, que algo se fixa para o sujeito. Este dito primeiro "decreta, sentencia, legifera, é oráculo, confere ao outro real sua obscura autoridade".[16]

Na análise, numa espécie de engenharia reversa do circuito pulsional experimentada sob transferência, o sujeito parte dessa posição apassivada que se colocou diante do Outro e segue em direção ao ponto em que irá se descobrir como o agente. Cora Aguerre, ao comentar sua experiencia, diz que ali onde o sujeito se queixava da gulodice do Outro, é sua própria gulodice que ele vai encontrar:

---

[13] AGUERRE, Cora. "O advir do sintoma". In. *Wunsch — Boletim Internacional da Escola de Psicanálise dos Fóruns do Campo Lacaniano,* número 12, 2012, p. 47.
[14] VIDAL, Camila. "Névoa...". In. *Stylus — Revista de Psicanálise,* número 32. Rio de Janeiro, 2016, p. 14.
[15] *Idem, ibidem.*
[16] LACAN, Jacques. "Subversão do sujeito e dialética do desejo no inconsciente freudiano". *In: Escritos.* Trad. Vera Ribeiro. Rio de Janeiro: Zahar, 1998, p. 822.

O fazer-se chupar, escutar, fazer-se ver, é colocado em jogo no transcurso de uma análise na transferência e que no final aparece de modo menos velado. Nos queixamos da gulodice do Outro, mas o que descobrimos é nossa implicação neste fazer-nos ser silencioso e insistente.[17]

A interpretação analítica, seja pelo equívoco ou pelo corte, permite o descolamento dos S_1 traumáticos, liberando as amarras do gozo ao qual o sujeito ficou atrelado. Para Cora Aguerre, foi a equivocação da expressão "muito querida" que permitiu uma mudança radical. Segundo a autora,

> Quando, a partir da experiência analítica e da queda dos significantes amos, a separação pode operar, esse muito querida se transformou. A partir do equívoco do termo, as amarras puderam se soltar, e o que ficou foi a parte libidinal, o traço de desejo e de vida. Uma mudança radical do mortífero para o vivificante.[18]

Já Camila Vidal exemplifica esse descolamento a partir do corte, com o relato de um sonho em análise:

> Eu estou sentada em uma cama rodeada de cucarachas; quero descer, mas não posso, pois se eu descesse pisaria nelas e, se piso, elas fazem CRAC.
> "(...) e o que é crac?" Pergunta a analista.
> "(...) um ruído."
> Fim da sessão.[19]

O sem sentido que se desvela no sonho permite a experiência com o impossível de tudo saber. Alessandro Rostagnoto diz que esse

---

[17] AGUERRE, Cora. "O advir do sintoma". In. *Wunsch — Boletim Internacional da Escola de Psicanálise dos Fóruns do Campo Lacaniano*, número 12, 2012, p. 49.
[18] *Idem*, p. 47.
[19] VIDAL, Camila. "Névoa...". In. *Stylus — Revista de Psicanálise*, número 32. Rio de Janeiro, 2016, p. 19.

momento da análise produz uma apropriação de saber que permite ao analisante advir analista de seu próprio caso: ele sabe de que se trata, "as coordenadas básicas que resolvem o enigma de seu ser, causa de seus sintomas estão objetivadas."[20].

Mas o que destacamos dos testemunhos dos AE's é que esse saber objetivado ainda não é suficiente. Pois é necessária ainda uma volta para que o sujeito possa destacar, no furo que o concerne, um ponto de limite do saber, uma parcela do real que, concernindo ao sujeito, não pode ser transmutada em saber.

Para Elisabeth Thamer, esse encontro chega como uma constatação, fora da sessão de análise, mas não fora da análise, acerca de um gozo opaco que toca os limites do saber: "Uma coisa eu sei: Com relação a isso (...), a psicanálise não pode fazer nada. Terei que me virar com isso." Segundo ela,

> É o sujeito que, não buscando mais se representar junto ao significante de seu lapso, não o lê mais, podendo, destarte, relegá-lo ao real fora de sentido. Eu situaria aí a finalização do luto e um furo no saber. O sujeito sabe, então, que sabe o suficiente para concluir.[21]

É a apropriação dessa alteridade que finamente destitui o sujeito suposto saber e é seu efeito abre para a conclusão. Pascale Leray exemplifica esse momento com um sonho:

> A analisante se desloca em direção a uma coluna de estilo antigo e o que atrai seu olhar é uma pequena forma no topo dela, um pequeno pássaro esculpido sobre esta coluna, e enquanto ela se aproxima dela, percebe rapidamente que está na borda do precipício. Tomada por

---

[20] ROSTAGNOTO, Alessandro. "O saber se inventa?". In. *Wunsch — Boletim Internacional da Escola de Psicanálise dos Fóruns do Campo Lacaniano*, número 21, 2021, p. 13.
[21] THAMER, Elisabeth. "Sobre os limites do saber". In. *Stylus — Revista de Psicanálise*, número 35. Rio de Janeiro, 2018, p. 184.

uma vertigem, ela se agarra à coluna. Porém, inesperadamente, é a coluna que caindo em direção ao solo a faz cair por terra.[22]

Frente a esse sonho, o sujeito mesmo interpreta que "o que faz a analisante cair não é o abismo do vazio, mas a queda por terra da defesa à qual ela se agarrava"[23]. Não se trata mais, portanto, de um saber que se demanda, mas de uma constatação.

Rostagnoto diz que o lugar onde o sujeito desconstrói o Outro que supunha fornecer-lhe as garantias fica por um tempo vazio. Podemos dizer que se trata de um tempo em que pode ocorrer um descolamento daquele amálgama entre pulsão e fantasma. É preciso esse tempo de se experimentar a partir dessas outras coordenadas, tempo em que o objeto aparece com essa consistência de vazio, abertura para o real da estrutura. O que fica da pulsão é a parte libidinal, "o traço de desejo e de vida", permitindo uma mudança em relação ao desejo e ao gozo. Trata-se, segundo ele, de um tempo em que poderá se produzir um "encontro fortuito com um dizer", que o autor equivoca com "deuzer". Isso porque vem no lugar do Outro que sustentava seu fantasma (Deus-Pai)[24].

Se trata aqui de um momento de consolidar um novo saber fazer com o sinal no corpo, apresentando uma resposta que não a inibição, o sintoma ou a angústia. Esse momento, segundo Rostagnoto, é fora do programa e requer a *Drang*, o azar, o *Witz*: "alguma contingência o precipita e só sucede quando há corpo disponível a registrá-lo, e atuar em consequência: fechamento do ato"[25]. O autor acrescenta, ainda, que a presença do analista é muito importante aqui, já que deve permitir ao analisante construir por si mesmo esse momento. No seu caso, a

---

[22] LERAY, Pascale. "A abertura em direção a uma nova satisfação". In. *Wunsch — Boletim Internacional da Escola de Psicanálise dos Fóruns do Campo Lacaniano*, número 9, 2010, p. 38.

[23] *Idem, ibidem.*

[24] ROSTAGNOTO, Alessandro. "O saber se inventa?". In. *Wunsch - Boletim Internacional da Escola de Psicanálise dos Fóruns do Campo Lacaniano*, número 21, 2021, p. 12.

[25] *Idem*, p. 13.

consequência imediata precipitou-o à instituição, a instituição em que demandou o passe, tempos depois.

PARA CONCLUIR...

Podemos dizer que aquilo que se produz numa análise não é da ordem da verificação científica, mas tampouco pode ser posto na conta de um saber inefável. A experiência do passe tem essa característica de funcionar como possibilidade de transmissão de um saber verificável.

No que diz respeito ao que se passa no nível pulsional, ao longo de uma análise, pudemos identificar nos relatos dos Analistas de Escola que a inscrição da castração enquanto operação simbólica pode liberar a pulsão da repetição mortificante e abrir para outros investimentos na vida. O processo percorrido aponta para uma dimensão articulável na palavra que diz das decifrações do material inconsciente e do saldo de saber decorrente da travessia do fantasma.

No entanto, há também a transmissão de algo que, não sendo articulado simbolicamente, se transmite tocando o real do corpo, produzindo afetos que tocam não só os integrantes do dispositivo do passe (passante, passador e cartel), mas que também produz seus efeitos na comunidade de Escola.

Do desejo ao desejo do psicanalista

FRANCISCO PAIVA FILHO[1]

O que é o desejo? Lacan diz que os poetas e os filósofos nos podem dizer isso, mas foi Freud, com seu *Wunsch*, que possibilitou, com a interpretação do sonho, o despertar da humanidade para o desejo inconsciente. Lacan, ao retomar esse tema, diz que não pensa em fazer uma renovação (*renouvellement*), mas sim um desconcerto (*dépaysement*), uma mudança de cenário, um deslocamento.

Caetano nos diz: "Onde queres revólver, sou coqueiro. E onde queres dinheiro, sou paixão. Onde queres descanso, sou desejo. E onde sou só desejo, queres não". A flor do querer, sempre outra, sempre errante. Bruta. Onde tentamos chegar ao desejo, ele já se foi, já é outra coisa. Falta. Estrutura errante apontada desde Freud, determinada pela perda do objeto desde a experiência original. É a estrutura inconsciente que produz, como efeito, um sujeito em relação com a lei do desejo, lei do significante. Para fazer referência a outra música, "a lei do desejo é maior que a lei da gravidade", nos diz Paulinho da Viola. A gravidade mantém nossos pés no chão, já o desejo nos leva a caminhar. Um caminho destinado a nunca chegar, uma vez que, por estrutura, não é possível atender completamente a esse desejo.

O desejo é uma hiância que se coloca para o sujeito uma vez que este é capturado pela linguagem. Pois não é o sujeito que aprende uma linguagem; pelo contrário, é ela que o torna cativo. Ao encontrar

---

[1] Psicanalista, membro da Escola de Psicanálise do Campo Lacaniano e do FCL-Fortaleza. Contato: fpf.fcl@gmail.com

a linguagem no campo do Outro, o sujeito deixa de lado a necessidade e entra na dimensão da demanda. A demanda será articulada pela linguagem, enquanto a necessidade deixará um resto impossível de ser posto em palavras, resto que, no entanto, produzirá um movimento em direção à linguagem. Essa diferença entre necessidade e demanda, esse algo que permanecerá sem ser recoberto pela linguagem, é a hiância a que podemos chamar de desejo. O desejo é aquilo que não cabe nas palavras. É uma desmedida. Errante, hiante. Ele não é articulável nas palavras, mas está articulado nelas. Ele vem junto com a linguagem, mas não conseguimos expressá-lo exatamente nos ditos. Quando falamos, estamos com ele, mas quando falamos dele, ele está sempre em outro lugar.

O desejo está do início ao fim da análise. Mas não o mesmo. Há uma mutação em relação ao desejo que se articula ao ato analítico, ao final da análise, ao passe. Algumas experiências mostram que o desejo do psicanalista é até mesmo aquilo que enlaça esses momentos do fim.

Mas o que ocorre em torno dessa mutação no nível do desejo? Desde a primeira citação que Lacan faz sobre o desejo do analista em sua obra, no Seminário 8, sobre *A transferência*, diz que este é um desejo mais forte, que o impede de tomar o paciente em seus braços ou lançá-lo pela janela. "...possamos talvez definir, e em termos de longitude e de latitude, as coordenadas que o analista deve ser capaz de atingir para, simplesmente, ocupar o lugar que é o seu, o qual se define como aquele que ele deve oferecer vago ao desejo do paciente para que se realize como desejo do Outro"[2].

Aqui temos, portanto, o desejo do analista como aquilo que se oferece enquanto um lugar vago para que o analisante possa, aí, depositar o seu desejo. Do lado do analisante, o lugar de saída, de referência, onde o desejo vai poder se situar é a fantasia. Foi só a partir da psicanálise que a fantasia deixou de ser uma anomalia, uma coisa opaca, algo da ordem do desvio do desejo, de seu descaminho, de sua perversão, ou até delírio.

---

[2] LACAN, Jacques. *O Seminário, Livro 8: A transferência*. Rio de Janeiro: Jorge Zahar, 2010, p. 233.

A fantasia é aquilo que suporta a relação do sujeito com seu objeto. Essa "relação" é mediada pelo desejo. O desejo é o que une e separa ao mesmo tempo sujeito e objeto, é a seta, o movimento de articulação entre eles. Importante destacar que o objeto da fantasia não é um objeto consistente, é o objeto *a*, invenção lacaniana. Um objeto sempre perdido.

Com Lacan, especialmente no Seminário 10, sobre *A angústia*, podemos dizer que o desejo não é o desejo de algo, de um objeto. É certo que, no centro da experiência subjetiva, Lacan irá situar o objeto *a*. Uma criação sua, mas que se localiza justamente por ser *perdido*. Ele é perdido desde o início. A questão que se coloca não é a de recuperá-lo, mas a de localizar suas coordenadas, a-bordar um lugar possível para esse objeto.

Tal objeto não é o objeto do desejo, mas objeto *causa* de desejo. Ele não está adiante, mas antes. Esse objeto não tem consistência, nem materialidade. Não pode ser nomeado, nem visualizado. Ele é real e afeta o sujeito por condensar o gozo. Ele é externo, mas, ao mesmo tempo, íntimo. Retorna no eco da perda de algo que nunca existiu. É o verdadeiro parceiro da sexualidade do sujeito.

Assim, a parceria que se estabelece entre analista e analisante está em função do que se desenrola em torno desse objeto, dessa causa. Com o analista, o sujeito estabelece uma nova parceria a partir de sua inserção na série de eleições de objeto inconsciente, servindo de complemento ao sintoma[3].

Ao final da análise, não se trata de encontrar um objeto que torne adequada a experiência com o inconsciente. Não se trata disso. O desejo enlaça um objeto a partir da interpretação fantasmática. Repetição. O que pode promover a cura está na demonstração dos impasses que produzem um limite para a série infinita, único caminho para, do impossível, deduzir a ex-sistência do real[4].

É do real, *deduzido a partir da constatação da ex-sistência desses impasses,* que advém o desejo do analista. O desejo do analista não é

---

[3] IZCOVICH, Luis. "O sintoma necessário". In. *As marcas de uma psicanálise.* Trad. Paulo Sérgio de Souza Jr. São Paulo: Aller Editora, 2018, p. 75-89.

[4] FINGERMANN, Dominique. "Desejo e Repetição". In. *Stylus — Revista de psicanálise,* número 28. Rio de Janeiro, 2014, p. 67-77.

algo natural que esteja garantido de partida para toda e qualquer análise. Não é o analisante que o adquire como um benefício. Do contrário, é o desejo do analista que captura o analisante no passo a analista[5].

É por ter tocado o indizível da castração, que o dizer aí enlaça. E é aí, no nível do dizer, que a psicanálise vai aportar sua ética: bem-dizer o desejo. Que esse desejo diabólico, incômodo, errático possa ser bem-dito. É nesse bem-dizer que algo se enlaça, vetorizado em direção à Escola.

Recorro aqui aos textos de *Wunsch* n° 15, especialmente os de Pedro Pablo Arévalo e Beatriz Maya.

Arévalo, originalmente de uma área alheia à psicanálise, aponta para a gestação do desejo no interior da própria análise pessoal. Gestação que lhe possibilita se colocar a escutar uma caminhante nas veredas de uma montanha. Quando se dá conta, já era o desejo do analista que lhe estava em causa. Desejo esse que irá precipitar o final de análise no "enfrentamento" do sintoma.

Passa então a querer desarticular, desativar, desmontar o sintoma. Mas é o sintoma que quase o desmonta. Se retira barreiras, enfrenta o evento desatado do sintoma. Se abandona, tem a sensação de fracasso e opressão.

Essas elaborações irão desembocar no atravessamento da fantasia. Surge, em seguida, um decidido movimento em relação à análise em extensão, procurando por tudo que Lacan já escrevera sobre o passe. Esse estudo lhe serviu para apontar o desejo pela psicanálise.

Para Arévalo, o que entrelaça a passagem de analisante a analista, o passe e o final da análise, é seu desejo de analista. "Uma análise levada até seu fim reescreve a história pessoal, volteia o devir, passado, presente e futuro de tal maneira e em tal medida que tudo muda, e não há como voltar atrás"[6].

---

[5] MILAGRES, Andrea Franco. "Os paradoxos do desejo (na formação) do psicanalista". In. *Stylus — Revista de psicanálise*, número 38. Rio de Janeiro, 2019, p. 237-247.

[6] ARÉVALO, Pedro Pablo. "Efeitos do passe e do fim de análise no desejo em relação à psicanálise". In: *Wunsch: Boletim Internacional da Escola de Psicanálise dos Fóruns do Campo Lacaniano*, número 15, 2016, p. 21.

Beatriz Maya chamará a partir de sua experiência de um "nó de desejos", um entrelaçamento de três: o desejo de psicanálise, o desejo de analisante e o desejo do analista, sendo a Escola o quarto que os articula[7].

Portanto, na experiência da Escola, o desejo do analista aponta para um novo laço. Laço que não vem apenas com a dimensão do saber que se extrai de uma análise, mas com a dimensão do ato. O desejo do analista vem como um salto, um ato que precipita uma mutação no nível do desejo. Ato que promove uma ruptura com o Outro, lançando o sujeito na absoluta solidão de seu ser. Uma solidão, porém, não sem a instauração de um novo laço. Um laço inédito, único.

Se Lacan esteve sozinho (*seul*) ao fundar sua Escola, ao anunciar o seu ato, não foi acreditando-se ser o único (*le seul*). Muito menos estava isolado. "Minha solidão foi justamente aquilo a que renunciei ao fundar a Escola"[8]. Essa solidão não estaria aí justamente em função do ato que promove a sustentação de um novo laço?

Ao fundar sua Escola, Lacan indica um princípio: "O psicanalista só se autoriza de si mesmo". Nisso está uma ambiguidade. O autorizar-se de si mesmo não isola o psicanalista, do contrário, o inclui na Escola de Lacan. Ao que ele recomenda: "façam como eu, não me imitem".

Não pode haver, ao final da análise, uma adequação a dogmas, crenças etc. É assim que o encontro com o desejo do analista é incerto e sempre inédito a partir da experiência de cada um. E o inédito ressoa com o inaudito. Aquilo que não pode ser escutado, mas que foi cernido pelo analista. Aquilo que da "lei do desejo" ressoa no "quereres" de cada um.

---

[7] MAYA, Beatriz. "Um nó de desejos". In: *Wunsch: Boletim Internacional da Escola de Psicanálise dos Fóruns do Campo Lacaniano,* número 15, 2016.

[8] LACAN, Jacques. "Discurso na Escola Freudiana de Paris". In: *Outros Escritos*. Rio de Janeiro: Jorge Zahar, 2003, 267.

POLÍTICA

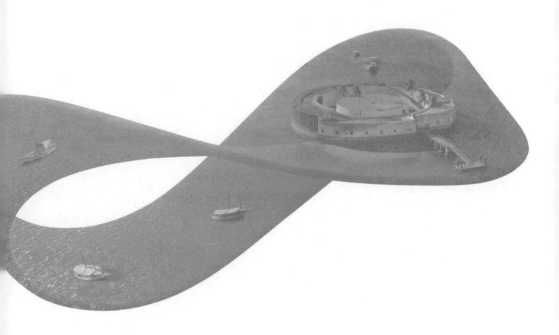

O espaço psíquico e o nó da civilização

ANTONIO QUINET[1]

Gostaria de retomar neste texto o que desenvolvo em meu livro, *A política do psicanalista — do divã à polis*[2], no qual proponho investigar as políticas próprias à psicanálise, para pensarmos as formas de intervenção do psicanalista na pólis.

> "O que nós podemos fazer em termos políticos, legitimamente, em nome da psicanálise, no campo lacaniano (como campo do gozo estruturado pelos laços sociais)? A atualidade comporta, para cada um, muitas ocasiões para tomar partido sobre a política social, econômica e cultural, mas sobre quais temas precisos nós temos que nos pronunciar, enquanto Internacional dos Fóruns da Escola de Psicanálise dos Fóruns do Campo Lacaniano (IF-EPFCL) para cumprir os objetivos fixados há vinte anos em nossa carta?"

Para responder a essa pergunta, em 2018, fui convidado como representante do Brasil para o Encontro da Internacional dos Fóruns do Campo Lacaniano, em Barcelona, ao lado de Rodrigo Pacheco.

Há uma questão preliminar a extraterritorialidade à Escola: será que esse debate ocorre entre os psicanalistas? A Escola acolhe e debate as questões sociais, culturais e políticas que ocorrem nas sociedades em que se encontra?

---

[1] Psicanalista, psiquiatra, doutor em filosofia, dramaturgo, Analista Membro da Escola de Psicanálise dos Fóruns do Campo Lacaniano, professor do Mestrado e Doutorado de Psicanálise, Saúde e Sociedade (UVA), diretor da Cia. Inconsciente em Cena (RJ) e autor de diversos livros de psicanálise e de teatro. Contato: quinet@openlink.com.br.

[2] QUINET, Antonio. *A política do psicanalista — do divã à pólis*. Rio de Janeiro: Atos e Divãs Edições, 2021.

A Escola não deve ser um gueto protegido dos mal-estares sociais. Se Lacan falou da Escola como refúgio contra o mal-estar na civilização, isso não significa que os analistas se tranquem como pérolas em uma "concha-escola", e que ela se torna um sindicato de proteção de sua categoria profissional. O analista não é um refugiado. A Escola e os Fóruns devem ser um lugar para se elaborar o discurso do analista, cujo saber sustenta o ato analítico não só nas análises, mas também na relação da Escola com a pólis.

A Escola é o lugar de os analistas afiarem suas armas diante dos impasses da civilização, e não as deporem e cruzarem os braços, como alertou Lacan. Essas armas são o ato e a interpretação. Podem também ser considerados os instrumentos que eles afinam na Escola para poder tocar o discurso analítico no consultório e na pólis. A palavra que faz ato do analista é um dizer que funda um fato e fura a consistência do Outro, com seu estilo, seu estilete próprio.

Não é por ser orientado pela estrutura que o analista deve desprezar a conjuntura da pólis em que vive. Não é por saber que há racismo estrutural dos discursos e ódio ao gozo Outro que o analista deve ser condescendente com os discursos e atos racistas em relação às classes, às cores e à sexualidade dos semelhantes.

A segregação estrutural tem por fundamento a estrangeiridade do objeto *a*, condensador de gozo que o sujeito tende a localizar em determinados outros como causa de desejo, mas também como causa de horror e de abjeção — daí a tendência a segregar e, no extremo, eliminar. Não é por saber dessa estrutura que o analista deve ser tolerante com discursos e políticas segregacionistas. Ele deve, sim, promover não só a escuta da época através das subjetividades e dos discursos que circulam, mas também sustentar falas e atos de repúdio a todas as formas de ódio e ataque à *Heteridade*.

Ao responder a Einstein "por que a guerra?"[3], Freud expôs a teoria da pulsão de morte vinculada a Eros, mostrando que é no semelhante

---

[3] FREUD, Sigmund. "Por que a guerra?". In: *Edição Standard Brasileira das Obras Completas de Sigmund Freud*, volume 22. Rio de Janeiro: Imago, 1976.

que a pulsão de destruição encontra seu alvo, podendo o sujeito, assim, "humilhá-lo, estuprá-lo, torturá-lo e matá-lo"[4]. A guerra é o momento de suspensão das rédeas da pulsão de morte, o fascismo também. Nem é por saber disso que o analista deve ser tolerante com a banalidade do mal que faz de um homem um assassino ordinário, como mostrou Hanna Arendt. A estrutura explica, mas não justifica a conjuntura.

A tolerância com o mal social pode ir tão longe a ponto de termos um psicanalista brasileiro que participou de tortura durante a ditadura brasileira, como é o caso de Amílcar Lobo, psicanalista da Associação Psicanalítica Internacional — IPA, cujo codinome era dr. Cordeiro, com a complacência e o silêncio da cúpula internacional de dirigentes.

Tolerância não é uma virtude do analista. A virtude é o bem-dizer que deve guiar sua ética. Seu dever é interpretar o mal-estar do sujeito e da civilização, a exemplo de Freud e de Lacan, para que a psicanálise possa contribuir para as subjetividades de sua época e fazer valer a ética da *Heteridade* e a lógica do não-todo fálico.

Na "Proposição de 1967 sobre o psicanalista da Escola"[5], Lacan situa as três facticidades em que se atam psicanálise em intensão e extensão, ou seja, o divã com a pólis, articulando a política da Escola com a sua extraterritorialidade. Trata-se de três linhas de frente, três *fronts* nos quais a Escola deve se colocar com suas armas conceituais. Vejamos como com alguns exemplos.

No Simbólico: o Édipo *versus* o "valor da família pequeno-burguesa"[6]. Houve Escolas que se pronunciaram publicamente favoráveis aos projetos de lei na Europa sobre o casamento para todos (que incluía gays e lésbicas) e a homoparentalidade. Colocaram-se assim frontalmente contra as declarações homofóbicas públicas de psicanalistas que eram contra a adoção de filhos por casais homossexuais, usando

---

[4] FREUD, Sigmund. "O mal-estar na civilização". In: *Obras completas, volume 18: O mal-estar na civilização, Novas conferências introdutórias à psicanálise e outros textos (1930-1936)*. Trad. Paulo César de Souza. São Paulo: Companhia das Letras, 2016, p. 77.

[5] LACAN, Jacques. "Proposição de 9 de outubro de 1967 sobre o psicanalista da Escola". In: *Outros Escritos*. Trad. Vera Ribeiro. Rio de Janeiro: Jorge Zahar Ed., 2003.

[6] *Idem*, p. 262.

as teorias de Freud e Lacan para sua argumentação. Aos que defendiam os valores da família, a Escola pôde se contrapor mostrando o que é efetivamente o complexo de Édipo.

No Imaginário: a Escola *versus* a UNIDADE, o grupo e a estrutura da psicologia das massas. Foi contra isso que muitos de nós lutamos na AMP (Associação Mundial de Psicanálise), há 20 anos, e partimos para uma estrutura em rede (a Internacional dos Fóruns), sem sede, sem "Um", para constituir uma multiplicidade de Fóruns do Campo Lacaniano organizados em uma federação sem hierarquia de poder, mas não sem a orientação de uma Escola, a Escola de Psicanálise dos Fóruns do Campo Lacaniano.

A Internacional dos Fóruns se propõe a reunir em rede, nos Fóruns os "dispersos disparatados" que se juntam em cartéis da Escola, redes, núcleos e seminários de pesquisa em psicanálise nos múltiplos e variados Fóruns no mundo. Mas persiste o perigo do grupo, do Um, enfim, da lógica do todo-fálico, pois o analista "por ter aversão ao semblante", diz Lacan, "se escora no grupo"[7]. Por essa dificuldade em sustentar por sua conta e risco a estratégia dos semblantes nas análises que conduz, o analista vai procurar a escora no grupo. Disso retorna o fantasma do Um e a submissão ao conforto do grupo que dão origem à formação de guetos e guerrilhas, cisões e facções onde se inflama o narcisismo das pequenas diferenças. Esse é o mecanismo do *todo-falicismo* que fabrica o Um e o grupo. Assim, longe de ser o lugar de reconhecimento e aceitação da diferença do outro enquanto *Héteros*, a Escola corre o risco de ser uma galeria de espelhos de uma corte de papel onde os ódios são tanto maiores quanto mais semelhanças houver entre os grupos. Daí a importância da Escola para orientar o trabalho para além dos grupos que constituem laços imaginários.

A relação com o exterior, neste ponto, não pode ser a Escola como semblante de partido político e tampouco um asilo de analistas cansados da guerra. Como tratar a extraterritorialidade sem enfrentar no

---

[7] LACAN, Jacques. "Aturdito". In. *Outros Escritos*. Trad. Vera Ribeiro. Rio de Janeiro: Jorge Zahar Ed., p. 476.

seu cerne a facticidade dos Uns e a lógica partidária? Nesse registro, a Escola deve estar atenta a todas as formas de totalitarismo do Um que se insinuam nela mesma, mas também na sociedade e nas estruturas mais democráticas.

No Real: o campo de concentração e a lógica do extermínio. No momento da "Proposição de 1967 sobre o psicanalista da Escola"[8], estava ainda sendo descoberto o que de fato acontecera nos campos de concentração nazistas. No Brasil, instalava-se uma ditadura militar que reproduzia nos porões das prisões essa mesma lógica, indo do encarceramento ao extermínio com tortura e crueldade para com os discordantes do totalitarismo ditatorial.

O campo de concentração nazista, que Lacan diz ter visto "surgir com horror", não deve deixar de continuar a nos horrorizar. Há o desejo do analista e também "o horror do analista". O sistema produz desvergonha. Lacan, com o que transmite, espera provocar um pouco de vergonha[9]. Assim como deveríamos, diz Lacan, ter mais horror diante de adventos do real que conduzem à eliminação do outro: o *homo sacer* de Agamben, o "homem matável".

No registro do Real, Lacan associa a segregação ao mercado e ao discurso da ciência. O mercado, como se fosse um ente monstruoso com vida própria, que reflete a "saúde" das empresas, é um Frankenstein: filho "legítimo" da ciência com o discurso capitalista. Este discurso, falso laço social, não se opõe ao socialismo, e sim a todos os outros discursos. O capital corrompe o laço social. Essa é a "corrupção estrutural", pois o discurso capitalista, se imiscuindo em todos os laços sociais, vai sorrateiramente corrompendo todos os outros discursos e suas instituições. Assim, o capital corrompe os governos, a política propriamente dita e as instituições que o discurso do mestre sustenta com o sistema de propinas, caixa dois, financiamentos de campanha eleitoral etc. Corrompe também o ensino, promovendo o mercado do saber e a

---

[8] LACAN, Jacques. "Proposição de 9 de outubro de 1967 sobre o psicanalista da Escola". In: *Outros Escritos*. Trad. Vera Ribeiro. Rio de Janeiro: Jorge Zahar Ed., 2003.

[9] LACAN, Jacques. *O seminário, livro 17: O avesso da psicanálise*. Rio de Janeiro, Jorge Zahar Ed., p. 182-184.

degradação da universidade com o sistema "pagou-passou" ao solapar as bases do discurso universitário. Apropria-se do discurso da histérica para promover a publicidade, a propaganda da sociedade de consumo transformando o desejo em desejo de marcas, de posses de *gadgets* e bugigangas, e também pode penetrar nos interstícios do discurso do analista com a mercantilização do saber analítico, a elitização das análises, tornando-as inacessíveis à população de baixa renda.

Ao inserir o discurso do analista como um laço social na civilização, Lacan coloca na teoria, em seu ensino de 1969/1970, o que já havia anunciado dois anos antes, em 1967, na "Proposição de 1967 sobre o psicanalista da Escola", ou seja, que a psicanálise em intensão, a que se dá no divã, está em continuidade moebiana com a psicanálise em extensão, a que se dá na pólis. Essas duas práticas estão do mesmo lado da banda. Tocam na mesma banda e do mesmo lado.

O que está em jogo no final da "Proposição de 1967 sobre o psicanalista da Escola" é a extraterritorialidade da Escola, lá onde se situa a civilização e seu mal-estar. Reparte-a então, como vimos, em S, I, e R. No Simbólico, situa a família e a ideologia edipiana pequeno-burguesa. No Imaginário, a psicologia das massas, e no Real, o campo de concentração nazista e a segregação produzida pelo mercado.

Proponho retomarmos as linhas de facticidade da extraterritorialidade da Escola — que nada mais é do que a Cidade dos discursos e os laços sociais dentro da subjetividade de nossa época — com o nó borromeano para mostrar a articulação desses três registros da civilização.

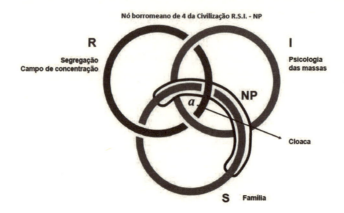

A ideologia dominante promovida pela família pequeno-burguesa, como o discurso do Outro, situamos no registro do Simbólico. Ela forma, em sua articulação com o Imaginário, um grupo massificado com os ideais de relação parental, conjugal e filial, o ideário sexista com os ditames de comportamentos sociais e sexuais, os preconceitos, os valores e a moral. A psicologia das massas, do registro do Imaginário, se articula com os significantes identificatórios (S_1) e faz da família, às vezes, um claustro ou uma caserna. Por vezes, vemos na família, a nível do registro do Real, os horrores dignos de um campo de concentração com seus abusos, sevícias e torturas. Sabemos que a maioria dos casos de pedofilia se dá entre os familiares e que é durante o enlace e/ou o desenlace conjugal no escopo da bendita família que se dá também os casos de feminicídio. Em nome da família, cometem-se as maiores atrocidades, até mesmo um golpe de estado.

A hipocrisia é a marca da família tradicional brasileira, a qual tem sempre na ponta da língua uma lição de moral. Só que aqueles que têm o discurso mais moralista são os mais amorais, como apontou Freud. A capa da moralidade é muito frágil. A margarina da família se derrete na primeira mordida do café da manhã.

A família é o lugar dos complexos familiares, do Édipo com a violência trágica das paixões: amor, ódio e ignorância e seu cortejo de ciúmes, sentimento de rejeição e culpa. Lugar, também, do complexo fraterno com a ambígua mistura da cumplicidade e da rivalidade mortal vivida pelas crianças. Elas crescem e os complexos permanecem lá no fundo do mar do Inconsciente e, como um polvo ferido, despertam em todas as oportunidades.

Sobre a psicologia das massas, aprendemos com Freud que a massa se organiza a partir de um significante mestre (S_1) encarnado em um ideal ou em um líder a quem se ama. Mas também pode se formar a partir do ódio pelo excluído — as hordas de linchamentos e estupros que viram clube. Vemos aqui a articulação do imaginário das massas com o Simbólico e o Real. É o bode expiatório da massa, a ovelha negra da família, que vai para o buraco, para a cloaca da civilização, onde estão os rebotalhos — o lugar do objeto *a* no centro do nó borromeano.

O bode expiatório era aquele que era afastado do rebanho, num ritual da tradição judaica. Ele carregava simbolicamente todos os pecados da comunidade e era deixado longe no deserto, bem longe dela, para que esses males não voltassem. Esse bode, como excluído, funda um conjunto supostamente puro dos males, pecados e demônios. Ele está no âmago dos três registros, no centro do nó borromeano de três anéis. Ele denota o lugar de rebotalho, dejeto, abjeto, excluído do Outro. É com o impuro que o analista lida, como retorno do bode do real.

O registro do Real da segregação, do campo de concentração, invade tanto a psicologia das massas (I) quanto a estrutura familiar (S), excluindo, estigmatizando, linchando, maltratando e assassinando. De todos os registros — R.S.I. —, atira-se os seres abjetalizados na cloaca da civilização, que está no centro do nó.

Esses fala-a-seres abjetos do Outro são excluídos do imaginário narcísico como não iguais e, no registro simbólico, são estigmatizados ao serem alfinetados por um significante, como uma borboleta morta. Eles são, assim, desclassificados do convívio familiar ou social, por vezes dos dois, tais como o negro, o índio, o gay, a lésbica, a trans etc. No registro do Real, temos ainda a objetalização pela segregação capitalista: os excluídos do laço pela pobreza ou transformados em mercadorias, a exemplo dos escravos. Assim, vão todos cloaca abaixo... pela privada pública de nossa civilização.

A civilização é campo do gozo estruturado pelos laços sociais, que Lacan chama de campo lacaniano. Esse campo dos discursos tem também a sua extraterritorialidade: os fora-dos-discursos que são os loucos e os apaixonados, possuídos pela paixão do amor que enlouquece. A psicose e as coisas de amor estão fora da Cidade do discurso, o que não quer dizer que não circulem por aí, entre-dois, saindo e entrando dos laços, excursionando. O amor é "inlaçável", ele escapa às categorizações que a civilização tenta impor. Ele não se enquadra em casamentos, namoros, ficantes etc. O amor sempre é rebelde aos laços pré-estabelecidos que regulam o gozo.

Os discursos, que estruturam o campo da civilização regulando o gozo, são basteados pelo Nome-do-Pai, sem o qual nem haveria laço, nem civilização. É o que ensinou Freud com *Totem e tabu*[10], articulando, também moebianamente, a psicologia individual com a coletiva. O totem substituto do Pai gozador morto pela tribo é um significante-mestre encarnado em um animal. Esse S_1 é o Nome-do-Pai que Lacan faz equivaler ao pai morto. Este S_1 totêmico funciona, portanto, como representante da lei: é a lei simbólica que Freud faz equivaler à lei da proibição do incesto. Tem também a função de nomeador, o animal dá o nome da tribo. Vemos aí a função do Nome-do-Pai como lei e como nomeação estruturando a civilização. Se o animal totêmico de uma tribo é o leão, por exemplo, todos os integrantes são da "tribo do leão", cada um deles toma o significante-mestre leão para se nomear.

Precisamos, portanto, inserir esse Nome-do-Pai em nosso nó borremeano da civilização, assim como Lacan propõe inserirmos o Nome-do-Pai na consideração científica, pois a ciência por si mesma não tem nada que a barre nem lhe imponha uma lei. Mas, quando se trata de humanos, não podemos deixar de levar em conta o Nome-do-Pai como *sinthoma* da civilização. O Nome-do-Pai é o quarto nó que tem, portanto, a função de amarração dos três registros, Real, Simbólico e Imaginário, do campo de segregação, da psicologia das massas e da família na sociedade. Mas esses registros são muito mais do que isso. Trata-se, de forma resumida, do real do gozo e dos afetos com a angústia como paradigma (R), da linguagem e de todo o mundo simbólico e suas produções culturais e artísticas (S), e do narcisismo do corpo, das imagens e do âmbito do sentido (I). É digno de nota que o Nome-do-Pai como quarto nó, que é a maneira como Lacan topologiza o Édipo freudiano, está amarrado diretamente no registro do Simbólico, ou seja, ao Inconsciente estruturado como uma linguagem.

A psicanálise mostra que é o Nome-do-Pai, o complexo de Édipo em Freud, que articula o desejo com a lei e não o edipismo da família pequeno-burguesa. Assim, ao introduzirmos o NP no nó da civilização, corrigimos: o Simbólico e a determinação do sujeito nada têm a ver

---

[10] FREUD, Sigmund. "Totem e tabu". In: *Edição Standard Brasileira das Obras Completas de Sigmund Freud*, volume 13. Rio de Janeiro: Imago, 1996.

com a família, e sim com o simbólico da linguagem. Lacan diagnosticou, em 1967, que a sociedade colocou a família pequeno-burguesa nesse registro. Com isso, podemos dizer que o modelo familiar proposto pela pequena-burguesia usurpou o complexo de Édipo freudiano e impôs normas heteronormativas, normas de conjugalidade, normas de escolha de objeto, resultando em machismo, misoginia, homofobia etc.

O Nome-do-Pai, nos indica Lacan em *R.S.I.*, é um buraco que cospe o nome e isso tem consequências: "o interdito do incesto se propaga; se propaga para o lado da castração"[11]. Em seguida diz que a "nominação é a única coisa de que estejamos certos de fazer buraco"[12]. É sua articulação com o Simbólico que permite a amarração com o Real, possibilitando a nomeação. A nomeação não só permite a simbolização do real e a significantização dos afetos esvaziando o gozo, mas também tem a função de fazer furo, ou seja, de desfazer nós de significação e arejar o conjunto dos significantes.

É o Nome-do-Pai, como instância da lei e da castração, que faz barreira ao gozo, não tudo certamente, com incidências na civilização. Devido à propriedade borromeana, ao se retirar o Nome-do-Pai rompe-se a articulação dos três registros R, S e I e o resultado é a barbárie.

O que faz função de Nome-do-Pai em uma sociedade? A meu ver, só o Estado poderia fazer essa função ordenando os laços sociais, com seus poderes (Legislativo, Judiciário e Executivo), regulando os discursos como laços sociais — regulação necessária à convivência uns com os outros, à civilização que, como diz Freud, exige a renúncia pulsional.

Se não for o Estado a fazer essa função de amarração de R.S.I. na sociedade, o que seria? O Exército? A Igreja? A iniciativa privada? Seja como for, no Estado militarizado, no Estado fundamentalista, no Estado comandado pelo discurso capitalista e até mesmo no Estado democrático, a cloaca permanece com sua produção de dejetos e seres considerados abjetos. E quando os sujeitos-abjetos silenciados tomam a palavra e o lugar de fala na sociedade e saem da cloaca em que foram

---

[11] LACAN, Jacques. *Seminário 22: R.S.I.*. Inédito. Aula de 15 de abril de 1975.
[12] *Idem.*

jogados? Como uma sociedade os acolhe? Marielle Franco foi eliminada, mas outros estão saindo da *cloacárcere* e tomando o lugar de sujeitos de desejo, da história e do direito.

A psicanálise é um processo emancipatório. Ela acolhe os "desajustados" e os trata como sujeitos. Ela os emancipa em relação ao discurso do Outro, cuja ideologia é sempre, para ele, dominante. Emancipa em relação a figuras que ocuparam para ele o lugar do grande Outro — a psicanálise é *emãecipatória*. Emancipa ao dar ao sujeito a chance de sair da dominação, da posição de dejeto, da cloaca em que caiu ou foi atirado para circular enfim com sua heresia própria. Pelos buracos, nós, tranças do Real, do Simbólico e do Imaginário, na heresia lacaniana.

* * *

O golpe parlamentar de 2016 no Brasil abriu as portas do armário (hoje eu diria o bueiro do esgoto) do discurso fascista, que agora assola o país sem o menor pudor. Quem consegue esquecer a obscenidade dos votos dos parlamentares pelo impeachment da Presidente Dilma Rousseff em nome da família? Deu no que deu, foi eleito um presidente favorável à tortura, ao estupro, ao supremacismo branco, à misoginia, à homofobia, mas defensor dos valores da família. Surpresos? Nem tanto, pois encontramos muitas de suas características na moral pequeno-burguesa que domina o lar de muitos brasileiros: a heteronormatividade, a monogamia de fachada, o androcentrismo, a xenofobia e o racismo. Esse é o vírus que contamina a família determinada pela ideologia dominante.

Esse discurso misógino, racista, homofóbico encontrou seu porta-voz num candidato da extrema-direita à presidência da República — e que foi eleito! —, que prega o assassinato do outro em defesa própria, e legaliza o porte de armas para a população civil como forma de organizar um golpe em nome da democracia. O modo de tratar a pandemia da Covid-19 desde seu aparecimento é uma prova disso, pelo desprezo das mortes, o descaso com a saúde da população e as medidas de saúde pública, o discurso que minora a gravidade e ridiculariza os doentes até a campanha antivacina. Não é à toa que muitos têm chamado essa conduta de genocídio. Esse é o discurso necrofílico, cada vez mais banal, que no Brasil sustenta as invasões militares nas favelas com execução de crianças envolvidas no tráfico de drogas, assim como a eliminação emblemática da Marielle.

Para piorar, diante do ataque ao bem público pelo discurso das privatizações, surgem igrejas evangélicas milionárias que se substituem ao Estado vendendo a proteção de Deus a preço de ouro e preces. São as palavras que sustentam os atos segregativos e assassinos. Há uma nova ordem mundial no comando da subjetividade desta época muito perigosa não só para a psicanálise, mas também para a própria humanidade. Cabe ao discurso do analista ir contra esses discursos dominantes com um bem-dizer sobre os dizeres que ele pode inferir dos ditos e significantes mestres que circulam.

Neofascismo do século XXI:

A parcela de determinação que cabe à estrutura do sujeito e ao aparelhamento do seu gozo

RAUL ALBINO PACHECO FILHO[1]

PREÂMBULO

O pensamento sobre uma sociedade requer que se investiguem os aspectos econômicos, sociais, políticos e culturais que lhe dão forma, estrutura e que determinam os processos e acontecimentos ao longo de sua história. Mas isso não é suficiente do ponto de vista da psicanálise, para a qual aquilo que diz respeito ao sujeito falante também constitui um determinante essencial dos processos sociais. A relação entre sujeito e sociedade tem a estrutura de uma banda de Möbius, o que faz com que a investigação de um desses dois aspectos necessariamente convoque a do outro, sem perda de continuidade no itinerário. Afinal, o inconsciente é o discurso do Outro:

> O inconsciente é a parte do discurso concreto, como transindividual, que falta à disposição do sujeito para restabelecer a continuidade de seu discurso consciente.

---

[1] Psicólogo, professor titular da Faculdade de Ciências Humanas e da Saúde da Pontifícia Universidade Católica de São Paulo, mestre e doutor pela Universidade de São Paulo. É AME da Escola de Psicanálise dos Fóruns do Campo Lacaniano (EPFCL – Brasil), integrando o Fórum de São Paulo (FCL-SP). Coordena a Rede de Pesquisa Psicanálise e Saúde Pública do Fórum do Campo Lacaniano de São Paulo. Contato: raulpachecofilho@uol.com.br.

Assim desaparece o paradoxo apresentado pela noção de inconsciente, se a relacionarmos com uma realidade individual.[2]

Minha intenção é oferecer alguma contribuição desde a psicanálise para o entendimento do neofascismo no século XXI, visando traçar uma intersecção entre a estrutura do sujeito e os acontecimentos histórico-sociais, sem com isso incorrer nem em um sociologismo que abstraia a relevância do sujeito, nem em um subjetivismo a-histórico que exclua a importância do social.

A CRISE DO CAPITALISMO NO SÉCULO XXI

As crises contemporâneas do capitalismo não são simples casualidade: elas exprimem contradições inerentes à sua estrutura econômica, social, política e também discursiva (seu ordenamento do gozo, conforme a teoria lacaniana dos discursos). Marx e os marxistas assim o disseram, bem como Lacan. Enquanto o pensamento ideológico conservador — feito a partir da perspectiva das classes economicamente dominantes e politicamente dirigentes — vê as crises como episódios de renovação e fortalecimento do capitalismo, o pensamento crítico tem uma perspectiva antagônica e conduz à conclusão oposta, como o mostram as análises dos pensadores convidados para oferecer sua contribuição ao "Dossiê: A crise atual do capitalismo: natureza, impasses e perspectivas", da revista *Crítica e Sociedade*. Eles evidenciam que o capitalismo

> está fundado em irreconciliáveis contradições sociais e econômicas — responsáveis por suas crises permanentes e cíclicas — [...] e entendem que o sistema capitalista, como todo processo histórico e social, pode ser radicalmente transformado. O capitalismo não é, em absoluto, a realização da razão na história.[3]

---

[2] LACAN, Jacques. "Função e campo da fala e da linguagem em psicanálise". *Escritos*. Rio de Janeiro, Jorge Zahar, 1998, p. 260.
[3] TOLEDO, Caio Navarro de; MARTUSCELLI, Danilo Enrico (2011) "Apresentação: A crise atual do capitalismo". In. *Crítica e Sociedade,* volume 1, número 3, 2011, p. 2.

Embora haja consenso entre os pensadores de orientação crítica marxista de que as crises sejam inerentes ao próprio capitalismo e não mera circunstância passível de ser abolida, a análise dos elementos essenciais dessa crise, de como eles se inter-relacionam e do futuro que se esboça a partir daí é complexa e conduzida de modo diverso pelos diferentes pensadores. Em "Marx diante da crise do capital", Antunes faz uma crítica das chamadas teorias causais que, em sua busca de apreender o seu ordenamento empírico e causal, tentam isolar uma causa central como explicação da crise: queda tendencial da taxa de lucro, superacumulação de capitais, anarquia do mercado, superprodução etc.[4]. Seu livro *O movimento dialético do conceito de crise em O Capital, de Karl Marx*, escrito em parceria com Hector Benoit, busca esclarecer que a chamada teoria da crise não pode ser compreendida como um aspecto isolado das demais concepções[5]. Não se pode ignorar que a teoria da crise envolve uma concepção dialética, unitária e sistematizada, que se estende pelos três livros de *O Capital*[6], nos quais a crise é concebida em sua relação com o colapso do sistema capitalista e a teoria da revolução socialista. Ao se desconsiderar isto, "fica-se refém de uma teoria dos ciclos econômicos e da tentativa de se ordenar os movimentos empíricos desses ciclos, esquecendo-se do caráter político e programático de *O Capital*[7].

Fraser também discorda de uma concepção da crise capitalista como exclusivamente derivada de suas contradições econômicas — por exemplo, a explicação baseada na tendência declinante da taxa de

---

[4] ANTUNES, Jader (2011) Marx diante da crise do capital. *Revista de Filosofia Aurora*. Curitiba, volume 23, número 33, p. 509-524, jul./dez. 2011.

[5] ANTUNES, Jader; BENOIT, Hector (2009) *O movimento dialético do conceito de crise em O Capital, de Karl Marx*. São Paulo: Týkhe, 2009.

[6] MARX, Karl. *O Capital: Crítica da economia política — Livro I: O processo de produção do capital*. São Paulo: Boitempo, 2011; MARX, Karl. *O Capital: Crítica da economia política — Livro II: O processo de circulação do capital*. São Paulo: Boitempo, 2014; e MARX, Karl. *O Capital: Crítica da economia política — Livro III: O processo global da produção capitalista*. São Paulo: Boitempo, 2017.

[7] ANTUNES, Jader (2011) Marx diante da crise do capital. *Revista de Filosofia Aurora*. Curitiba, volume 23, número 33, p. 509-524, jul./dez. 2011.

lucro, gerando superacumulação, superprodução e subconsumo —, advogando que, embora correto, o foco na economia tem seus limites[8]. Da perspectiva da assim chamada "teoria crítica", o capitalismo é mais bem compreendido, de maneira ampla, como uma ordem social institucionalizada. Ainda que importantíssimo, o aspecto econômico não é o único e, abstraído dos demais aspectos constitutivos do capitalismo, ele não possibilita entender a crise em sua complexidade e integralidade. Fraser cita os efeitos destrutivos do capitalismo sobre três condições que lhe são essenciais e que, portanto, são aspectos indispensáveis para se entender o porquê da crise que ele desencadeia: seus efeitos destrutivos sobre a ecologia, sobre as instituições e condições políticas que o sustentam (aí está toda a rede de instituições políticas e jurídicas que sustentam a empresa privada e a troca no mercado) e sobre a própria reprodução social dos sujeitos humanos, cuja força de trabalho constitui a fonte de acumulação do capital. O capitalismo caminha destruindo seus próprios sustentáculos.

Faço parênteses para ressaltar que o título do meu texto já deixou explicitada minha intenção de acrescentar, a estes aspectos econômicos, sociais e políticos, os fatores cuja relevância a psicanálise impõe considerar: a parcela de determinação que cabe à estrutura do sujeito e ao aparelhamento do seu gozo. É o que pretendo trazer um pouco adiante.

Falando sobre a possibilidade de se prever se o capitalismo será ou não capaz de sobreviver às crises que ele produz, Grespan propõe que "Não há como deduzir escatologias da crítica de Marx à sociedade capitalista"[9]. O capitalismo tem a potência de realizar tanto sua sobrevivência quanto sua destruição e, em lugar de uma sucessão de formas puras, cada etapa pode produzir expansão ou crise, sendo difícil

---

[8] FRASER, Nancy. "Crise de legitimação? Sobre as contradições políticas do capitalismo financeirizado". In. *Cadernos de Filosofia Alemã: Crítica e Modernidade,* volume 23, número 2, 2018.

[9] GRESPAN, Jorge. *Anais do XXVI Simpósio Nacional de História — ANPUH.* São Paulo, julho, 2011, p. 13. Disponível em https://anpuh.org.br/uploads/anais-simposios/pdf/2019-01/1548858767_aa72bbe4279282db2540ee9f4631b3af.pdf. Acessado em 1 de maio de 2022.

prever a duração de cada etapa e impossível de se determinar qual será o resultado último do processo. Frente a essa indeterminação da história, a análise de cada crise real deve considerar as circunstâncias e eventos concretos não previstos e não encontrados no passado, em seu movimento de possibilidades e contradições. E, em se tratando da crise destas primeiras décadas do século XXI:

> A crise que presenciamos é uma das mais complexas das últimas décadas, não só porque é sem precedentes a destruição de capital ocorrida — trilhões de dólares simplesmente apagados dos livros contábeis dos Bancos, grandes empresas e governos — mas também por terem sido atingidos indelevelmente os fundamentos institucionais e técnicos que sustentaram a acumulação de capital desde meados do século XX. Uma eventual solução para esta crise terá de recriar tais fundamentos, o que é bem difícil.[10]

Para falarmos sobre a fratura desses fundamentos — que sustentaram a acumulação capitalista a partir de meados do século passado —, vale distinguir, como faz Fraser, três regimes de acumulação na história do capitalismo: 1) o capitalismo liberal ou concorrencial do século XIX, no qual os Estados nacionais operaram para construir a economia capitalista em seus países; 2) o capitalismo monopolista estatalmente administrado do século XX, no qual os poderes estatais procuraram abrandar as crises econômicas e os efeitos dela sobre as populações por meio de instrumentos de controle sobre os capitais (ainda que em prol do capital, é claro); 3) o capitalismo financeirizado globalizador atual, em que o Estado busca construir estruturas e dispositivos de governança transnacionais dos capitais, mas vê seu poder esvair-se aceleradamente, em face das demandas do assim denominado "mercado"[11].

---

[10] *Idem, ibidem.*
[11] FRASER, Nancy. "Crise de legitimação? Sobre as contradições políticas do capitalismo financeirizado". In. *Cadernos de Filosofia Alemã: Crítica e Modernidade*, volume 23, número 2, 2018.

Este, por sua vez, opera de modo cada vez mais autônomo, regido pelo movimento unilateral das finanças globais e do capital financeiro:

> Questões outrora consideradas como diretamente dentro do alcance da ação política democrática são agora declaradas como para além de seus limites e delegadas aos "mercados" — para benefício das finanças globais e do capital empresarial. A resposta àqueles que questionam esses arranjos é NHA: "não há alternativa". A política deve adaptar-se às leis da economia. No admirável mundo novo do capitalismo financeirizado, os poderes públicos não podem prover soluções àqueles em cujo nome governam.[12]

Depois da Depressão de 1929 e da II Grande Guerra, no período do capitalismo monopolista estatalmente administrado, os Estados dominantes buscaram gerir a crise do capitalismo por meio da intervenção estatal keynesiana na economia e do "Estado de bem-estar social" (garantia de pleno emprego e benefícios sociais mínimos). Isso durou até o início dos 70, quando uma nova crise conduziu ao neoliberalismo do capitalismo financeirizado contemporâneo, no qual a política de mínima proteção do Estado aos cidadãos, outrora praticada, passou a ser questionada. O desmoronamento da fantasia coletiva de progresso e de bem-estar social — fantasia fundamentada no consumo e nos ideais de uma pseudodemocracia capitalista — e a demolição progressiva das políticas de proteção do Estado têm, para os indivíduos, o estatuto subjetivo de um trauma.

O TRAUMA DA DESTRUIÇÃO DA FANTASIA DO SUJEITO DO CAPITALISMO

Schermann lembra-nos que "o trauma e a angústia não são sem relação com a fantasia"[13]. A fantasia é o escudo protetor de que o sujeito

---

[12] *Idem*, p. 177.
[13] SCHERMANN, Eliane. "Sobre a angústia, o trauma e a fantasia". In. *Pulsional: Revista de Psicanálise*, ano XIX, número 186, jun. 2006, p. 63.

lança mão frente à inconsistência do Outro: disso, o sujeito não quer saber. Ainda que essa seja uma condição inescapável, já que o Outro é inconsistente e nada pode garantir por estrutura, a fantasia é sempre um modo de o sujeito fazer barreira à invasão de um real impossível de suportar: o recurso de um enquadramento imaginário-simbólico que o anestesie contra seu desamparo inevitável. É verdade que o processo psicanalítico compreende, em seu percurso, o atravessamento da fantasia e a destituição subjetiva. Mas isso ocorre ao longo de um processo em que a relação com o(a) analista garante as condições transferenciais e discursivas para que esse atravessamento e essa destituição não aconteçam de modo selvagem: pois, de outro modo, o sujeito seria lançado em um clímax de angústia. É só ao final do processo que a transferência se dissolve. Já nos casos em que o desmoronamento da fantasia ocorre de modo abrupto e sem esse suporte — na ausência desse recurso contra o desamparo estrutural — o sujeito se vê lançado em um tempo de urgência: a temporalidade do traumático.

Proponho aqui que a crise do capitalismo do século XXI e a falência de suas "promessas" de satisfação e realização — juntamente com a retirada da proteção do "Estado de bem-estar social" — constituem a rachadura traumática na armadura fantasmática dos indivíduos para fazerem barreira ao real do capitalismo. O Estado é o Outro do sujeito do capitalismo e seu desmoronamento lança-o no desamparo e no trauma. E o que faz o sujeito com os traumas, como é o caso dos gozos não obedientes à demanda? Quando a função imaginária tropeça, a fobia pode substituir o objeto da angústia por um significante que cause medo, pois, frente ao enigma da angústia, o perigo é tranquilizador. Como no caso do Pequeno Hans, a fobia faz advir um significante (um cavalo, por exemplo), onde havia o real: um significante que faz coalescência entre o real e o Um; um significante que se goza. Isso possibilita que o gozo seja colocado em forma de nó, produzindo o enodamento do significante (o simbólico), das representações imaginárias (o imaginário) e do gozo (o real).

Os significantes da fobia convocam o objeto sob todas as formas imaginárias, mas o objeto é real. E a fobia é a placa giratória que sustenta estruturas de desconhecimento (as neuroses e a perversão) nas quais o Outro, em lugar de ser reconhecido como saber sem sujeito, é tomado como sujeito suposto saber. Isso produz transferência, em que "um advento de significantes conduz diretamente, de Descartes a Cantor, passando por todos os pequenos fóbicos do mundo, a convocar o Outro, sujeito suposto saber, aquele mesmo que o inconsciente contradiz"[14]. É assim que se produz um Outro imaginariamente consistente, que obture a realidade inconsistente do Outro: o A (sem barra) no lugar do $\cancel{A}$ (barrado).

$$\cancel{A} \rightarrow A$$

Aqui entra o que Lacan chamou, no Seminário 16, de "anaclitismo": um funcionamento perverso do objeto a (não falo da estrutura perversa), pelo qual o furo do Outro é coberto (mascarado). Cito Lacan:

> Em síntese, trata-se unicamente do funcionamento do objeto definível como efeito do simbólico no imaginário, do funcionamento desse imaginário em relação a seja o que for que possa ter a pretensão de representar o Outro durante um certo tempo; e a mãe pode desempenhar esse papel tão bem quanto qualquer outro — o pai, uma instituição, ou até uma ilha deserta. O a funciona aqui como máscara da estrutura do Outro a que dei o nome, na medida em que ela é a mesma coisa que o a, de *em-fôrma* de a. Esta formulação é a única que permite apreender o que se pode chamar de efeito de mascaramento ou de cegueira em que se satisfaz toda relação anaclítica.[15]

O anaclitismo é o que formaliza a estrutura da massa freudiana no campo do gozo: identificados ao objeto a, os sujeitos entram no lugar

---

[14] SOLER, Colette. *Adventos do real: da angústia ao sintoma*. Trad. Cícero Oliveira. São Paulo: Aller Editora 2018, p. 167.
[15] LACAN, Jacques. *O Seminário, Livro 16: De um Outro ao outro*. Rio de Janeiro: Jorge Zahar, 2008, p. 194.

do furo do Outro, que assim estaria completo (A sem barra). "A criança sentiria saudade de seu paraíso (...) que nunca existiu nessa forma ideal"[16]. Essa é a formalização lacaniana para a economia de gozo que caracteriza o que Freud chamou "psicologia das massas": uma multidão de indivíduos que colocaram um objeto (um e o mesmo) no lugar de seu ideal do eu, em consequência do que se identificaram uns com os outros em seu eu[17].

Como eu disse atrás, o "escudo de Perseu" fantasmático do sujeito do capitalismo rachou com a crise. É nessas circunstâncias que a angústia propicia o surgimento de políticos (como Trump, Bolsonaro, Viktor Orbán), que se apresentam como o sujeito suposto saber (SSS) capaz dominar esse real, em novas bases discursivas: um Outro que seria potente o suficiente para proteger a massa contra o real traumático. E que arregimentam multidões ao substituir o objeto de angústia por um significante qualquer, ao qual se articula o medo e o ódio: o comunista, o ateu, o imigrante, o libertino. Como disse Mia Couto, citando o excerto de uma carta de Álvaro Andrea: "Em tempos de terror escolhemos monstros para nos proteger"[18].

A ANGÚSTIA DO SUJEITO DO CAPITALISMO E A CONSTRUÇÃO DE "TIGRES DE PAPEL"

No Seminário 16, Lacan traz novos avanços a respeito da função da fobia, destacada por Freud, como aquilo que é capaz de substituir o objeto real da angústia por um significante qualquer que cause medo, possibilitando circunscrever a zona de perigo. Lacan exemplifica esse manejo da angústia a partir da brincadeira do Pequeno Hans com a girafa grande e a girafinha, que ele desenha, amarrota e senta em cima. O importante não é a função identificatória imaginária de Hans com o

---

[16] Idem, p. 293.
[17] FREUD, Sigmund. "Psicología de las masas y análisis del yo". In. *Obras Completas de Sigmund Freud, vol. XVIII*. Buenos Aires: Amorrortu, 1992, p. 109-110.
[18] COUTO, Mia. *O bebedor de horizontes: uma trilogia moçambicana*. São Paulo: Companhia das Letras, 2018.

falo, enquanto complemento materno: seu rival. O importante é que, com esse manejo, ele faz o falo passar para o registro simbólico: desenhado em um papel. É aí que ele terá eficácia: a eficácia das fobias.

> Se há uma expressão que serve, no vocabulário político, e não sem razão, para a articulação entre poder e saber, é aquela que foi lançada num ponto do mundo a que já aludi agora há pouco, a propósito da linguagem: o *tigre de papel*. Que há de mais tigre de papel do que uma fobia? A fobia de uma criança concerne, muitas vezes, a tigres que estão em seu álbum de figuras, tigres realmente de papel. Só que, se os políticos têm todas as dificuldades do mundo para convencer as massas a porem em seu lugar os tigres de papel, a indicação a ser dada aqui é exatamente o inverso. É preciso dar toda a importância ao fato de que, para solucionar uma questão que não pode ser resolvida no nível de sua angústia intolerável, o sujeito não tem outro recurso senão fomentar em si mesmo o medo de um tigre de papel.[19]

O *Seminário 16* é pronunciado nos anos de 1968 e 1969, momento em que a crise do capitalismo avança e tem consequências em todos os lugares do mundo. A luta social e sindical que eclodiu em 1968 já vinha se desenrolando desde o final da II Guerra (1945). Nos EUA, a extensão da resistência dos trabalhadores pode ser medida pela força das greves. O movimento negro norte-americano pela conquista de direitos políticos se organiza e Martin Luther King é assassinado em 1968. É também a época da Guerra do Vietnã, dos protestos contra ela e contra o imperialismo norte-americano, nos EUA e em vários outros países. Estudantes invadem universidades norte-americanas e fazem protestos nas ruas das cidades. Em Londres, estudantes atacam a embaixada dos EUA. No chamado "maio de 68", estudantes e trabalhadores franceses manifestam-se contra o *status quo*, levantam barricadas nas ruas, incendeiam a bolsa de valores e enfrentam o aparato policial.

---

[19] LACAN, Jacques. *O Seminário, Livro 16: De um Outro ao outro*. Rio de Janeiro: Jorge Zahar, 2008, p. 313.

Do outro lado do espectro político, na União Soviética e nos países socialistas do leste europeu, eclode uma crise. As tropas do Pacto de Varsóvia invadem a Tchecoslováquia, que pretendia realizar um plano de reformas que incluía sua integração ao mercado mundial capitalista. Na China, Mao Tsé-Tung consolida a "Grande revolução cultural proletária", iniciada em 1965. No Brasil, ocorrem manifestações e atos contra a ditadura militar, como a "Passeata dos Cem Mil" e a "Batalha da Maria Antônia" (os confrontos entre estudantes da Faculdade de Filosofia, Ciências e Letras da USP que queriam organizar o Congresso da União Nacional dos Estudantes e os estudantes de direita da Universidade Mackenzie, que apoiavam o regime militar). Ocorrem também ações de tentativa de reorganização do movimento sindical, severamente reprimidas pela ditadura.

É nesse momento histórico de ebulição social e política que a expressão "tigre de papel", a que alude Lacan, circula nos meios de comunicação da época, a partir da sua utilização por Mao Tsé-Tung em diversos documentos e pronunciamentos públicos. Era assim que o líder chinês se referia ao imperialismo norte-americano, para exprimir sua convicção de que o poder imperialista militar e econômico norte-americano, ainda que devendo ser levado a sério como força inimiga dos trabalhadores do mundo, de modo algum deveria ser tomado como uma força invencível, capaz de tirar o ânimo dos revolucionários em sua busca de uma nova ordem social e política.

É interessante lembrar que essa expressão foi empregada em um período histórico de hegemonia econômica e militar dos EUA. Nos dias de hoje, contudo, é o "tigre de papel" que mostra receio frente ao poder militar da Rússia e sobressalto em consequência da crescente e acelerada expansão da economia chinesa em âmbito global.

A expressão usada por Mao Tsé-Tung buscava reduzir os temores de seus companheiros e sustentar seu empoderamento e ânimo combativo por meio da desmistificação do poder do tigre de papel. Já outros políticos, com objetivos e fins diferentes, reservam uma função diferente para os tigres de papel. Eles são construídos para montar farsas e criar "inimigos" artificiais, de modo a engendrar elos que associem, entre si, indivíduos que se disponham a combatê-los. Sim, Freud demonstrou que um inimigo comum pode servir como elo entre os indivíduos de um grupo ou população, criando uma estrutura de "psicologia de massas". Bolsonaro no Brasil, Trump nos EUA, Marine Le Pen na França, e vários outros políticos de extrema direita no mundo, apoiam seu crescimento político a partir da criação de um pretenso "inimigo" da população (o comunista, o petista, o estrangeiro, o mexicano, o árabe, o homossexual, o ateu, o muçulmano), que lhes serve como cimento ideológico para unir os indivíduos na submissão a suas propostas de eliminação da ameaça. O surgimento e crescimento político desses personagens deve ser considerado um efeito da crise e da precarização das condições de vida sob o capitalismo financeirizado. Eles apoiam suas propostas em uma fantasia de conciliação de dois poderes tidos como superiores: uma solução de compromisso entre a gestão neoliberal na economia e o regime neofascista na política.

A ORDENAÇÃO DE GOZO DO SUJEITO NO NEOFASCISMO DO SÉCULO XXI

Esses políticos se sustentam naquilo que Lacan ressaltou a respeito da ignorância como uma das "paixões do ser" falante e investem na imaginarização de uma espécie de Pai todo poderoso na Terra (um *Führer*, um "Mito"), que seria potente o bastante para livrar todos do "inimigo", dos sofrimentos e do mal-estar. E buscam construir um ordenamento do gozo que, girando ora para um lado, ora para outro, busque conciliar o discurso do amo antigo com o discurso capitalista.

Discours du Maître
$$\frac{S_1}{\$} \xrightarrow{} \frac{S_2}{a}$$

Discours de l'Université
$$\frac{S_2}{S_1} \xrightarrow{} \frac{a}{\$}$$

Discours de l'Hystérique
$$\frac{\$}{a} \xrightarrow{} \frac{S_1}{S_2}$$

Discours de l'Analyste
$$\frac{a}{S_2} \xrightarrow{} \frac{\$}{S_1}$$

Discours du Capitaliste
$$\frac{\$}{S_1} \xrightarrow{} \frac{S_2}{a}$$

Algo novo surgiu no ordenamento discursivo do capitalismo atual. O discurso que acompanhou a sua hegemonia, com o S$_2$ no lugar dominante (saber da ciência, do marketing, da administração estatal da economia), agora divide o espaço com o discurso do amo, recém-fortalecido. No lugar dominante desses discursos, seus representantes, em aliança (p. ex., Paulo Guedes, o "mago" do Mercado, e Bolsonaro, o "Pai severo" da massa), apresentam-se como sujeito suposto saber (SSS) capaz de adiar a derrocada de uma ordem social, que, como disse Lacan na "Conferência de Milão", implica um discurso que "é insustentável [...] anda rápido demais, se consome, se consome tão bem que é consumido [*c'est intenable (...) marche trop vite, ça se consomme, ça se consomme si bien que ça se consume*]"[20].

É especialmente em períodos de crise que "os atores sociais travam lutas a respeito das fronteiras que delimitam a 'economia', a 'política', a 'sociedade' e a 'natureza' — e, às vezes, conseguem redefini-las"[21]. Meu entendimento é que, na atualidade brasileira, e também em outros lugares do mundo, o elã para buscar redefinições tem ficado, lamentavelmente, nas mãos dos adeptos da extrema direita neofascista. Eles acreditam que podem ter sucesso, ao subverter as instituições da democracia burguesa em direção a uma sociedade totalitária. E têm-se mostrado dispostos a colocar seus corpos em jogo, na luta em busca do seu intento. Entendo que o temor da população em relação à sua própria sobrevivência no capitalismo, junto com um ceticismo em relação às possibilidades de participação política na busca de formas civilizatórias superiores, foi o que abriu espaço para os neofascistas.

A marcha capitalista contradiz as suas próprias condições de possibilidade, ao provocar crises econômicas e destruição: a) do planeta;

---

[20] LACAN, Jacques. "Discours de Jacques Lacan à l'Université de Milan le 12 mai 1972". In. *En Italie Lacan*. Milão: La Salamandra, 1978, pp. 10. Disponível em https://ecole-lacanienne.net/wp-content/uploads/2016/04/1972-05-12.pdf. Acessado em 8 de maio de 2022.

[21] FRASER, Nancy. "Crise de legitimação? Sobre as contradições políticas do capitalismo financeirizado". In. *Cadernos de Filosofia Alemã: Crítica e Modernidade,* volume 23, número 2, 2018, p. 163.

b) da reprodução da força de trabalho (precariedade das condições de vida, de saúde e de cuidado das pessoas); e c) das instituições sociais, ideológicas, econômicas e políticas do próprio Estado capitalista (o desmoronamento do judiciário, da democracia burguesa, da ciência, da capacidade de consumo da população, dos laços sociais etc). Porém, embora o capitalismo não seja o regime econômico, social e político em que a razão tenha finalmente encontrado um modo definitivo de se inscrever na história, isso não significa que se possa apontar com segurança qual é o momento de sua debacle final.

> De modo algum lhes digo que o discurso capitalista seja medíocre; ele é, ao contrário, algo loucamente astucioso, hein? Loucamente astucioso, mas destinado a explodir [*voué à la crevaison*].[22]

No capitalismo financeirizado, as questões anteriormente administradas pelo Estado capitalista ficam por conta das injunções do "mercado". A política é dirigida pela economia e a desdemocratização está "embutida no DNA desse regime"[23], como está demonstrado pelo avanço neofascista contemporâneo. Frente ao impasse civilizatório causado pela crise do capitalismo, qual será a alternativa? Será possível transitar sem rupturas para uma forma de sociedade que mereça, mais propriamente, ser designada como civilização? Ou isso dependerá de uma intensificação das lutas e conflitos que, na história, sempre foram o processo pelo qual mudanças significativas vieram a ocorrer? Será que o medo irá afastar a nós, sujeitos do século XXI, da busca de atravessarmos a crise do capitalismo em direção ao advento de uma sociedade realmente nova e de um mundo melhor? Como disse

---

[22] LACAN, Jacques. "Discours de Jacques Lacan à l'Université de Milan le 12 mai 1972". In. *En Italie Lacan*. Milão: La Salamandra, 1978, pp. 10. Disponível em https://ecole-lacanienne.net/wp-content/uploads/2016/04/1972-05-12.pdf. Acessado em 8 de maio de 2022.

[23] FRASER, Nancy. "Crise de legitimação? Sobre as contradições políticas do capitalismo financeirizado". In. *Cadernos de Filosofia Alemã: Crítica e Modernidade*, volume 23, número 2, 2018, p. 177.

Walter Benjamin, não será hora de fazermos uma aposta de Pascal em uma luta (uma transformação), de fato, emancipadora?

> Não será hora de cortarmos o estopim que queima "antes que a centelha chegue à dinamite"?[24]

---

[24] BENJAMIN, Walter. *Obras escolhidas (volume 2): Rua de mão única.* São Paulo: Brasiliense, 1987, p. 46.

Pandemia e política no século XXI:

O Um das massas no discurso do mestre

MARIA HELENA MARTINHO[1]

Este texto articula a teoria da psicologia das massas de Freud e a teoria dos discursos de Lacan à proposição do filósofo Umberto Eco — apresentada no livro *O fascismo eterno* — para alertar sobre o perigo que se enuncia quando um líder, identificado ao fascismo, ocupa o lugar do sujeito [$] no discurso do mestre. O texto descortina o desastre político que se instalou no Brasil nos trágicos tempos da pandemia global, a COVID 19.

Comecemos por lembrar que, no início do século XX, dois movimentos — o comunismo e o fascismo — foram contra a democracia da época porque achavam que ela só funcionava para a elite econômica. O comunismo acreditava no fim das classes sociais e da implementação da propriedade comum. O fascismo pregava uma sociedade desigual dividida entre fracos e fortes e um Estado com autoridade total. Fascistas e comunistas tiveram razões diferentes para ser totalitários.

No final da Primeira Guerra Mundial (1914-1918), a Itália estava arruinada e os italianos, apavorados, temerosos com a ameaça de viverem uma revolução semelhante à da Rússia, que fez o país passar pelo caos de uma guerra civil. Isso fomentou o medo do comunismo

---

[1] Psicanalista, doutora e mestre em psicanálise pelo Programa de Pós-Graduação em Psicanálise do Instituto de Psicologia da UERJ; professora e supervisora clínica do curso de especialização em Psicologia Clínica da PUC-RJ; psicanalista Membro da Escola de psicanálise dos Fóruns do Campo Lacaniano — EPFCL-Brasil/Fórum-RJ; membro do Conselho de Orientação e Ensino do FCL-RJ. Contato: mhamartinho@yahoo.com.br.

e a resposta a isso foi o fascismo, uma ideologia política de extrema direita, criada por Benito Mussolini.

O termo fascismo vem do italiano, *fascio*, que significa "feixe" (um conjunto de varas de madeira), elemento que Mussolini acabou adotando como símbolo de seu partido. Em 1919, Mussolini articulou a organização *fasci di combattimento*; em 1920, Mussolini criou o Partido Nacional Fascista; em 1922, a marcha sobre Roma, forçou o rei Vítor Emanuel III a nomear Mussolini primeiro-ministro e a formar um novo governo para a Itália. A ideologia fascista se espalhou pelo mundo: na Itália de Mussolini (1922-1943); na Alemanha de Hitler (1933-1945) — onde o nazismo, inspirado no fascismo, ainda acrescentou o elemento de "superioridade" da "raça ariana"; na Portugal de Salazar (1933-1968), com o lema "Deus, Pátria e Família"; na Espanha do General Franco (1936-1976); no Brasil de Getúlio Vargas (1937-1945), durante o Estado Novo, após um golpe.

Vale evidenciar uma distinção entre o fascismo como acontecimento histórico e como corrente ideológica política. O primeiro é o regime de Mussolini; o segundo, refere-se as ideias exploradas pelo fascismo, que permanecem muito vivas e podem ser observadas em governos que adotam essas mesmas práticas.

Em comemoração aos 100 anos da publicação de *Psicologia das Massas e análise do eu* — ensaio publicado no contexto do período entre guerras, quando ideais nazistas e fascistas começaram a ganhar força na Europa devastada pela Primeira Guerra Mundial (1914-1918) — retomo a visionária teoria freudiana sobre a constituição das massas, na qual o Exército e a Igreja são tomados como exemplos de massas altamente organizadas, permanentes e artificiais. Apesar de suas diferenças, ambas instituições apontam para uma mesma ilusão: "Há um chefe: Cristo na igreja e o general no exército [...] Nestas duas massas artificiais cada indivíduo tem uma dupla ligação libidinosa: com o líder e com os outros indivíduos da massa"[2].

---

[2] FREUD, Sigmund. "Psicología de las masas y análisis del yo". In: *Obras completas, volume 18*. Buenos Aires: Amorrortu, 2006, p. 89. [Tradução livre]

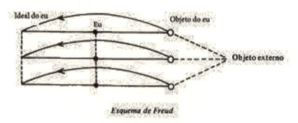

Fonte: Lacan. *Seminário, livro 11* (1964/1989, p. 257).

Na relação libidinosa com o líder, cada sujeito introjeta o "objeto externo" (líder) e o coloca no lugar do ideal do eu, dirige seu amor a ele, confundindo-o com a instância paterna; na relação libidinosa com os outros indivíduos da massa, várias pessoas se identificam entre si a partir da identificação imaginária de seus eus.

Nesse texto secular, premonitório, Freud verificou dois tipos de constituição das massas que não se excluem: o primeiro se dá a partir da identificação com o líder no lugar de ideal do eu; o segundo, se dá a partir da eleição de um inimigo comum. Com essas descobertas Freud antecipou o que caracterizou as massas no período da ascensão de Hitler ao poder na Alemanha.

Há 26 anos, Umberto Eco também antecipou o que caracteriza as massas no Brasil de hoje quando, em seu livro *O fascismo eterno*[3], alertou que mesmo depois da Segunda Guerra Mundial (1939-1945) diversos traços fascistas se mantêm vivos, manifestando-se com toda a sua força na cultura contemporânea. Eco observa que o "Ur-Fascismo" ou "Fascismo eterno", como o autor nomeia, "ainda está ao nosso redor, às vezes em trajes civis". Eco indica 14 características do "Ur-Fascismo"[4], destacando que o *Ur-Fascista* cultua:

1. O ***tradicionalismo***. A gnose nazista — conhecimento esotérico da verdade espiritual — nutria-se de elementos tradicionalistas, sincretistas, ocultos.

---

[3] ECO, Umberto. *O fascismo eterno*. Rio de Janeiro: Record, 2018.
[4] *Idem*, p. 44-61.

2. O tradicionalismo implica a **recusa da modernidade**. O *Ur-Fascismo* pode ser definido como ***irracionalismo***. O iluminismo e a idade da razão eram vistos como depravação moderna.

3. O irracionalismo depende do ***culto da ação pela ação***. A ação deve ser realizada antes de e sem nenhuma reflexão. Verifica-se o uso frequente de expressões como: "porcos intelectuais", "as universidades são um ninho de comunistas".

4. Na cultura moderna, a comunidade científica percebe o desacordo com avanço dos conhecimentos. Para o Ur-Fascismo o ***desacordo é traição***.

5. O desacordo é também um sinal de diversidade. O *Ur-Fascismo* cresce e busca o consenso utilizando e exacerbando o medo da diferença. O *Ur-Fascismo* é, portanto, ***racista por definição***.

6. O *Ur-Fascismo* provém da frustração individual ou social. Isso explica o ***apelo às classes médias frustradas***, desvalorizadas por alguma crise econômica ou humilhação política.

7. Para os que se veem privados de qualquer identidade social, o *Ur-Fascismo* diz que seu único privilégio é o de ter nascido em um mesmo país. Esta é a origem no ***nacionalismo***. Assim, na raiz do Ur-Fascismo está a ***obsessão da conspiração, possivelmente internacional***. O modo mais fácil de fazer emergir uma conspiração é fazer apelo à xenofobia. Mas a conspiração também tem que vir do interior: os judeus são os que oferecem a vantagem de estar, ao mesmo tempo, dentro e fora.

8. Os adeptos devem sentir-se humilhados pela riqueza ostensiva e pela força do inimigo. Os judeus são ricos e ajudam uns aos outros graças a uma rede secreta de assistência mútua. **Os adeptos precisam ser convencidos de que podem derrotar o inimigo**. *Os inimigos são, ao mesmo tempo, fortes demais e fracos demais*.

9. No Ur-Fascismo não há luta pela vida, mas vida para a luta. Logo, ***o pacifismo é conluio com o inimigo***; o pacifismo é mau porque ***a vida é uma guerra permanente***.

10. No curso da história, todos os elitismos aristocráticos e militaristas implicaram *o desprezo pelos fracos*. O Ur-Fascismo **prega um** *elitismo popular*. Os cidadãos pertencem ao melhor povo do mundo, os membros do partido são os melhores cidadãos. O líder sabe que seu poder foi conquistado pela força, sabe também que sua força se baseia na debilidade das massas, tão fracas que têm a necessidade e merecem um dominador. Dado que o grupo que é organizado hierarquicamente segundo o modelo militar, qualquer líder subordinado despreza seus subalternos e cada um deles despreza seus subordinados. Tudo isso reforça o elitismo de massa.

11. *Cada um é educado para tornar-se um herói. O culto ao heroísmo é estreitamente ligado ao culto da morte*. Não é por acaso que o mote dos falangistas (Falange Espanhola) era: "Viva a morte". Um herói *Ur-Fascista* aspira à morte, anunciada como a melhor recompensa para uma vida heroica. O herói *Ur-Fascista* espera impacientemente pela morte. Note-se que sua impaciência provoca com maior frequência a morte dos outros.

12. O *Ur-Fascista* transfere sua vontade de poder para as questões sexuais. *Machismo* implica desdém pelas mulheres e uma condenação de hábitos sexuais não conformistas, da castidade à homossexualidade.

13. O *Ur-Fascismo* **baseia-se em um** *populismo qualitativo* (o povo é concebido como uma qualidade, uma entidade monolítica que exprime "a vontade comum". Como nenhuma quantidade de seres humanos pode ter uma vontade comum, o líder se apresenta como seu intérprete. Em virtude do seu populismo qualitativo, o *Ur-Fascismo* deve opor-se aos pútridos governos parlamentares. Cada vez que um político põe em dúvida a legitimidade do Parlamento por não representar mais a "voz do povo", pode-se sentir o cheiro do *Ur-Fascismo*.

14. O *Ur-Fascismo* **fala a "novilíngua"**. Todos os textos nazistas ou fascistas se baseavam em um léxico pobre e em uma sintaxe elementar, com fim de limitar os instrumentos para um raciocínio complexo e crítico.

Eco alerta que "nosso dever é desmascarar o fascismo e apontar o dedo para cada uma de suas novas formas — a cada dia, em cada lugar do mundo"[5].

A cada dia se evidencia o rumo que o governo brasileiro dá em direção ao fascismo. Através da *novilíngua*, um discurso ideológico é transmitido nas redes sociais de modo a fascinar, capturar, doutrinar e dominar as massas. As redes servem à vigilância, à institucionalização da mentira, à manipulação.

Jargões hipernacionalistas têm sido enunciados por Jair Bolsonaro, desde a sua campanha eleitoral de 2018, como candidato à Presidência da República. O slogan nacionalista e populista — "Brasil acima de tudo; Deus acima de todos" — parafraseia o slogan nazista "Alemanha acima de tudo". Os jargões bolsonaristas são um prenúncio da sua forma de governar, antidemocrata, populista, nacionalista, obscurantista, anticientificista: "a Terra é plana", "o aquecimento global não existe", "se tomar vacina vira jacaré".

A massa, sinaliza Freud:

> É extraordinariamente influenciável e crédula, é acrítica, [...] não conhece dúvida nem incerteza. Ela vai prontamente a extremos; a suspeita exteriorizada se transforma de imediato em certeza indiscutível, um germe de antipatia se torna um ódio selvagem [...] Quer ser dominada e oprimida, quer temer os seus senhores. No fundo, inteiramente conservadora, tem profunda aversão a todos os processos e inovações.[6]

Lacan retoma a *Psicologia das massas* e observa que, no seu esquema das massas, Freud usa a noção de objeto — o eu e o ideal do eu —, enquanto ele próprio, Lacan, se refere ao objeto *a*. Quanto às curvas do esquema freudiano, Lacan observa que elas são feitas para marcar a conjunção do *a* com o ideal do eu; ressalta ainda que Freud dá seu estatuto à hipnose, superpondo no mesmo lugar o objeto *a* como tal

---

[5] *Idem*, p. 61
[6] FREUD, Sigmund. "Psicología de las masas y análisis del yo". In: *Obras completas, volume 18*. Buenos Aires: Amorrortu, 2006, p. 19. [Tradução livre]

e essa distinção significante que se chama ideal do eu. Lacan verifica que "Freud aponta precisamente o nó da hipnose ao formular que o objeto é ali um elemento certamente difícil de apreender, mas incontestável, o olhar do hipnotizador"[7]. O objeto a pode ser idêntico ao olhar, representante do supereu que vigia. O poder hipnótico do líder reside na conjunção do objeto a (olhar, como representante do supereu que vigia e condena) com o ideal do eu, lugar que o líder ocupa.

No discurso do mestre, discurso da civilização, da instituição, do poder, da dominação, o que está velado, no lugar da verdade, sob a barra do ato de governar [S_1], ato de dominação, é um sujeito [$\$$] identificado a um cargo de poder [S_1]: um governante, um militar, um religioso. Esse discurso demonstra o perigo eminente que se anuncia nos laços sociais quando, sob a barra do ato de governar [S_1], encontramos velado no lugar da verdade, um sujeito [$\$$], um líder, identificado ao fascismo, um *Ur-Fascista*. A dominação é imposta ao escravo [S_2], que do lugar do outro, deve saber cumprir ordens, obedecer e produzir os objetos de gozo [a], para o mestre, para a sociedade. "O principal fenômeno da psicologia das massas é a falta de liberdade do indivíduo dentro delas"[8].

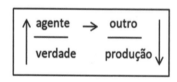

D.M.

$$\uparrow \frac{S_1}{\$} \underset{/\!/}{\longrightarrow} \frac{S_2}{a} \downarrow$$

---

[7] LACAN, Jacques. *O seminário, livro 11: os quatro conceitos fundamentais da psicanálise*. Rio de Janeiro: Jorge. Zahar Ed., 1990, p. 257.

[8] FREUD, Sigmund. "Psicología de las masas y análisis del yo". In: *Obras completas*, volume 18. Buenos Aires: Amorrortu, 2006, p. 89. [Tradução livre]

No final de agosto de 2021, chegamos a 579.330 mortos pela COVID-19 no Brasil. Colhemos efeitos catastróficos, nefastos do desastre político que se instalou. Até quando a massa brasileira continuará se deixando dominar, hipnotizar pelo discurso genocida, que imprime a necropolítica, ataca a razão, o saber, a ciência, a educação, a cultura, incentiva o negacionismo e o ódio?

O lugar da mulher na psicologia das massas e para além dessa ou, do incesto à diferença absoluta ou, a psicanálise como fator de civilização

BÁRBARA MARIA BRANDÃO GUATIMOSIM[1]

Percorrendo o texto de Freud, *Psicologia das massas e análise do eu* — que faz 100 anos em 2021 sem deixar de ser constrangedoramente atual —, detive-me sobre a função da mulher na economia da alma coletiva. Freud parte do postulado de que havia entre os homens um matriarcado ou domínio das mulheres antes do pai da horda assumir o poder. Quando sobreveio a tirania do pai obsceno, que exercia o poder sobre todas as mulheres impedindo aos filhos o acesso a elas, os irmãos da horda o mataram.

> Ninguém da massa de vencedores podia tomar o seu lugar, ou, se algum o fez, retomaram-se os combates, até compreenderem que deviam todos renunciar à herança do pai. Formaram então a fraternidade totêmica, todos com direitos iguais e unidos pelas proibições

---

[1] Psicóloga, psicanalista, membro do Fórum do Campo Lacaniano BH, EPFCL — Brasil. Tem artigos publicados em várias revistas e coletâneas de psicanálise. Mestre e Doutora em Estudos Literários. Participante de iniciativas e movimentos que têm como referência o discurso analítico e a ética da diferença. Contato: guatimosim@hotmail.com

totêmicas que se destinavam a preservar e a expiar a lembrança do assassinato.[2]

A este ato sucedeu uma comunidade democrática. Mas, em um movimento de repetição, emergem novamente as exceções e o homem se torna a cabeça da família dominando as mulheres. Aqui, porém, a nova família era só uma sombra da antiga:

> havia um grande número de pais e cada um deles limitado através dos direitos dos outros. Naquela época então algum indivíduo, em saudosa privação, veio a se desprender da massa e se fez substituir no papel do pai. Quem fez isso foi o primeiro poeta épico e o avanço foi consumado em sua fantasia. Esse poeta mentiu sobre a realidade no sentido de sua nostalgia: ele inventou o mito heroico. Herói era quem, sozinho, trucidou o pai — que aparecia no mito como um monstro totêmico. Como o pai foi o primeiro ideal do menino, assim o poeta criou no herói o primeiro ideal do eu que quer substituir o pai. O enodamento (*Anknüpfen*) no herói foi provavelmente oferecido pelo filho mais jovem, o queridinho da mãe (*Mutter*), filho que ela protegera do ciúme paterno e que, nos tempos da horda originária, foi o sucessor do pai. Nas mentiras poéticas do tempo originário, a mulher (*Weib*), que era o prêmio da luta e a isca para o assassinato, foi provavelmente transformada na sedutora (*Verführerin*) e na instigadora ativa do crime.[3]

Nessa versão mentirosa, a mulher/mãe incestuosa recria o mito do pai poderoso na figura do Herói que "quer ter realizado o ato sozinho, o que certamente só a horda como um todo ousou." O herói se inventa como exceção, evitando a castração, uma variação das "exceções" que Freud constatou no caráter de alguns tipos clínicos. Inventar-se como exceção é uma maneira de libertar-se da massa tomando o lugar do

---

[2] FREUD, Sigmund. "Psicologia das massas e análise do eu". In. Obras completas, volume XVIII. Rio de Janeiro: Imago, 1976, p. 151.
[3] *Idem*, p. 171.

pai e repetindo o processo. Mas Freud está assegurado que ninguém comete solitariamente um ato como este.

Em *Totem e Tabu*, Freud havia explorado a ideia anti-incestuosa da prática da exogamia como consequência da interdição produzida pelo assassinato do pai, lei totêmica que faz corte ao gozo endogâmico, liberando os homens para outras mulheres, outras famílias. A prática da exogamia como fator civilizatório retornará no texto sobre a psicologia das massas, que claramente opõe a massa à civilização.

> Do mesmo modo [que o amor sexual é incompatível com as grandes massas artificiais como a Igreja e o Exército], o amor pelas mulheres rompe as ligações de massa raciais, segregações nacionais (*nationalen Absonderung*) e ordenações de classes sociais, alcançando assim importantes conquistas culturais (*kulturell*).[4]

Voltando ao mito do herói, é por essa mentira que quando um tirano ou um líder monstruoso chega ao poder, não basta escorraçá-lo: em sendo ele o líder um sintoma, não basta pensarmos na lógica da eliminação dele e desse lugar, que é de estrutura.

Em mais de um momento, Freud mostra seu interesse em explorar com ênfase especial massas com líderes e sem líderes, questão que ocupou muita pouca atenção dos que se detiveram sobre o assunto. "Teremos de nos interessar, acima de tudo, pela distinção existente entre as massas que possuem um líder e as massas sem líder [...]. Surgiria então a questão de saber se o líder é realmente indispensável à essência de uma massa"[5]. Freud então se pergunta — pergunta que nos interessa desenvolver — se podemos nos agrupar de outra maneira. Mas Freud parece achar que não, afirmando diversas vezes que o ser humano é um animal de horda obediente a um chefe. Partindo dessa premissa, o que se pode fazer diante de tantas guerras e violências é educar o líder na renúncia pulsional e na primazia da razão. É isso o

---

[4] *Idem*, p. 159.
[5] *Idem*, p. 127.

que Freud nos prescreve também em sua carta a Einstein, "Por que a guerra?". Freud aí ainda nos diz que, como pacifistas, não podemos concordar com a guerra (por motivos orgânicos e constitucionais), pois esta vai contra tudo que favorece o processo da civilização que, para ele, é o domínio da vida pulsional pelo racional. Freud defenderá essa solução em outros textos, não sem levantar os problemas que tal renúncia pulsional acarreta.

Entre um mito e seu retorno, caminha boa parte da humanidade e gostamos de pensar que poderíamos ir além das lideranças heroicas e messiânicas que recuam o processo civilizatório e impedem o avanço político.

Se Freud orienta a solução dos problemas de massa em direção ao líder racional que recalca o pulsional, Lacan suspeitará tanto da razão kantiana como da moral sadeana. Ele tratará o pai da horda como um algo pouco crível (papai orango), pai a ser superado também na teoria pela estrutura. Lacan não abre mão da castração ou da interdição ao todo figurada de várias maneiras desde a metáfora paterna, a barra da qual padece o $, passando pela incompletude que provoca o enodamento de RSI, até o corte de operação derradeira em S(A).

Ao consentir definitivamente com a castração, Lacan, anti-herói, aposta ainda na vergonha, ou melhor, em uma "vergontologia" (*hontologie*), fazendo uma homenagem a Hegel e à sua ousadia: a necessidade da luta entre o senhor (significante mestre) e o escravo (o sujeito em sua sujeição) e sua contingente subversão:

> A gente não pode se impedir de sonhar, é claro, nem de procurar saber quem fez isso primeiro, e então se encontra a beleza do jogo em que o senhor devolve a bola ao escravo. Mas talvez seja simplesmente alguém que sentia vergonha, que se lançou assim para frente.[6]

Isso é reconhecer o não todo poder. Certo é que há algo da mais-valia que é impagável, assim como a dívida simbólica. É preciso saber

---

[6] LACAN, Jacques. *O seminário, livro 17: O avesso da psicanálise*. Rio de Janeiro: Jorge Zahar Ed., 1992, p. 180.

fazer com esse resto. Perda pura. Um reconhecimento do outro que não seja simplesmente uma revolução, uma inversão das posições egoicas ou individuais, mas uma subversão. Subversão que ocorre também na experiência analítica: a queda do SSS e o des-ser do analista, destituição de poder, destituição do eu, junto à emergência do ser do sujeito (*parlêtre*), ser falante. Nessa lógica coletiva, reconhecemos que pouco somos sem o outro e que nada ou muito pouco fazemos sozinhos, porque o outro faz diferença. Temos algo em comum: somos todos castrados..., mas diferentes.

Desde o campo do gozo, campo lacaniano, apostamos em alternativas aos coletivos conduzidos, como, por exemplo, a lógica não-toda do cartel como uma lógica extensível. Uma lógica da "comunidade da experiência" analítica. Nos cartéis, o mais-um não é mestre, mas alguém que pode ser qualquer um que circula, se reserva, se reveza, cuida do encaminhamento dos trabalhos e do respeito às diferenças. Nesses coletivos não guiados por líderes, onde há participantes e não seguidores, a distintividade do gozo de cada um pode não se perder: eis a diferença que uma causa como a do desejo dá valor absoluto e não relativo e, sendo assim, o gozo do próximo pode ser suportável e mesmo desejável para cada um (em uma prática não segregacionista, antirracista).

A função psicanalítica é pacifista porque trabalha pela diferença; porque nossa práxis é exogâmica por definição: desejo de diferença. Eis nosso ponto pacífico. A feminilidade civiliza o gozo e faz laço de "Outra" maneira. Prática não toda, desejo de diferença desde a clínica em intensão, à extensão desse desejo até às fronteiras tribais, já que falamos de horda, ou institucionais, já que estamos entre psicanalistas. Uma ética do desejo de diferença absoluta é, em sua práxis mesma, um tratamento do narcisismo das pequenas diferenças, que é o que resta na obscenidade das massas quando ocorre a eliminação das singularidades.

A política do sintoma

ZILDA MACHADO[1]

A medicina pensa o sintoma como algo que está em desarmonia com o sujeito, que precisa ser reparado para que ele prossiga seu caminho. Já a psicanálise, em sua especificidade, ao contrário, entende o sintoma como aquilo que estrutura o sujeito, que dá a ele uma "auto-nomia", seu nome de sujeito, ou melhor dizendo, seu nome de falasser. Ou seja, o sintoma é o que há de mais intrínseco ao ser falante, o que demonstra, em seu corpo, a articulação do sujeito ao Outro. É o que há de mais harmônico com a falta fundamental que constitui o sujeito e o que vem paliar a impossibilidade de se encontrar complementaridade no Outro, é uma resposta à inexistência da relação sexual. Tentando destrinchar isso, nesse trabalho tentaremos cernir aquilo que chamamos, com Lacan, de a política do sintoma.

Falar em política, nos lembrou Dominique Fingermann em seu seminário de 2021 sobre o sintoma, no Fórum do Campo Lacaniano de São Paulo, é falar da relação do sujeito ao Outro. Mas de qual política se trata quando falamos da psicanálise? Às vezes concebe-se aí a política de forma restrita e muitos inclusive confundem a política da psicanálise com a política no sentido comum. Luis Izcovich nos ajuda a diferenciá-las:

> A política considera o homem em grupo, preocupa-se com o conjunto. Quem ganha na política é aquele que tem uma maioria. [...]. Por isso,

---

[1] AME da Escola de Psicanálise dos Fóruns do Campo Lacaniano, membro fundadora do Fórum do Campo Lacaniano — BH. Contato: zildamachado11@gmail.com.

a política procede por meio da proposição de um projeto que abranja o máximo de pessoas possível [...] pois a política utiliza o mecanismo de identificação. [Já a psicanálise] procede por um esquema oposto: para acessar o que cada um tem de mais singular, é preciso fazer um percurso que supõe a queda das identificações. Ao extrair as identificações, o que se produz é uma queda das crenças e dos ideais. Essa é a condição de produção de um novo desejo. Percebe-se bem que a proposição ética da psicanálise vai na contramão da ética da felicidade (para todos) promovida pela política. [E acrescenta:] A psicanálise muda o mundo. Ela o muda de uma forma diferente da política, e é possível se questionar se ela, no fundo, não o muda até mais.[2]

Em "Lituraterra", Lacan diz que o sintoma institui "a ordem pela qual se comprova a nossa política"[3]. E segue dizendo: "Por isso é que tem toda razão quem põe a psicanálise à testa da política". Assim introduzimos o mais importante: da maneira como é tratado o sintoma, advém a clínica, a ética e também a política da psicanálise.

Falar da política, então, no sentido psicanalítico, nos remete ao *Seminário 14* quando Lacan diz: "eu não digo que a política é o inconsciente, mas simplesmente que o inconsciente é a política"[4]. Com isso, Lacan aponta a estrutura do ser falante que se constitui no campo do Outro e que, com seu sintoma, se posiciona diante do Outro. Assim, articular os conceitos de sintoma e de política é constatar que, no ser falante, singular e coletivo estão tão articulados, como se pode imajar pela banda de Moebius, que em qualquer posição que estiver, a posição de um sujeito será sempre política. Pois ela marcará com seu corpo, com seu sintoma, um lugar como sujeito no mundo em sua posição diante do Outro, sua resistência/dissidência, ou até mesmo aquiescência ao Outro. É o que tentaremos demonstrar nesse trabalho.

---

[2] IZCOVICH, Luis. "Psicanálise e política". In: *Stylus – Revista de psicanálise*, número 36. Rio de Janeiro, julho de 2018, p. 23.

[3] LACAN, Jacques. "Lituraterra" (1971). In: *Outros Escritos*. Trad. Vera Ribeiro. Rio de Janeiro: Zahar, 2003, p. 23.

[4] LACAN, Jacques. (1966-1967) *Seminário 14: A lógica da fantasia*. Inédito. Aula de 10 de maio de 1967.

A psicanálise foi inventada por Freud, um médico neurologista que se interessou pelo sintoma dos corpos comandados por um saber que habita o sujeito sem que, dele, ele nada saiba. Um sintoma sem explicação científica, que desconsidera as inervações e enlouquece a anatomia convoca o interesse do jovem pesquisador e o leva a mudar sua clínica do olhar para a da escuta. Nasce aí a psicanálise, para a qual o corpo se torna um universo que, para ser abordado, só o poderá ao se dar voz ao sujeito que ali habita.

Em sua primeira teoria da etiologia do sintoma histérico, Freud acreditava que suas pacientes teriam sido objeto da sedução de um pai abusador, pois traziam lembranças de experiências sexuais associadas ao aparecimento do sintoma. Pouco a pouco, no entanto, foi se deparando com a "verdade" que se revela no sintoma, por isso reformulou a teoria e foi forçado a concluir que não podia consentir com tal tese. Ela afirmaria que todos os pais, inclusive o dele próprio, a partir de seus sonhos e lembranças, seriam abusadores. Freud concluiu então que, por detrás dos sintomas, o que se encontra é uma fantasia de desejos sexuais ligados aos objetos primordiais. E assim, descobre o Complexo de Édipo como o complexo relacional que liga o sujeito àqueles que o acolhem em seu nascimento, os pais.

Por isso estes têm a função de promover a parturição de um sujeito, um ser falante, para além do organismo. Estes pequenos outros, nossos semelhantes, trazem consigo o universo simbólico, o que Lacan chama de o grande Outro, o discurso no qual todo ser falante está imerso desde o nascimento, que atualiza o murmúrio de seus ancestrais. É isso que coloca o sujeito em uma linhagem que se perpetua dos ascendentes aos descendentes, ou seja, o que faz laço geracional. Por esse motivo, os pais se convertem no grande Outro do sujeito, pois estão prenhes desse discurso e do mal-entendido da linguagem no qual todos os seres falantes são gerados, e é o que aí se transmite. Ou seja, os pais, principalmente a mãe, ocupam para o sujeito o lugar do "ser experimentado", um semelhante que cuida do recém-nascido e que, com sua presença pulsional, de desejo e afetos, carreia libidinalmente a marca do simbólico — promove o banho de língua — que batiza o rebento e provoca, convoca o organismo a se transformar em corpo.

Se Freud partiu do sintoma pensado como uma reação direta a um trauma factual, a psicanálise propriamente dita surge quando o sintoma assume a conotação da expressão do desejo inconsciente. Ou melhor, quando ele se mostra o produto do conflito entre o desejo inconsciente e a censura que é necessário burlar. O sintoma é uma solução de compromisso entre a pulsão e a defesa, entre o desejo e a censura, trazendo à tona, como uma mensagem, a verdade dos desejos recalcados. Por isso Freud fala que o sintoma é expressão da vida sexual do neurótico, pois ele é uma maneira disfarçada de satisfação da pulsão.

Nas conferências XVII e XVIII[5] das *Conferências introdutórias à Psicanálise*, Freud explicita a questão. O sintoma é causado pela força da pulsão que, ao pressionar por satisfação, encontra a barreira da censura, que não consente com a satisfação pulsional. Há aí um conflito entre estas duas forças. Nesse momento surge a angústia, o mal-estar que força o advento do mecanismo do recalque. Devido, então, ao recalque, o desejo que agora é inconsciente regride, tomando a via da fantasia, a um tempo onde houve a possibilidade de se obter satisfação, pois uma coisa que Freud nos aponta é que o sujeito não abdica jamais de um prazer já experimentado. Aí encontramos os conceitos de regressão (o retorno pela via da fantasia) e de fixação (da libido ao ponto onde houve maior satisfação). Mas o aparelho continua pressionando. A pulsão é uma força constante que não dá trégua ao sujeito. Há novamente outra tentativa de buscar a satisfação, só que desta vez, sob a ação do recalque, ela já não é direta. Há "o retorno do recalcado", constrói-se o sintoma como expressão de uma "formação de compromisso" entre o desejo inconsciente, provindo da pulsão sexual, e a força da censura que ele trata de burlar. O sujeito constrói assim uma substituição que lhe permitirá encontrar a satisfação desejada, ao preço de não a reconhecer como tal. O sintoma é, então, metáfora, substituição.

---

[5] Respectivamente, a conferência "O sentido dos sintomas" e "Os caminhos da formação dos sintomas". FREUD, Sigmund (1916/1917-1976). "Conferências introdutórias à Psicanálise". In: *Edição Standard Brasileira das Obras Psicológicas Completas de Sigmund Freud* (ESB). Rio de Janeiro: Imago, 1976, vol. XVI.

Portanto, para Freud, o sentido do sintoma é sexual. Ele presentifica o retorno do recalcado pulsional, tecido nas veredas da fantasia. É realização de desejos recalcados infantis e satisfação pulsional substituta que se sustenta em uma fantasia inconsciente e se articula e se fixa à gramática pulsional. Assim se dá, portanto, o acesso do sujeito à sexualidade: de forma conflituosa, desviada e sintomática. E, assim, inaugura-se o psiquismo na interdição do objeto primordial, matriz à qual se dirige originalmente o desejo, que cai sob a barra do recalque, colocando o sujeito para sempre à procura do objeto perdido. Há aí interdição — interdicção — inter-dito. A sexualidade humana está fadada a se realizar necessariamente através das palavras, do gozo fálico.

Freud, no entanto, se depara com o núcleo duro do sintoma. A análise conduzida até muito longe leva ao esgotamento do sentido e esbarra em um ponto onde a coisa não anda, onde comparece a repetição, a transferência negativa, ou seja, esbarra no além do princípio do prazer e seu núcleo de satisfação paradoxal.

Também Lacan, no início de seu ensino, toma o sintoma pela vertente da metáfora. Toma-o como nó de significantes, verdade velada, um sentido inconsciente a ser decifrado: "é a verdade do que o desejo foi em sua história que o sujeito grita através de seu sintoma"[6]. No entanto, ao longo de seu ensino, Lacan fará profundas modificações em sua abordagem do sintoma, o que trará diversas consequências para o dispositivo analítico e, principalmente, para a questão do final da análise.

Ou seja, o sentido do sintoma não é só o sentido sexual, interpretável, aquele que o levaria "a se resolver por inteiro numa análise linguageira"[7]. O que vai se depurando cada vez mais é que há, no sintoma, um núcleo de caráter imutável, ligado ao gozo, ligado ao que do psiquismo não se articula em linguagem: o sintoma enquanto articulado ao real. Por isso Lacan, ao final de seu ensino, dirá e o demonstrará no nó

---

[6] LACAN, Jacques. "A instância da letra no inconsciente ou a razão desde Freud". In: *Escritos*. Trad. Vera Ribeiro. Rio de Janeiro: Jorge Zahar Editor, 1998, p. 522.

[7] LACAN, Jacques. "Função e campo da fala e da linguagem em psicanálise". In: *Escritos*. Trad. Vera Ribeiro. Rio de Janeiro: Jorge Zahar Editor, 1998, p. 270.

borromeano: o sentido do sintoma é um só: é o real. O sintoma provém do real do nascimento do sujeito e seu sentido, sua direção, é o real. Estas modificações levam Lacan a, inclusive, trazer outra escrita para o sintoma que se depreende ao final da análise: *sinthome* (com th).

Falar do nascimento do sujeito leva-nos a duas questões fundamentais: corpo e lalíngua. O corpo do vivente traz como principal característica, nos diz Lacan[8], que "isso se goza", ou seja, "isso" goza sozinho, como o demonstra o corpo do gato com seu ronrom. Mas o do ser falante, não. Nele, a substância gozante não goza sozinha. No ser falante o "isso se goza" só goza por corporificar-se de maneira significante[9], ou seja, pelo enlace contingencial da linguagem com o corpo.

Por isso o *infans* — prematuro e desamparado — precisa ser acolhido pelo Outro primordial para vir a se constituir como um sujeito e a ter um corpo. A entrada em jogo do Outro Primordial e da aluvião de sons[10] que daí provém traz lalíngua, a linguagem que concerne à psicanálise. Lalíngua é a linguagem ainda sem significação, onde o que impera é a sonoridade e seus equívocos. "Não é por acaso que n'alíngua, qualquer que seja ela, na qual alguém recebeu uma primeira marca, uma palavra é equívoca"[11].

Em lalíngua o que se escuta é somente o som, sem sentido, mas que por carrear o desejo, a presença pulsional do Outro primordial, tem a potência de evocar, provocar, convocar a substância gozante, o gozo do vivo, a se eriçar. Mas, por que a substância gozante reage? Isso se dá porque, como Lacan nos ensina, há no humano uma aptidão para a linguagem[12]. Nesta "Conferência em Genebra sobre o Sintoma", Lacan desenvolve a questão e diz que, observando uma criança, temos a "prova de que a ressonância da palavra é algo constitucional

---

[8] LACAN, Jacques. (1974). "Entrevista à imprensa". Inédito.

[9] LACAN, Jacques. *O seminário, livro 20: Mais, ainda*. Trad. M.D. Magno. Rio de Janeiro: Jorge Zahar Editor, 1985, p. 35.

[10] LACAN, Jacques. (1974). "Entrevista à imprensa". Inédito.

[11] LACAN, Jacques. (1975). "Conferência em Genebra sobre o Sintoma". In: *Opção lacaniana: Revista Internacional da Escola Brasileira de Psicanálise*. São Paulo, n. 23, 1998.

[12] *Idem, ibidem*.

(...) há uma predisposição à linguagem (...) uma espécie de sensibilidade". Inclusive, continua ele, é o que se demonstra no caso dos surdos mudos: "a linguagem dos dedos não se concebe sem uma predisposição a adquirir o significante"[13].

Por isso, quando dizemos que cabe ao Outro primordial a função de convocar o *infans*, é porque a voz do Outro primordial, que se apresenta e carreia o desejo deste sujeito, provoca o que ressoa no *infans* a também se apresentar, quando aí se experimenta o gozo desse eriçamento. Aí se transmite a lalíngua em sua potência de provocar o gozo do corpo que reage à força do verbo, por isso Lacan fala da materialidade da palavra. "É, se me permitem empregar pela primeira vez esse termo, nesse *motérialisme* onde reside a tomada do inconsciente"[14].

Trata-se, portanto, da inscrição de um gozo totalmente fora de sentido, que enlaça corpo e lalíngua, deixando inscrita esta marca de gozo como cifra, como letra. Ou seja, o corpo é o pergaminho onde se decalca esse ponto mínimo do simbólico, a letra do inconsciente que marca a parturição daquele sujeito em sua absoluta singularidade, pois, lembremos, não se trata do falado, mas do escutado. Daí advém o sintoma, pois este é f(x), é função (como na matemática) dessa letra inconsciente[15].

Portanto, por mais que se possa ler o sintoma, decifrar uma mensagem, reconhecer a substituição, revelar a verdade que este sintoma vela, a análise sempre conduzirá ao seu núcleo real. Há um impossível de dizer. Há um *quantum* no falante que permanece assim, não se articula. Há um *quantum* que não é civilizado pelo simbólico, não se traduz em linguagem, mas que é marcado pelo simbólico, pois só o que é marcado pelo simbólico tem ex-sistência. Por isso é uma cifra, letra do inconsciente.

Tudo isso concerne ao enlaçamento do sujeito ao Outro, já que nele não há o instinto que o levaria a gozar do corpo todo só, como o gato com seu ronrom. Por isso, só existe sujeito articulado ao Outro. O ser falante é, portanto, um animal político.

---

[13] *Idem, ibidem.*
[14] *Idem, ibidem.*
[15] LACAN, Jacques. *O Seminário: R.S.I.* Inédito. Aula de 21 de janeiro de 1975.

Não há instinto no falasser, há pulsão, cujo matema — $S \lozenge D$ — escreve que o sujeito está articulado à demanda desde o início. Um grito não é grito, é interpretado como pedido de algo, "ele está com fome", por exemplo. A resposta que advém do Outro fundamental é também demanda endereçada, "me deixe te alimentar". Mas o que a demanda articula é sempre da ordem de algo que escapa, pois, "não é isso!" Assim vai se inscrevendo o catálogo das marcas deixadas no corpo pela inscrição da demanda, o catálogo das pulsões. "As pulsões são, no corpo, o eco do fato de que há um dizer"[16]. Eco de um dizer que ecoa o que calou fundo na estruturação do sujeito. A discordância entre o grito e a interpretação, entre o oferecido e o demandado, deixa registrada a existência de uma ausência no centro do aparelho psíquico: o objeto a que impulsiona, que causa o desejo, para além e aquém da demanda[17]. Essa forçagem termina por sulcar, decalcar na carne a inscrição simbólica que a transmuta em corpo, por isso o corpo se torna o leito do Outro. O corpo é o pergaminho onde fica inscrito o texto inconsciente, pois ali estão as cicatrizes tegumentares do encontro com o Outro[18]. Ou seja, o encontro com o Outro deixa raízes no corpo, marcas inscritas no psiquismo. Mas o que chamamos de psiquismo? Onde ele está? Alguns pensam que ele está no cérebro, mas não, ele está da raiz do cabelo à ponta dos pés. Portanto, o corpo é a matriz onde restará encravada a letra que cunhou, que fez a parturição daquele sujeito em particular — letra de gozo — letra do sintoma.

Assim, antes que o sentido possa vir fazer seu trabalho, pois ele advirá, lalíngua reina absoluta na constituição do sujeito. E o corpo toma a forma do escutado, sem sentido, um saber sem sujeito que opera e constitui o falasser.

A questão é que lalíngua, sem o aprisionamento do sentido, se sustenta é do mal-entendido da linguagem em sua melodia, em sua

---

[16] LACAN, Jacques. *O seminário, livro 23: O sinthoma*. Trad. Sérgio Laia. Rio de Janeiro: Jorge Zahar Editor, 2007, p. 18.

[17] LACAN, Jacques. "A direção do tratamento e os princípios de seu poder". Trad. Vera Ribeiro. In: *Escritos*. Rio de Janeiro: Jorge Zahar Editor, 1998, p. 635.

[18] LACAN, Jacques. "A lógica da fantasia — Resumo do Seminário 1966-67". Trad. Vera Ribeiro. In: *Outros Escritos*. Rio de Janeiro: Jorge Zahar Editor, p. 327.

ressonância no corpo. Trata-se do mal-entendido que forja o nascimento do falasser pois ele fica sendo aquilo, o que escutou, em seu corpo, mesmo antes que ele fale. Por isso Lacan diz que o sintoma é um acontecimento de corpo, "um evento corporal"[19]. Ou seja, o sintoma advém do saber sem sujeito que forja o nascimento do ser falante, o que Lacan diz ser o verdadeiro trauma do nascimento:

> que somos nós, senão mal-entendidos? O homem nasce mal-entendido. E o estatuto do corpo só se apreende por aí. O corpo só aparece no real como mal-entendido. [Pois] sejamos aqui radicais: seu corpo é fruto de uma linhagem da qual boa parte de suas desgraças provém, de que ela já nadava no mal-entendido o máximo que podia. (...) É o que [este mal-entendido] lhes transmitiu "dando-lhes a vida", como se diz [a vida como sujeito, bem entendido]. É isso que vocês herdam. (...) O mal-entendido já está desde antes, na medida em que desde antes deste belo legado, vocês (...) participam do balbucio dos seus ascendentes. Não é preciso que vocês mesmos balbuciem. Desde antes, o que os sustenta a título de inconsciente, ou seja, do mal-entendido, tem aí suas raízes. Não há outro trauma do nascimento.[20]

O sintoma, portanto, é um acontecimento de corpo que enlaça o corpo do vivente e a contingência do encontro com o Outro através de lalíngua. Pois lalíngua, o simbólico que causa o gozo e que ao mesmo tempo civiliza o gozo do vivente[21], decanta um saber inscrito, cifrado, marcado no corpo, forjando o inconsciente como o real que dá voz ao corpo, que dá voz à substância gozante, que faz a carne falar pelo sintoma. E daí advém também todo o trabalho da linguagem sobre esse ponto obscuro da estrutura. Lacan chega a dizer que a linguagem é tentativa de darmos conta de lalíngua e que o inconsciente é um saber

---

[19] LACAN, Jacques. "Joyce, o Sintoma". Trad. Vera Ribeiro. In: *Outros Escritos*. Rio de Janeiro: Jorge Zahar Editor, 2003, p. 565.
[20] LACAN, Jacques. (1980) "O Mal-entendido". Inédito.
[21] LACAN, Jacques. (1974). "Entrevista à imprensa". Inédito.

fazer com esse saber sem sujeito. Para ele a linguagem "é uma elucubração de saber sobre alíngua. Mas o inconsciente é um saber, um saber-fazer com alíngua"[22].

Ou seja, o ser falante é um animal mordido pelo verbo, cativo da linguagem que lhe é *a priori* e no seio da qual foi gerado sintomaticamente. Na "Entrevista à imprensa", Lacan enlaça a linguagem, o corpo e o sintoma ao dizer que o ser falante é um animal doente [da linguagem], devastado pelo verbo, por isso, "somos roídos pelo sintoma, mordidos pelo sintoma, isso quer dizer que, afinal, somos o que somos, somos doentes, é tudo. O ser falante é um animal doente. No começo era o Verbo, tudo isso diz a mesma coisa"[23].

Nessa mesma entrevista, ele continua dizendo: o sintoma não é o real, "o sintoma é a manifestação do real no nível dos seres vivos", o sintoma tem o sentido do real, mas do real somos totalmente separados "devido à impossibilidade de a proporção sexual ser escrita". "Não há relação sexual" nos diz Lacan, e é daí que advém a "abundância de sintomas".

Mas, poderíamos também dizer que aí está também a nossa saúde. Somos compelidos, forçados, por estrutura, a fazer o sintoma. O que nos faz sofrer, adoecer, é também, podemos dizer, a saúde do sujeito, pois é o sintoma que sustenta a ex-sistência singular de um sujeito, é ele que sustenta a amarração das três dimensões constitutivas do falasser. Ou seja, o sintoma é o que dá consistência ao falasser e o que faz laço entre o corpo do vivente e o Outro, ao mesmo tempo que é o que o separa do campo do Outro, marcando-o em sua absoluta singularidade. Se não fosse assim o sujeito seria somente "marionete viva" do Outro[24].

O sintoma provém do real, é o que Lacan demonstra em "A Terceira"[25]. Provém do enlaçamento do real do corpo vivente com o campo

---

[22] LACAN, Jacques. *O seminário, livro 20: Mais, ainda*. Rio de Janeiro: Jorge Zahar Editor, 1985, p. 190.

[23] LACAN, Jacques. (1974). "Entrevista à imprensa". Inédito.

[24] LACAN, Jacques. "A direção do tratamento e os princípios de seu poder". Trad. Vera Ribeiro. *In: Escritos*. Rio de Janeiro: Jorge Zahar Editor, 1998, p. 643.

[25] LACAN, Jacques. (1975). "A Terceira". Inédito.

da linguagem provindo do Outro e o imaginário que dá consistência ao corpo. RSI se enodam no sintoma e seu sentido é o real. Nada de representação, nem de sentido do sintoma. Ao contrário, o sintoma é um peixe voraz que só engorda quanto mais se o alimenta de sentido.

Lacan em certo momento de seu ensino apresenta uma nova grafia da palavra sintoma, querendo assim marcar uma diferença, pois sinthome e sintoma se distinguem na maneira pela qual o sujeito na análise pode chegar ao ponto de depuração, de redução do sentido do sintoma à sua letra. Portanto, com a redução à letra, o sinthoma é a transmutação do sintoma de entrada em análise, a partir da subversão ocorrida na posição do sujeito diante de seu próprio inconsciente.

O sintoma não é, portanto, só retorno do recalcado, é uma articulação ao real como impossível, é resposta ao mistério do corpo falante, ao mistério do inconsciente"[26]. O corpo, nos diz Lacan, faz o leito para o Outro: "esse lugar do Outro não deve ser buscado em parte alguma senão no corpo, que não é intersubjetividade, mas cicatrizes tegumentares no corpo"[27]. Soler comenta esta passagem dizendo: "... a substância gozante não goza sozinha, ela não goza senão pela mediação (...) dos significantes que vêm do lugar do Outro (...) que não é para se tomar senão no corpo"[28]. Eis aí o mistério, o mistério do corpo falante: "essas marcas são aquelas deixadas por uma certa maneira de ter relação a um saber, que constitui a substância fundamental daquilo que é inconsciente"[29].

Chegar ao sintoma como real, portanto — ao Sinthome, usando inclusive a forma antiga de escrita, com th — é fruto da grande transformação operada na teoria, nesse *work in progress* que é a obra

---

[26] LACAN, Jacques. *O seminário, livro 20: Mais, ainda*. Rio de Janeiro: Jorge Zahar Editor, 1985, p. 178.
[27] LACAN, Jacques. "A lógica da fantasia — Resumo do Seminário 1966-67". Trad. Vera Ribeiro. In: *Outros Escritos*. Rio de Janeiro: Jorge Zahar Editor, p. 327.
[28] SOLER, Colette. *L'en corps du sujet*. Formation Clinique du Champ Lacanien, Colllège clinique de Paris, Cours 2001-2002, p. 108.
[29] LACAN, Jacques. (1976) "Le Symptôme. Conferências Norte-Americanas". In: *Silicet* n. 6/7. Éditions du Seuil, Paris, p. 50.

lacaniana, mas é também o que se depura para cada um de nós que se aventura na psicanálise.

Portanto, acolher um sujeito qualquer que busca uma análise a partir do sintoma que o está fazendo sofrer demais naquele momento coloca o analista na posição "a mais responsável de todas, uma vez que ele é aquele a quem está confiada a operação de uma conversão ética radical"[30] aquela que o coloca na trilha do seu desejo e o leva a sustentar sua diferença no mundo.

A análise, uma prática também de linguagem, pode levar aquele que nela se aventura à palavra que fala, fala, fala de novo, por acreditar que isso, essa cifra quer dizer algo. Até chegar ao ponto da linguagem onde se possa estremecer o sentido. Até atingir aquilo que calou fundo. O que calou ali? A estrutura. A estrutura é erguida sobre essa ausência, uma falta, o impossível, o real. Chegar ao sintoma como real, portanto, é fruto da grande transformação operada por Lacan na teoria, mas é também o que se depura para cada um de nós que se aventura na psicanálise. A primazia do simbólico vai caindo quanto mais nos aproximamos daquilo que calou fundo em nós. É em torno desse ponto que trabalhamos, é com as ressonâncias disso que estamos todo o tempo na nossa própria análise e na posição ética de escuta dos nossos analisantes. O que fazer com esse ponto inaudito, incurável que nos habita? Ponto que não só nos habita, mas que nos fez ser quem somos? É aí que Lacan vai trazer a questão da identificação ao sintoma. Se identificar a esse incurável, que nos distingue de todos os demais, sustentar nossa diferença no mundo. A diferença produzida na entrada na linguagem com a constituição do sintoma, só é revelada na análise após a queda das identificações quando então, extraídos da massa dos Eus todos iguais, das tribos, pudermos assumir nossa singularidade. Um jeito novo de estar no mundo. Essa é a contribuição da psicanálise para aquele que nela se aventura e que, em uma posição ética, sustenta a análise até o seu final. Aí sim podemos reafirmar

---

[30] LACAN, Jacques. (1964-1965) *O Seminário, livro 12: Problemas cruciais da psicanálise*. Inédito. Aula de 5 de maio de 1965.

com Luis Izcovich: "A psicanálise pode mudar o mundo. Não no sentido da política comum, mas pode mudá-lo até mais"[31]. Como? Abrindo a esse a possibilidade de sustentar o discurso analítico, aquele que leva em conta a castração e a capacidade de dar o lugar de sujeito ao outro, o semelhante. E também a possibilidade de sustentar os laços na posição não-toda, dispensando a hegemonia do fálico, onde se está sempre suspirando por Um salvador, balançando entre a fraternidade ou a segregação.

---

[31] IZCOVICH, Luis. "Psicanálise e política". In: *Stylus*, Rio de Janeiro. Número 36, julho de 2018, p. 23.

"O inconsciente é a política":
Considerações sobre a formação do analista

ANDRÉA HORTÉLIO FERNANDES[1]

A experiência da psicanálise tem a potência de reformular os laços do sujeito com o discurso do Outro. Levando isso em conta, podemos retomar o axioma "o inconsciente é a política"[2] com o intuito de examinar em que medida o analista é produto de um saber fazer com o inconsciente que leva à redução do sintoma à sua dimensão real. A frase destacada acima foi enunciada por Lacan em meio a sua proposição do passe para o psicanalista da Escola, em 1967, e as manifestações que levaram ao movimento de Maio de 1968[3]. A retomada da leitura feita por Lacan deste momento histórico, mas em 1975, pode atualizar algumas considerações que ele sustentará sobre a formação do psicanalista.

O Maio de 68 pode ser considerado o desdobramento de toda uma série de questões levantadas por lutas políticas, obras filosóficas e pela euforia de protestos juvenis que pleiteavam a revisão dos costumes. Através da teoria dos quatro discursos, Lacan vai examinar este momento político e tecer reflexões sobre a formação do psicanalista. Donde surge um primeiro questionamento: em que a política que orienta a vida em comunidade dos homens dialoga com a política da psicanálise?

---

[1] Psicanalista, Analista Membro da Escola de Psicanálise dos Fóruns do Campo Lacaniano (EPFCL), Membro do Fórum do Campo Lacaniano Salvador da EPFCL-BRASIL, Doutorado em Psicopatologia Fundamental e Psicanálise (Paris 7), Professora da Graduação e Pós-graduação em Psicologia (UFBA). Contato: ahfernandes03@gmail.com.

[2] LACAN, Jacques. *Seminário 14: A lógica da fantasia*. Inédito. Aula de 10 de maio de 1967.

[3] LACAN, Jacques. "Proposição de 9 de outubro de 1967". In: *Outros escritos*. Rio de Janeiro: Jorge Zahar Editor, 2003.

Em 1974, Lacan retoma Maio de 68 e declara que, "como revolucionários", os universitários aspiravam a um mestre.[4] Um ano depois, em 1975, ele narra o que aconteceu ao ir a Universidade de Vincennes.[5] Ressalta que tinha aceitado o convite de ir até lá e, uma vez lá, os universitários "acreditavam que ele ali estava por poderes superiores — por esse motivo acreditavam ser necessário fazer algazarra" — ele afirma então: "o que vocês querem é um mestre. Vocês o terão". Ele circunscreve o episódio como sujeito "as leis ordinárias do grupo, onde é de fato absolutamente necessário, sempre, que se manifeste o mestre".

Tal fato merece ser examinado à luz do que Freud já havia chamado atenção em *Psicologia das massas e a análise do eu*. Nesta resposta com tom irônico, Lacan quer fazer um alerta para o fato de que, como em qualquer grupo, as associações e/ou sociedades psicanalíticas também são impulsionadas a cultuar um mestre, a se orientar pelo que o mestre diz e pelos significantes mestres que se impõem sobre a doxa do ensino da psicanálise.

Uma questão importante a ser examinada é investigar em que medida a negação de um real em jogo na formação do analista provocaria a subserviência a um mestre, prática tão cara e recorrente tanto no discurso da universidade, como no discurso do mestre. Estando advertido de tal lógica, Lacan vai romper com ortodoxia acerca da formação do analista proposta pela IPA e defenderá que o analista só se autoriza por si mesmo, não sem os outros, outros que perfazem sua comunidade de Escola. Estes são dispersos e disparatados na medida em que o saber em voga na psicanálise é tributário, de sobremaneira, da experiência de análise de cada um. Não há curso universitário em medicina, psicologia ou especializações em psicanálise que possam enquadrar a psicanálise como uma profissão.

---

[4]LACAN, Jacques. "Televisão". In. *Outros escritos*. Trad. Vera Ribeiro. Rio de Janeiro: Jorge Zahar Ed., 2003, p. 532.
[5]LACAN, Jacques. "Sur la passe". Disponível online no endereço: https://ecole-lacanienne.net/wp-content/uploads/2016/04/1973-11-03b.pdf. Acessado em 13 de outubro de 2022.

Isto porque é na análise pessoal que é dado tratamento ao real em jogo na formação do analista. De fato, a análise pessoal funciona como condição necessária, mas não suficiente para que o saber no lugar da verdade sirva de suporte no discurso do analista. A verdade como não toda é apreendida na análise pessoal assim como nas supervisões, o que contém o *furor curandis* tão próprio às ciências humanas e médicas, demasiadamente orientadas por protocolos, rígidos sem levar em conta a singularidade de cada caso. A anatomia e as teorias do desenvolvimento orientam a práticas clínicas em questão.

Na condução das análises, o analista paga com seu corpo ao manejar a transferência e ao causar o desejo de saber do analisando. É da experiência da própria análise do analista — e também das análises que conduz — que um saber fazer com o inconsciente pode tornar-se um ofício. E é a partir da clínica que o analista teoriza sobre a psicanálise.

Quanto ao meio universitário, Lacan defende que, desde maio de 68, há o fortalecimento do "mercado do saber".[6] Atualmente, o saber é reduzido a se tornar mercadoria, seja na pontuação dos currículos, seja na mercantilização do ensino, sobretudo, nas universidades. Tal realidade atesta como o saber pode configurar-se como um meio de gozo e servir de antemparo àquilo que a psicanálise se destina desde sempre, ou seja, tomar o real como causa. Isto porque, desde a clínica com as histéricas, a política da psicanálise visa o real, sendo este que serve de suporte no discurso histérico.

Em 1975, Lacan renova o legado deixado por Freud ao atrelar teoria e clínica de forma moebiana. A sair em defesa do passe no que tange ao recrutamento dos analistas numa Escola de psicanálise, ele convocava que a psicanálise se renovasse pela clínica, pelo testemunho do que foi decantado da experiência de análise de um analisando que passa a analista e que consegue extrair da sua própria análise o desejo do analista. Sobre o recrutamento, ele deve ser entendido como o engajamento dos analistas em manter vivo o discurso analítico pelo trabalho

---

[6]LACAN, Jacques. "Sur la passe". Disponível online no endereço: https://ecole-lacanienne.net/wp-content/uploads/2016/04/1973-11-03b.pdf. Acessado em 13 de outubro de 2022.

que envolve o dispositivo do passe. Portanto, já em sua proposição sobre o passe, em 1967, Lacan tinha por "finalidade isolar aquilo que é o discurso analítico".[7]

Ao retomar o passe em 1975, Lacan encadeia uma discussão entre o que é possível ser transmitido neste dispositivo e o como se dá o ensino da psicanálise na universidade. Ele é categórico quanto ao fato de que, no discurso do mestre, há "um certo tipo de cristalização... da estrutura mesma do inconsciente".[8] O inconsciente, como saber não sabido, convoca a decifração do sujeito; esta é a lógica do discurso do mestre. Nela, é possível extrair que "saber é meio de gozo", pois o mais-de-gozar está como produto deste discurso.[9] E voltando ao mercado do saber na Universidade, isso faz com que ele seja "objeto de cobiças e de lutas selvagens".[10] Desta forma, o produto do discurso do mestre é tudo aquilo que a ciência e a medicina consideram como falha epistemossomática, o gozo, irrupção do real que ultrapassa em muito o conhecimento científico e sobre o qual a psicanálise vai se dedicar, tomando-o como causa.

A psicanálise, como avesso do discurso do mestre, aposta que é necessária a modalização do gozo numa análise, pois a inconsistência do Outro promove uma subversão do sujeito. De fato, dado que o inconsciente é estruturado como uma linguagem, o sujeito é levado a atribuir o gozo ao Outro, numa tentativa de, pela associação livre, dar consistência a um Outro do Outro. Na direção do tratamento, o analista intervém, pela interpretação sem visar o sentido e desvela que o significante é gozo, que há gozo em falar, um gozo sentido.[11] Tal subversão leva o sujeito a se colocar a pergunta: esse gozo, que eu localizo no Outro, é ele meu? E, mais ainda, leva o sujeito a se confrontar com a alíngua, núcleo real do falasser anterior à linguagem. Muitos testemunhos de passe fazem menção a alíngua e a toda sorte de efeitos e afetos

---

[7] *Idem, ibidem.*

[8] *Idem, ibidem.*

[9] LACAN, Jacques. *O seminário, livro 17: O avesso da psicanálise.* Rio de Janeiro: Jorge Zahar, Ed., 1992, p. 48.

[10] LACAN, Jacques. "Sur la passe". Disponível online no endereço: https://ecole-lacanienne.net/wp-content/uploads/2016/04/1973-11-03b.pdf. Acessado em 13 de outubro de 2022.

[11] Em francês, a palavra gozo (*jouissance*) é homofônica de gozo sentido (*jouis sens*).

enigmáticos que convocaram os analisandos a se reposicionar frente ao Outro da linguagem.

Logo, sustentar que "o inconsciente é a política" está atrelado ao fato do discurso do mestre ter "a estrutura mesma do inconsciente",[12] na medida em aponta para a dependência do sujeito ao Outro do significante. Mas, também, que a entrada do sujeito na linguagem implica numa perda de gozo que testemunha "da presença mesma do real na origem de seu discurso".[13]

Assim, desde as entrevistas preliminares, ao interpretar, o analista deverá servir-se da alíngua para cernir algo do real do sintoma impossível de ser simbolizado, do que decorre uma tentativa de dar consistência lógica a ex-sistência do sintoma.

Sobre a ex-sistência, Lacan nos diz que "para que alguma coisa ex-sista, é preciso que haja um buraco".[14] Na planificação do nó borromeano, Lacan situa a ex-sistência nos gozos. Sendo que ele declara que a existência está "à direita do buraco como algo que se metaforiza pelo gozo fálico".[15] Lacan metaforiza aqui deve ser tomado pelo fato de que "esse gozo como tal esteja ligado à produção da ex-sistência".[16] Tal afirmação se coaduna com o fato de Lacan ter declarado que "o inconsciente pode ser responsável pela redução do sentido do sintoma".[17] Nos cartéis do passe, é possível recolher como uma análise levou um analisando à produção da ex-sistência.

Assim, com o passe e os cartéis do passe, Lacan esperava recolher daqueles que se candidatavam ao dispositivo algo que dissesse respeito à ex-sistência. Isto está relacionado ao fato de que o fora sentido (ex-sistência) é próprio ao sintoma, ao lapso, ao chiste, aos sonhos,

---

[12]LACAN, Jacques. "Sur la passe". Disponível online no endereço: https://ecole-lacanienne.net/wp-content/uploads/2016/04/1973-11-03b.pdf. Acessado em 13 de outubro de 2022.

[13]*Idem, ibidem.*

[14]LACAN, Jacques. *Seminário 22: R.S.I.* Inédito. Aula de 17 de dezembro de 1974.

[15] *Idem, ibidem.*

[16] *Idem, ibidem.*

[17]*Idem.* Aula de 10 de dezembro de 1974.

enfim às formações do inconsciente. Elas revelam a existência da realidade psíquica. É pelo tagarelar, pela associação livre, que pode ser possível a produção da ex-sistência do sintoma e o saber fazer com ele e com o inconsciente-alíngua.

Na contracorrente do discurso do mestre e da universidade, Lacan (1975) afirma, na apresentação da revista *Ornicar?*, que ela deveria "reunir os ensinamentos em que Freud formulou que o analista deveria apoiar-se, reforçando o que extrai de sua própria análise, isto é, saber não tanto para que ela serviu, mas de que se serviu".[18]

Logo, em diferentes momentos Lacan ressalta que no passe "não se trata de um ato de autoridade, um ato de mestre".[19] No recrutamento dos analistas pelo passe é possível recolher a presença do real nos seus discursos, o que atesta a passagem que torna possível vir a funcionar como objeto *a* "não respondendo afinal de contas senão a uma série de enigmas polarizados".[20] No cartel tal lógica opera pelo mais-um que tem por função frear a lógica dos grupos.

Por fim, Lacan admite que, ao propor os quatro discursos, ele só o fez por ter partido do discurso analítico. Donde vislumbra-se que "o psicanalista se faz do objeto *a*".[21] É fundamental entender "ele se faz" como "faz-se produzir; do objeto *a*: com o objeto *a*"[22]. Portanto, a formação do psicanalista exige que a ele seja transmitido, na experiência da análise, o que Lacan designou pelo nome de "desejo do analista" e que necessita ser pensado dentro da lógica de que para a psicanálise o inconsciente é a política.

---

[18]LACAN, Jacques. "Talvez em Vincennes...". In. *Outros escritos*. Trad. Vera Ribeiro. Rio de Janeiro: Jorge Zahar Ed., 2003, p. 316.
[19]LACAN, Jacques. "Sur la passe". Disponível online no endereço: https://ecole-lacanienne.net/wp-content/uploads/2016/04/1973-11-03b.pdf. Acessado em 13 de outubro de 2022.
[20]*Idem, ibidem*.
[21]LACAN, Jacques. "O ato analítico". In. *Outros escritos*. Trad. Vera Ribeiro. Rio de Janeiro: Jorge Zahar Ed., 2003, p. 375.
[22] *Idem, ibidem*.

Famílias em sofrimento judicial:
*A subversão psicanalítica das
leis e das práticas jurídicas*

EDUARDO PONTE BRANDÃO[1]

O atendimento de pais que disputam judicialmente a guarda e a convivência dos filhos requer olhares para além do Direito. A judicialização dos laços amorosos desfeitos entre parceiros com filhos em comum obedece a uma lógica binária e maniqueísta típica das ações judiciais. As partes litigantes perseveram numa espiral de conflitos que provoca intenso sofrimento em seus filhos, sejam crianças, sejam adolescentes. O sintoma da criança torna-se estopim para o acirramento do conflito judicial entre os seus pais, aprisionando-a numa formação do inconsciente que poderia ter caráter transitório. Os filhos ocupam um lugar a ser decifrado em meio à dialética de desejo e de gozo do casal familiar que se atormenta através de disputas judiciais.

São muitas as contribuições da psicanálise na abordagem dessas famílias em sofrimento judicial, como veremos a seguir.

Desde Freud, sabemos que a criança se constitui como sujeito na dialética fálica, através da qual ela deseja o desejo do Outro. Ao se identificar ao falo materno, a criança assujeita-se imaginariamente a esse Outro primordial, marcando o seu primeiro tempo do Édipo.

---

[1] Membro do FCL-Rio e psicólogo do Tribunal de Justiça do Rio de Janeiro. Pós-doutor em Psicanálise, Saúde e Sociedade pela Universidade Veiga de Almeida. Doutor em Teoria Psicanalítica pela UFRJ. Mestre em Psicologia Clínica pela PUC-Rio.

A passagem para o segundo tempo lógico do Édipo corresponde à etapa na qual a castração materna adquire valor como tal para a criança, indicando que a mãe deseja outro objeto que não seja ela. A hiância aberta na relação mãe-criança confronta esta última com o enigma do desejo do Outro. O par ausência-presença da mãe, representado por suas idas e vindas, tem efeito de castração sobre a criança, não sendo, portanto, uma intervenção externa sobre aquela. Tais idas e vindas mantêm vivo o desejo do Outro que faliciza a criança, sem que, porém, esta última tampone a sua falta[2].

A busca pela criança de um lugar no desejo do Outro é a força motriz para a entrada da metáfora paterna. O pai entra no jogo como um "tribunal superior"[3] através da interpretação que a criança faz a respeito da hiância entre ela e sua mãe, remetendo-a ao pai. No segundo tempo do Édipo, a criança transfere imaginariamente ao pai a onipotência fálica, privando-a de gozar. No terceiro tempo, o pai toma lugar como função simbólica e passa a representar a lei simbólica. Em resumo, a metáfora paterna realiza-se através do desejo da mãe dirigido para aquele cuja palavra é valorizada para representar a lei simbólica, independentemente de ser o genitor biológico ou guardião legal. O pai corresponde a um significante designado como Nome-do-Pai que barra o gozo incestuoso entre a mãe e a criança. Não cabe a quem assume a função paterna — seja pai biológico, guardião legal, juiz de família, qualquer um (mas não um qualquer) — encarnar a lei simbólica, mas sim apenas representá-la.

Em nossa seara de discussão, vale destacar que, como foi dito, a inscrição da lei simbólica não ocorre por imposição de um limite externo à mãe e sim a partir de seu próprio desejo. Não há lei jurídica por si só suficiente para modificar a relação do Outro com seu próprio desejo. Do lado da criança, é o enigma do desejo materno que a faz dialetizar a posição fálica. O que não significa que as leis sejam inócuas e não

---

[2] FARIA, Michele Roman. *Constituição do Sujeito e Estrutura Familiar: o complexo de Édipo de Freud a Lacan*. Taubaté-SP: Cabral editora, 2003.

[3] LACAN, Jacques. *O seminário, Livro 5: As formações do inconsciente*. Rio de Janeiro: Jorge Zahar, 1999, p. 198.

devam ser aplicadas sob nenhuma circunstância. Talvez a lei jurídica possa ter o efeito de separar a criança da mãe que tenta a qualquer custo a proteger da inconsistência do Outro, porém, apenas nos casos em que houver registro da castração. Caso contrário, a imposição de uma "lei externa" poderá acarretar uma catástrofe. Em que pese a orientação jurídica de proteger os direitos da criança, a entrada da lei pode ser altamente desestabilizadora a depender do lugar que a criança ocupa no casal familiar.

Convém também destacar que é o desejo do Outro materno que veicula a função paterna. Isso explica algumas ações judiciais de negatória de paternidade, nas quais o pai quer retirar o nome do registro da criança por descobrir não ser o pai biológico, sendo que é a mãe, esse Outro primordial, que é colocada em xeque — "quem é essa", diria a criança, "que designou para mim um pai a seu bel-prazer?" A opacidade desse Outro torna-se tão absoluta que chega a ponto de colocar a criança em risco subjetivo.

Por fim, a concepção de pai pela via do simbólico difere do modelo consanguíneo de paternidade insinuado nas leis e nas práticas jurídicas. Vejamos como exemplo a lei da alienação parental (12.318/2010), que prevê sanções a quem influencia a criança ou o adolescente a repudiar o "genitor ou que cause prejuízo ao estabelecimento ou à manutenção de vínculos com este" (Art. 2º). O genitor aludido pelo legislador seria o pai simbólico? Ou consanguíneo? E se o pai que representa a função simbólica e o pai biológico estiverem disjuntos? Quando o genitor não representa função simbólica, será injustificável a recusa da criança? Se ela mantém sua recusa, deverá o Outro materno ser condenado por ser um "alienador(a)"?

Se o repúdio for expressão da hostilidade da criança em relação ao pai, o que se espera de uma travessia edipiana, isso não significa que aquele não represente a função simbólica. Por que então que a criança deveria amá-lo por força da lei? Será assim assegurada a função simbólica ou se tornará algo perturbador para a criança?

Há certas contradições no campo das práticas jurídicas. Uma delas é que, em nome de sua proteção, a criança é frequentemente tratada como objeto, despojada de qualquer responsabilidade subjetiva, mesmo sendo concebida como sujeito de direitos[4]. Outra contradição é que, embora o direito de família atual valorize a socioafetividade, subsiste em sua doutrina certo modelo de consanguinidade, sustentado pela heteronormatividade.

Por sua vez, para a psicanálise, função paterna e função materna são designações simbólicas sem relação direta com macho/fêmea ou homem/mulher. Qualquer falasser, homem ou mulher, macho ou fêmea, pode em termos estruturais ocupar o lugar do Outro que cuida da criança e a insere no circuito da demanda, das trocas e substituições simbólicas. Além do mais, tais funções simbólicas podem ser compartilhadas, não sendo necessariamente apenas um que as exerça[5]. Cabe aqui, então, um ligeiro reparo ao leitor de que os significantes mãe e pai, aos quais referimo-nos acima, dizem respeito a funções simbólicas, não necessariamente aos genitores.

Mais ainda, ao falarmos de homens e mulheres, não estamos tratando necessariamente do sexo biológico, tampouco às identidades de gênero. Não é a anatomia (macho/fêmea) que define o posicionamento diante do Outro sexo e sim o que cada falasser faz com essa diferença. Portanto, a partir das fórmulas da sexuação, Lacan[6] demonstra que a partilha dos sexos corresponde a duas posições de gozo. São posições a serem tomadas por homens e por mulheres, não havendo ninguém que frequente exclusivamente o campo do feminino. Homens e mulheres necessariamente circulam pelo campo do gozo fálico, relacionando-se com o parceiro ou parceira no campo da fantasia. Os gozos não se complementam, de modo que entre o masculino e o feminino, o universal fálico e o não todo fálico, não há relação sexual.

---

[4] BRANDÃO, Eduardo. (org.). *Psicanálise e Direito*: subversões do sujeito no campo jurídico. Rio de Janeiro: Nau, 2019.
[5] MIRANDA JUNIOR, Hélio. "O exercício da Função Materna e o semblante mulher na tábua da sexuação de Lacan". In. *Tempo Psicanalítico*, Rio de Janeiro, v. 52.1, 38-60. Disponível em http://pepsic.bvsalud.org/pdf/tpsi/v52n1/v52n1a02.pdf. Acessado em 7 de agosto de 2021
[6] LACAN, Jacques. *O seminário, livro 20: Mais, ainda*. Rio de Janeiro: Zahar, 1985.

Nesse bailado de desejos e gozos, a vinda de uma criança escancara a não relação sexual do casal. A assunção do lugar de um Outro para o bebê abre a dimensão do real, impossível de simbolizar, pois conduz os cuidadores ao mistério e à estranheza do corpo — do bebê e do próprio. A tentativa de decifrar o bebê por parte do adulto esbarra no inapreensível da linguagem[7], cuja invasão do real permite compreender certas rupturas do casal à véspera ou em seguida à vinda do bebê. Pela intensidade com que ocorre essa ruptura, os seus efeitos prolongam-se até a disputa judicial e se mostram refratários às decisões do Juiz.

A criança também divide o casal familiar de modo diferente para cada lado. Do lado do pai, o sujeito tem que lidar com sua própria castração, sendo comum que, ao nascer da criança, ele se angustie com a questão sobre o que a mulher quer dele: "um homem (...) só se torna pai se aceitar o não-todo que constitui a estrutura do desejo feminino"[8]. Por isso, muitos homens entram numa roda viva de traições diante da concepção do filho, como se pretendessem reafirmar alguma posição fálica. Do lado materno, a divisão ocorre entre a mulher e a mãe, pois se a mulher fica no lugar de objeto causa de desejo, a mãe ela fica numa posição masculina ao tomar a criança como objeto de seu desejo[9].

Com efeito, o simbólico não é apenas o que define a posição materna ou paterna, mas também o gozo. O Nome-do-pai tem relação não apenas com o falo, mas com o objeto *a*, mais-de-gozar. Donde Lacan formula que um pai deve sua existência quando a causa do desejo é uma mulher que ele adquiriu para fazer filhos e que ele tenha cuidado paterno com estes[10]. A mulher causa de desejo desse homem não é rigorosamente uma fêmea, mas sim o falasser que ocupa a posição

---

[7] GARRAFA, Thais. "Primeiros tempos da Parentalidade". In. TEPERMAN, D. & GARRAFA, T. & IACONELLI, V. (orgs). *Parentalidade*. Belo Horizonte: Autêntica, 2020.

[8] MILLER, Jacques-Allain. "A criança entre a mulher e a mãe". In. *Opção Lacaniana online*, 15, p. 9, 2014. Disponível em http://www.opcaolacaniana.com.br/pdf/numero_15/crianca_entre_mulher_mae.pdf Acessado em 3 de maio de 2022.

[9] PACHECO, Ana Laura. *Da fantasia de infância ao infantil da fantasia: a direção do tratamento na psicanálise com crianças*. São Paulo: Annablume, 2012.

[10] LACAN, Jacques. *Seminário 22, R.S.I.* Inédito.

sexuada feminina e que, portanto, se abre tanto para o gozo suplementar quanto ao capricho mortífero. A dimensão do gozo deve ser considerada nos embates familiares, sendo a razão pela qual perseveram os conflitos judiciais em torno da criança.

Nesse aspecto, cabe lembrar a atribuição do Direito que não é senão "repartir, distribuir, retribuir o que diz respeito ao gozo"[11]. Nesse mesmo seminário, Lacan pinça a essência da relação do direito com o gozo, fazendo uso da noção de usufruto. Tal noção, oriunda do direito, permite compreender que "podemos gozar de nossos meios, mas que não devemos enxovalhá-los"[12]. Ou seja, podemos ter a posse do objeto desde que não façamos dele o que bem entendermos.

Essa é exatamente a função de direito, de repartir o gozo sobre a criança sem permitir que esta seja enxovalhada por aqueles que avocam representar as funções parentais. Para tanto, não basta aplicar pura e simplesmente sanções judiciais sem antes escutar o sofrimento do casal familiar no sentido de introduzir significantes que possam condescender o gozo em desejo.

---

[11] LACAN, Jacques. *O seminário, livro 20: mais ainda.* Rio de Janeiro, Jorge Zahar, 1985, p. 11.
[12] *Idem, ibidem.*

A criança como sintoma da crise do discurso universitário?

ANA LAURA PRATES[1]

Em meu livro *Da fantasia de infância ao infantil da fantasia*[2], sustentei a tese de que foi o discurso universitário que inventou a criança moderna. Esse discurso corresponde ao *educar*, um dos três impossíveis freudianos formalizados por Lacan em termos de relação do poder, e pode ser chamado também de discurso do amo moderno, já que corresponde à passagem do mundo medieval - teocêntrico e agenciado pelo UM - para o mundo moderno, antropocêntrico agenciado pelo DOIS, quer dizer, pelo saber científico e universitário. A peculiaridade desse discurso é que ele une poder e saber, como bem indicou Foucault, colocando a criança como objeto do saber. Esse discurso gerou certo tipo de segregação/separação, criando uma espécie de reserva de seres humanos que deveriam ser protegidos segundo alguns critérios, como a idade, inicialmente, e, depois, segundo parâmetros biométricos, biológicos, psicológicos e pedagógicos. Esse "tempo para se educar" dava um salvo-conduto, inclusive do capitalismo, que é contemporâneo a tal mudança. A infância tornou-se esse período da vida em que não se faz necessário produzir, ficando a criança a cuidado de terceiros. Assim, a dupla mãe-criança, típica da família burguesa, foi criada por esse mesmo discurso. A mulher se

---

[1] Mãe, dona de casa, psicanalista (AME da EPFCL), escritora e editora (Larvatus Prodeo). Também é pesquisadora do LABEURB-UNICAMP e colunista do Jornal GGN. Contato: apratespacheco@gmail.com

[2] PACHECO, Ana Laura. *Da fantasia de infância ao infantil da fantasia: a direção do tratamento na psicanálise com crianças.* São Paulo: Annablume, 2012.

reduz à mãe porque alguém precisa cuidar da criança na família. E a escola é o nome dessa reserva temporal para a produção de adultos.

No livro *A polícia das famílias*, Jacques Donzelot lembra que o advento da família moderna promove uma espécie de "simetria invertida", sobretudo nas diferenças em relação às crianças e mulheres: enquanto na família burguesa — através da valorização das funções maternas — a mulher torna-se uma aliada do médico e uma agente educacional, na família popular, o higienismo promove uma vigilância direta às tentações externas. As consequências dessa diferença em relação à infância são as seguintes:

> No primeiro caso, a solicitude de que é objeto toma a forma de uma *liberação protegida*, de um resgate dos medos e pressões comuns. Em torno da criança, a família burguesa traça um cordão sanitário que delimita seu campo de desenvolvimento: no interior desse perímetro o desenvolvimento de seu corpo e de seu espírito será encorajado por todas as contribuições da psicopedagogia postas a seu serviço e controlado por uma vigilância discreta. No outro caso, seria mais justo definir o modelo pedagógico como o de uma *liberdade vigiada*. O que constitui problema, no que lhe diz respeito, não é tanto o peso das pressões caducas, mas sim o excesso de liberdade, o abandono nas ruas, e as técnicas instauradas consistem em limitar essa liberdade, em dirigir a crianças para espaços de maior vigilância, a escola ou a habitação familiar.[3]

Freud toma essa construção de modo subversivo, interpretando uma ideia muito cara a Rousseau, expressa em sua obra *Emílio*, de que a infância seria o sono da razão. Freud, ao contrário, interroga a posição da criança enquanto objeto, seja da "correção", seja da "corrupção", partindo da noção de que a criança é um sujeito. Assim, podemos pensar que a criança é um sintoma do discurso universitário que a psicanálise

---

[3] DONZELOT, Jacques. (1977) *A polícia das famílias*. Trad. M.T. da Costa Albuquerque. 2ª. Ed. Rio de Janeiro: Graal, 1986.

interpretou, criando um discurso próprio. Lacan, aliás, sempre foi extremamente contundente em sua crítica à noção de desenvolvimento.

Observamos, agora, um momento que estou nomeando de crise do discurso universitário. Há vários indícios dessa perda de sua hegemonia. Às vezes, parece haver um retorno à prevalência do discurso do amo antigo, que prevê a volta do fundamentalismo obscurantista pré-Iluminista. Em outros momentos, entretanto, parece haver algo novo, que Lacan antecipou, por exemplo, nas "Alocução sobre as psicoses na infância" e tentou formalizar pelo discurso do capitalista. Percebe-se uma série de sintomas dessa perda de força do discurso universitário, especialmente em relação às questões da Escola e da Educação.

Em meu texto "Ele não viu que eu estava com a roupa da escola?" [4], escrevi sobre a morte do menino Marcos Vinícius na Favela da Maré, morte que representa a cruel constatação do fim de uma era na qual se podia ao menos supor que a escola era um abrigo. O fato de que ele estava usando o uniforme, aqui, não é casual. A roupa da escola pública que nos uniformizava, tornando-nos, ao menos durante algumas horas, todos iguais. Assim supôs o menino Marcus Vinícius, antigo sujeito do discurso universitário. Nessa ocasião, me interroguei:

> como esquecer a saia plissada cinza, a camisa branca de abotoar, a meia ¾ branca e o sapato de verniz preto? Ali éramos iguais e, minimamente, dentro daqueles muros que de certa forma nos aprisionavam e constrangiam talvez, paradoxalmente, nos julgássemos protegidos. Assim como o menino Marcus Vinícius, antigo sujeito do discurso universitário, o supôs. Naquela época, lutávamos contra "a má educação" cristã, gritávamos que não queríamos nenhum controle mental, e resistíamos para não sermos apenas mais um tijolo no muro.
>
> Há muito já não se usa uniforme nas escolas dos ricos. Há muito deixamos de fabricar embutidos mentais; formamos, ao contrário, supostos sujeitos críticos e pensantes que, doravante farão um ano de

---

[4] Texto publicado em 29 de junho de 2018, disponível em https://jornalggn.com.br/violencia/ele-nao-viu-que-eu-estava-com-a-roupa-da-escola-por-ana-laura-prates/, acessado em 24 de agosto de 2022.

mochilão antes de decidir o que vão ser quando crescer. Pensávamos que os nossos filhos estavam protegidos pelos muros verdes e sustentáveis das escolas caras e construtivistas, prontos para se transformarem na nova elite da nação. Até que fomos todos comprados pelo capital estrangeiro sem partido. Nenhuma proteção, portanto, contra o capital. Mas, a morte aqui é simbólica. Hoje vamos colocá-los para dormir e, se sentirem sede, vamos saciá-la, e se estiverem machucados vamos levá-los ao pronto-socorro com nossos carros. Ainda acreditamos que nossos semblantes uniformes — nossa pele branca, nossa conta no banco, nosso plano de saúde, nossa SUV, nossas férias em Miami, nossa democracia — nos protegem.

Marcus Vinícius, entretanto, estava com a roupa da escola. Uniforme. Ele não viu? Marcus Vinícius estava na escola pública, sem partido, em um estado sob intervenção militar, em pleno estado de exceção no Brasil, no século XXI, na mesma semana em que outras crianças brasileiras estavam em um campo de concentração nos EUA, chorando e gritando desesperadas porque tinham sido separadas de suas famílias. Marcus Vinícius estava de uniforme — Ele não viu? — e foi executado pelo Estado brasileiro.

Naquela mesma semana, outras crianças estavam em um campo de concentração nos EUA, chorando e gritando desesperadas porque tinham sido separadas de suas famílias:

> Primeiro, o mundo chocou-se com as cenas e áudios de crianças latino-americanas "concentradas" em celas, nos EUA que é considerado um país democrático e desenvolvido.
> A situação que coloca seres humanos em um "sem lugar", infelizmente, não é mais uma novidade em neste século. O relatório *Global Trends* aponta 65,3 milhões de pessoas deslocadas por guerra e conflitos até o final de 2015. Sabemos que a noção moderna de Estado Nação criou um mundo com fronteiras. Por sua vez, a falsa promessa da Globalização através da pretensa unificação promovida pelo capital e pela informação leva ao que Milton Santos chama de esquizofrenia do espaço, apontando para o fato de que nessa nova ordem mundial, e apesar das

aparências, o Estado se torna mais forte e mais presente, a serviço da economia dominante. A face fascista do Estado e seu sintoma mais obsceno: o nacionalismo nunca esteve tão explícito, inclusive no Brasil. Essa lógica só faz recrudescer o racismo, a segregação sistemática e seu corolário: o campo de concentração generalizado, tal como previsto por Lacan e sistematizado por Agamben na noção de *homo sacer*.

A cena dessa semana, no entanto, choca ainda mais por ser institucional e revestida de um caráter legal e democrático, além de ter sido noticiada e veiculada por agências oficiais de informação, e também porque mostrou, em pleno ano de 2018, um campo de concentração de crianças em plena América, a pretensa terra da liberdade. Esse fato é muito significativo do fracasso do discurso da educação que até então prometia proteger as nossas crianças modernas, e sua absorção pelo discurso do capitalista — cuja versão mais bem acabada é a doutrina neoliberal —, o qual nos reduz a todos a objetos consumíveis.

Como essa grande reserva que protegia as crianças, essa fase da vida, não protege mais? Isso é radicalmente sintomático, como o revelam alguns casos ocorridos mais recentemente, durante a Pandemia da COVID-19 no Brasil, entre 2020 e 2021:

1. Miguel, o filho da empregada doméstica que caiu do prédio da patroa da mãe;
2. A menina de 10 anos cujo aborto legal foi judicializado e espetacularizado;
3. Os meninos de Belford Roxo desaparecidos e todas as crianças assassinadas por balas perdidas no Rio;
4. O caso Henri assassinado pelo namorado da mãe, após ser torturado

Em relação a esse último, Betty Fuks escreveu um belo texto lembrando que o menino não foi escutado, e que o assassinato de uma criança representa o assassinato do futuro da humanidade[5].

---

[5] "Caso Henry: o rosto da barbárie", texto publicado no site *Espaço vital*, disponível no endereço https://www.espacovital.com.br/publicacao-38867-caso-henry-o-rosto-da-barbarie, acessado em 21 de setembro de 2022.

A reserva da infância, notadamente a educação, está sob nítida ameaça. Não reconhecemos mais a simetria invertida teorizada por Donzelot, ou antes, nós a encontramos transfigurada: a casa e a escola — a Pandemia evidenciou esse fato — já não representam mais uma ilusão, ainda que hipócrita, de amor e proteção. Não é a liberdade que está sendo ameaçada, é a própria vida e, portanto, nosso futuro. Nós, psicanalistas que tomamos as crianças como sujeitos, precisamos seguir com a firme decisão de interpretar esse sintoma, seguir escutando as crianças enquanto sujeitos de desejo. Para isso, entretanto, é preciso que elas estejam vivas.

Escola e pandemia:

O lugar da criança e dos adolescentes nos laços sociais

ROSANE MELO[1]

ESCOLA E PANDEMIA: AS ANÁLISES E OS RISCOS

Florence Bauer, representante do UNICEF no Brasil, na "Carta aberta às prefeitas e aos prefeitos eleitos dos municípios brasileiros", de janeiro de 2021, defendeu a reabertura das escolas no Brasil alegando que os esforços para propor atividades remotas para a continuidade das aprendizagens durante a crise da pandemia de Covid-19 não impediu que milhões de crianças e adolescentes tenham sequer sido alcançados e perdido o vínculo com a escola. A preocupação maior naquele momento era o quanto poderia se aprofundar ainda mais as desigualdades sociais, impactando uma geração inteira. O apelo contido na carta é para que *prefeitas e prefeitos* deem prioridade absoluta à educação e à reabertura segura das escolas. Sobre o risco de contaminação, assevera-se que a experiência em muitos países demonstrara que a reabertura das escolas não causou um aumento das infecções. O texto desta carta e similares, como o texto da Sociedade Brasileira de Pediatria, lançado em 2020, enfatizava, naquele momento, as graves consequências associadas ao fechamento dos estabelecimentos de ensino.

A suspensão das aulas no Brasil se deu em 16 de março de 2020, logo após o anúncio da Organização Mundial da Saúde (OMS) sobre

---

[1] Rosane Melo é AME da EPFCL, membro do FCL-RJ, da EPFCL-Brasil, doutora em Psicologia pela UFRJ. Contato: rosanebm@yahoo.com.br

a existência de um quadro pandêmico global e teve como objetivo a contenção do contágio e a tentativa de evitar um colapso no sistema hospitalar. Sem transparência nas estatísticas e com evidências de subnotificações dos casos, o Brasil foi citado em muitos períodos da crise, pela OMS, como um país em que o vírus estava fora do controle. O debate que se seguiu nos impôs uma reflexão sobre os sentidos e a função social da escola, o lugar das infâncias e das adolescências na sociedade brasileira, sem com isso deixar de sublinhar a importância do laço de educar.

O problema aqui levantado é que os argumentos pró abertura das escolas à época desconsideraram que, nas experiências de outros países — aludidas quanto à abertura e fechamentos da escolas —, de fato, as instituições de ensino tinham primazia sobre outras no plano de abertura de medidas de isolamento social. Ou seja, os planos de abertura das escolas foram pautados nos indicadores de redução da incidência de casos e transmissão comunitária do vírus na região, além da capacidade da escola em implementar medidas sanitárias. No Brasil, os planos de reabertura e flexibilização priorizaram atividades comerciais e violaram, em muitos estados da federação, os protocolos de biossegurança propostos por instituições como a FIOCRUZ. O Projeto de Lei (PL) nº 5.595, de 17 de dezembro de 2020, tentou vedar a suspensão das atividades educacionais em formato presencial nas escolas e instituições de ensino superior públicas e privadas, alegando ser a educação um serviço essencial, o que contraria o significado dado na Constituição Federal de serviço essencial e afastava do centro do debate a ideia de Educação como um direito constitucional, inscrito no artigo 6º da Carta Cidadã de 1988, cujas ações devem visar o sujeito que dele desfruta.

Os argumentos pró abertura circulavam desde julho de 2020, acentuando os efeitos negativos da suspensão das aulas presenciais para o aumento da vulnerabilidade social, o risco de acidentes, de violência doméstica e à saúde mental infanto-juvenil, além de perdas substanciais na capacidade de aprender. Destacavam-se as pesquisas que indicavam que crianças se infectavam com menos frequência do que adultos e que, quando adoecem, apresentam a doença de forma mais branda, além de serem consideradas vetores com baixa intensidade de transmissão.

Se o surto de Covid-19 também pode ser considerado uma crise educacional, como asseverou a UNESCO, é porque a pandemia escancarou a máxima "desigualdade gera desigualdade" e o desamparo social dos mais vulneráveis em função da desigualdade econômica no nosso país. Apagaram os rastros dos dados da pandemia, o fato de que quase metade da população do Brasil continua sem acesso a sistemas de esgoto sanitário, que quase 35 milhões de pessoas não têm acesso à água tratada (fatores que, dentre outros, contribuem para uma incidência 50% maior de casos de COVID19 em bairros em que há muitas favelas), que 80% das vagas na Educação Básica fazem parte do sistema público de ensino — ou seja, contemplam crianças e adolescentes de baixa renda — ou que o Brasil ocupava, há meses, o segundo lugar no planeta em número de mortes por Covid19? Se as primeiras escolas brasileiras a abrir foram as da rede privada, certamente foi porque contaram com condições mais adequadas de fazer o controle sanitário e seguir protocolos de biossegurança.

O BINÔMIO INFÂNCIA-ESCOLA: A HISTÓRIA QUE SE REPETE COMO FARSA

Em 2021, vimos no Brasil o debate abertura e fechamento das escolas se intensificar, com vários processos de judicialização iniciados pelos sindicatos patronais da rede privada de ensino, e a dis-torção que, no discurso, faz **da escola** *prioridade absoluta* para os governos ou a *Rede de segurança vital* se sobrepor às análises de riscos. No texto da Lei o princípio da prioridade absoluta determina que crianças e adolescentes sejam tratados pela sociedade; e em especial, pelo Poder Público, com total prioridade pelas políticas públicas e ações do governo. Portanto, crianças e adolescentes são prioridade absoluta, na letra da lei, não as escolas. Ademais afirmar a escola como "Rede de segurança vital" é dar à escola um poder que ela não tem frente às desigualdades sociais. E mais, a escola não é rede, a escola faz rede, à medida que integra as linhas de cuidado na Rede de Atenção à Saúde e na Rede de Proteção Social.

A quem interessa esta dis-torção? A torção desloca o binômio infância e escola, acentua o paradigma da *infância escolarizada* e demonstra como a história da infância e da adolescência no Brasil se repete agora como farsa. O desejo de morte que ronda nossas crianças e adolescentes da população economicamente desfavorecida vem de longa data. A questão fundamental em todo procedimento psicanalítico, nos diz Lacan, "não é saber o que o Outro sabe, mas saber o que o Outro quer". Nelson Mandela, por ocasião de lançamento da fundação *Nelson Mandela Children's Fund*, na África do Sul, em 1995, afirma que "Não pode haver revelação mais perspicaz da alma de uma sociedade do que a maneira como ela trata suas crianças".

A institucionalização da escola, que se inicia no século XVI é levada a cabo por educadores religiosos e se articula ao surgimento de um novo sentimento em relação à infância e a uma nova organização familiar, afirma o historiador Philipe Ariès, pesquisador que toma como fontes uma iconografia que expressa privilegiadamente o contexto aristocrático e da nobreza, na passagem da sociedade servil para a sociedade industrial. O trabalho fabril, sem legislação regulatória, seguiu explorando crianças e adolescentes até o século XIX. A proibição do trabalho de crianças menores de 8 anos, do trabalho noturno de adolescentes e mulheres, e a diminuição da jornada de trabalho integram uma agenda de lutas pelas *leis fabris*. A burguesia criou para seus filhos escolas especiais, obedecendo, segundo Marx, as tendências da produção imposta pela grande indústria e uma sombra de ensino profissionalizante.

Foi ante a vergonhosa exploração do trabalho das crianças, na tentativa de preservar as gerações vindouras de uma decadência prematura, que surgem as medidas contra os excessos da exploração e da crueldade capitalista, afirma Karl Marx. Assim como as leis fabris, a Declaração de Genebra dos Direitos das Crianças e a Declaração Universal dos Direitos das Crianças tinham como objetivo abolir ou regular o trabalho infantil, assim como coibir o tráfico de crianças. Leis que inscrevem um outro lugar para a criança nos laços sociais, que regulam relações de dominação e exploração do corpo infantil e, sobretudo, apontam para o que as antecedeu, ou seja, o lugar de objeto-abjeto da criança, incidindo, em particular, nas infâncias do sul global e das colônias que se emanciparam no século XX.

CADÊ A CRIANÇA DO ARIÈS QUE ESTAVA AQUI?

Neste cenário, a criança, pai do homem, potencial motor da história, reizinho do lar na sociedade burguesa europeia, "Sua Majestade, o Bebê", vai ser preparada para o futuro nas escolas. Qual historiografia para uma sociedade extremamente injusta como a brasileira? Cadê a criança paparicada do Ariès que estava aqui? A senzala devastou, a fábrica comeu, a rua desamparou, o Estado confinou, a escola eliminou, a medicina patologizou e medicalizou e, hoje, o tráfico arregimentou.

No Valongo do século XIX, 4% dos escravos desembarcados eram crianças, um terço sobrevivia e se tornavam precoces máquinas de trabalho. A República seguiu mantendo crianças fora da escola. Com o fim do escravagismo, elas se tornaram os "vagabundos", juntando-se aos "pivetes" filhos da rua. Os pequenos imigrantes vão direto para as fábricas e passam 11 horas em frente às máquinas de tecelagem, tendo apenas vinte minutos de descanso. No início do século XX, médicos, filantropos e legisladores criaram instituições de confinamento para estas crianças vistas como um problema social e, ao mesmo tempo, chave para a salvação da nação: órfãos, abandonados, delinquentes, menores de rua, pivetes, menores, desvalidos. Significantes que marcam a história da infância e da adolescência pobre no Brasil.

Em tempos de escassez de escolas, o acesso à educação nestas instituições era parte da propaganda governamental para as famílias. Com a democratização do acesso à educação, passamos dos dispositivos de eliminação precoce daqueles considerados ineducáveis — de modo que "aqueles que a escola não queria saiam convencidos de que não queriam a escola" — para um lento adiamento da eliminação por meio da patologização e medicalização em conjunção, sobretudo nos últimos tempos, com um discurso que produz uma desqualificação do saber (atingindo seu valor de troca e de uso) e da escola, tomados como engodos, pura decepção. A permissão de frequentar escolas não mudou ainda a distribuição do poder.

Com o crescimento desmedido do saber, os impérios modernos exercem seus podres poderes através de lugares estratégicos de vigilância das redes de poder-saber. "O saber desloca as coisas", permite um certo domínio da realidade, e não é nada gratuito que, no discurso fascista em ascendência no mundo, o ataque ao saber se configure como estratégia política. Lacan já observara que a luta de classes atualiza o que fundou nossa civilização, ou seja, a luta de morte, e cá estamos a ver a que ponto isso chega numa civilização que teve esse começo. A pandemia deixou-nos no rastro "das atitudes psíquicas mais primitivas, mais antigas e mais grosseiras", tal como nas guerras. Rastro que nos leva ao extremo, ignoródio, impregnando a massa da ilusão de se subtrair à falta estrutural. A que ponto isso chega numa civilização que teve como começo a luta de morte, marcada pela exploração do homem pelo homem? Hoje, urgem medidas protetivas e profiláticas para uma infância desvalida, porque sem validade tornou-se a infância e a adolescência, excluídas da nova ordem mundial, "vestígios apagados" sequer reconhecidos por outros vestígios apagados.

A escola furada

ENGRID GOMES VASQUES[1]

Observar a escola a partir da ótica da psicanálise aparenta ser um *savoir-faire* no campo do impossível. Como atuar em um meio tão diverso, com tantos atores sob a perspectiva daquela que trabalha com a singularidade? A psicanálise, que desde o seu nascimento atua preponderantemente na clínica, poderia servir para o trabalho na escola?

Estas perguntas (des)norteiam e trazem inquietações a cada encontro, a cada intervenção nesse campo vasto que é a escola.

Este ensaio não tem a pretensão de traçar perspectivas revolucionárias. Mas qualquer passo diante do impossível já é um risco. Olhar a escola em toda a sua complexidade, confronta cada um com o não-saber. E acrescentar a esta complexidade os sofreres multiplicados pela pandemia amplia as dificuldades enfrentadas por cada atriz e ator da comunidade escolar.

Será que a escola se configura, atualmente, com a mesma estrutura do século XX?

Para não responder rápido demais essa pergunta, proponho um retorno a Michel Foucault que, em *Vigiar e punir*, atribui à escola, assim como aos quartéis e ao trabalho, a função de repressão do tempo, das atividades, dos discursos, do corpo, da sexualidade dos sujeitos[2].

---

[1] Psicóloga pela Universidade Estadual da Paraíba (UEPB). Pós-graduada em Educação, Desenvolvimento e Políticas Educativas. Psicanalista, atua na clínica particular e na 19ª Coordenadoria Regional de Desenvolvimento da Educação - CREDE 19 em Juazeiro do Norte – Ceará. Contato: engrid.vasques@prof.ce.gov.br

[2] FOUCAULT, Michel. *Vigiar e punir: nascimento da prisão*. Trad. Raquel Ramalhante. Petrópolis: Vozes, 2014.

Assim, a escola tinha através da disciplina o objetivo de docilizar os corpos dos alunos, torná-los silenciosos e inertes através de estratégias punitivas.

Esse caráter punitivo aponta para uma construção cultural que acompanha e faz marcas nos corpos e nos discursos dos sujeitos, marcas que acompanham sua atuação nas relações pessoais e de trabalho. Nos últimos anos, essa cultura punitiva instituída há séculos vem sendo questionada e provocando a construção de um novo olhar a partir de um mal-estar e desejo de ruptura diante de um sistema que provoca dor, faz marcas nos corpos e nas vidas dos sujeitos. A estrutura rígida da escola é questionada por educadores como Paulo Freire, o qual, através de seu trabalho, faz furo nessa estrutura e provoca novas costuras, contribuindo para a construção de uma escola que visa promover, através do desejo de cada sujeito, a construção de uma instituição capaz de provocar corpos e discursos ao invés de silenciá-los[3].

As rupturas provocadas na cultura contemporânea avançavam rapidamente, quando a pandemia da COVID-19 invadiu a vida, os corpos, a sociedade e a escola. Com o avanço da pandemia e a impossibilidade de retornar à vida "presencial", um novo modo de estar com os outros passou a vigorar através de um aparelho até então recriminado dentro das escolas: o celular. Os celulares, computadores, tablets ou visitas rápidas à escola foram os meios de tentar manter o vínculo com a escola e o processo de aprendizagem de estudantes. A hiperconectividade e o estar sempre *online* para atender às necessidades de estudantes põem em questão o modo de funcionamento das escolas, os limites espaciais e temporais que davam a consistência. A potência de uma instituição construída nos moldes da modernidade é rompida de forma rápida e dolorosa para todos os atores envolvidos na ação.

Além das referidas rupturas, faz-se necessário observar as rupturas psíquicas, as quais estão associadas ao distanciamento social, à solidão, ao medo, à morte. Retornando à *Psicologia das massas e análise*

---

[3] FREIRE, Paulo. *Pedagogia dos sonhos possíveis.* Rio de Janeiro: Paz e Terra, 2015.

do eu, descobrimos que Freud aponta para a importância da conexão da vida psíquica do indivíduo ao outro. Assim,

> Certamente, a psicologia individual é dirigida ao ser humano individualmente e procura seguir por quais caminhos ele tenta alcançar a satisfação de suas moções pulsionais; no entanto, ao fazê-lo, e sob determinadas condições excepcionais, só raramente ela estará em posição de desconsiderar as relações desse indivíduo com os outros. Na vida psíquica do indivíduo, o outro é, via de regra, considerado como modelo, como objeto, como auxiliar e como adversário, e por isso a psicologia individual é também, de início, simultaneamente psicologia social, nesse sentido ampliado, mas inteiramente legítimo.[4]

Nesse sentido, a conexão entre a vida psíquica e social são essenciais para a constituição subjetiva, dos afetos, além da inserção dos sujeitos na cultura e na vida em sociedade. Essa necessidade de hiperconexão através das redes em tempos de pandemia indica, talvez, a ineficiência dessa mesma conexão. Esta induz, de forma imperativa, a inserção na rede para se ligar ao outro que, supostamente, está conectado através da rede. Assim, não há um encontro com o outro como ocorre na vida fora da internet, há uma hiperconexão com os algoritmos na tentativa de encontrar o outro. Isso faz gozar! Isso faz gozar na vida, na sociedade e também na escola!

Do ensino massificado, de docilização dos corpos, a escola passa a estar conectada nas redes sociais, nas plataformas digitais e nos aplicativos de mensagens. O que tornou o processo de aprendizagem singular, mas demonstra a fragilidade e o sofrer envolvido nesse processo de exclusão dos mais pobres e de sobrecarga de professores que conviveram em uma escola sem paredes, dentro das redes virtuais, em suas casas. Essa falta de limites marcando o tempo e o espaço — limites

---

[4] FREUD, Sigmund. "Psicologia das massas e análise do eu". In: *Cultura, Sociedade, religião: O mal-estar na cultura e outros escritos*. Trad. Maria Rita Salzano Moraes. Belo Horizonte: Autêntica, 2020, p. 137.

representados pelas paredes, portas, janelas e o sino da escola que marcavam o tempo, como nos aponta Sibilia[5]. Há assim, o rompimento com a concepção de escola que tínhamos até o início de 2020. A escola está agora em todos os lugares e, ao mesmo tempo, em lugar nenhum!

Partindo dessas rupturas — físicas, psíquicas e sociais —, qual é a estrutura dessa escola que surge no retorno ao espaço escolar. Pode-se retornar de onde parou em fevereiro de 2020? Quais marcas a pandemia, a conexão virtual e a desconexão social imprimem na estrutura da escola? Como olhar a escola que se constitui na cultura contemporânea? De onde fala? Qual discurso permeia sua função?

Para tratar deste ponto, inserir uma discussão referente à estrutura e à topologia em psicanálise pode contribuir com a discussão. De acordo com Granon-Lafont, a topologia é o estudo da estrutura a partir da qual os topólogos fixaram uma noção de espaço que é idêntica à estrutura utilizada pelas ciências humanas. Coube a "Lacan todo o mérito de ter procurado traçar os contornos desta especificidade da topologia e de indicar qual poderia ser o seu uso nas ciências humanas"[6].

Retornado à escola, observamos que a sua estrutura exige analisar o modo como a mesma lida com o saber e o modo como cada sujeito se coloca diante dele. Utilizando o discurso universitário como linha-guia, observamos que a escola se constituiu como a personificação do saber através da figura do professor, aquele que, como agente, é o porta-voz do saber produzido pelo mestre. Já o estudante, conforme Lacan, é localizado como produto desta operação, é a/o *a-estudante,* ou seja, como objeto receptáculo do saber, aquele que recebe a ação de ser educado. Esta operação discursiva ignora a divisão do sujeito, a singularidade[7].

Ao escutar e observar os atores das comunidades escolares é possível perceber cortes e furos no discurso e na estrutura da escola.

---

[5] SIBILIA, Paula. *Redes ou paredes: a escola em tempos de dispersão.* Trad. Vera Ribeiro. Rio de Janeiro: Contraponto, 2012.

[6] GRANON-LAFONT, Jeanne. *A topologia de Jacques Lacan.* Trad. Luiz Carlos Miranda e Evany Cardoso. Rio de Janeiro: Zahar, 1986, p. 19.

[7] SOUZA, Aurélio. *Os discursos na Psicanálise.* Rio de Janeiro: Companhia de Freud, 2008.

Estudantes são desafiados a sair da posição de *a-estudante* (objeto) e os professores, do lugar de agente do discurso. A estrutura da escola, a partir da inserção de iniciativas pedagógicas que visam trabalhar de forma transversal conteúdos curriculares, começam a inserir a função da falta na instituição que, por muito tempo parecia completa e perfeita: o problema não era da ou na escola, era das famílias que não educavam os filhos, dos estudantes que tinham dificuldades de aprendizagem... a escola não tinha furo!

Segundo Chapuis,

> o furo "*s'y machine*" [se fabrica ou se produz], é assim imaginado, inventado, engendrado, fabricado como uma ficção simbólica e imaginária. [...] "**o discurso analítico**" confere "**corpo**", consistência a esse furo [...] não pela via do indizível, mas pela via pulsional/corporal".[8]

Os furos não são apenas na linguagem: eles apontam para o corpo, um corpo pulsional, o corpo vivo. A escola começa agora a lidar com esses corpos vivos, atravessados pela linguagem. O que é natural pois, segundo Granon-Lafont, é freqüente uma estrutura mudar de função segundo as novas necessidades que surgem em uma sociedade[9].

Será que a escola mudará sua função diante da sociedade? Podemos chamá-la de escola furada? Não há resposta ainda, mas quem sabe, com seus furos e faltas, a escola possa ser um pouco mais possível. Essa é a aposta!

---

[8] CHAPUIS, Jorge. *Guia topológico para "O aturdito", um abuso imaginário e seu além*. Trad. Paulo Sérgio de Souza Junior. São Paulo: Aller Editora, 2019, p. 152-153. [Grifos no original]

[9] GRANON-LAFONT, Jeanne. *A topologia de Jacques Lacan*. Trad. Luiz Carlos Miranda e Evany Cardoso. Rio de Janeiro: Zahar, 1986, p. 19.